日比野 英子 [監修]

濱田 智崇／田中 芳幸 [編著]

臨床心理学と心理的支援を

Introduction to
Clinical Psychology & Psychological Support

基本から学ぶ

中西龍一／坂本敏郎／永野光朗／ジェイムス朋子／
松下幸治／岸 太一／柴田利男／木村年晶／
仲倉高広／前田洋光／石山裕菜／大久保千惠／
菱田一仁／宮井研治／上北朋子／中川由理　[著]

北大路書房

はしがき

　本書は，初学者に向けて書かれた臨床心理学のテキストです。

　現代の心理学は，大変裾野の広い学問で，その領域は知覚，認知，記憶，学習，行動，感情，生理，神経，人格，健康，臨床，発達，教育，社会，産業などの分野があります。これらは大きく基礎分野と応用分野に分けることができ，知覚・学習・生理などは基礎分野であり，臨床・教育・産業などは応用分野に振り分けられます。応用分野にある臨床心理学は，臨床実践の積み重ねとともに，その実践や研究に基礎分野の知見を活用することによっても発展しています。

　本書の目的は，入門書として，臨床心理学の基本となる知識を提供することは当然のこととして，基本的理論の紹介から，公認心理師や臨床心理士のような専門家への道の水先案内までできるよう構成されています。

　第1章「臨床心理学を理解する」は，臨床心理学の定義からスタートし，その歴史や基本的理論に言及し，隣接領域との比較も行っています。第2章「心の発達と心の病理性を知る」では，心の病について臨床心理学の複数の視点からの説明を行い，さらに脳科学から心の病に迫り，その後に臨床心理学的視点からの誕生から高齢期に至る一生の心の発達論を述べています。第3章「心の状態や特徴をはかる」では心理的アセスメント（心理査定）について，その定義から理論モデル，実施の際の目的と倫理面にも触れています。心理検査などの手法についても述べていますが，詳しい実施法はそれぞれの専門書やマニュアルに当たってください。ここでは何より，アセスメントを実施する際の専門家の心得について理解してもらうことが重要です。第4章「心理的支援の実践に向けて」では，支援の技法をその基盤となる理論とともに紹介し，それを実践する専門家に求められる姿勢・態度・倫理的留意点についても述べています。第5章「臨床心理学を応用する専門職の実際」では，まず臨床心理士と公認心理師のそれぞれの業務内容や職業倫理について説明し，そのあとに公認心理師の職域となる5つの領域（医療・教育・産業・福祉・司法）ごとに，臨床心理学の専門性がどのように活用されているのか，その職域の業務の特徴や現状と課題などが説明されています。

心理専門職の資格の要件には，臨床心理学のみならず広く心理学全般の知識・素養が求められています。資格取得以前の基本的知識の獲得や心理学研究法の習得，実習での学びは不可欠であり，資格取得後も常に多様な心理学知見に接して，実践の背景となる知識を豊富にし，自らも探究し続けるという科学者－実践家モデルを心理職のあり方としています。本書の特徴として，第1章から第5章の本文の執筆は臨床心理学を専門とする科学者－実践家が担当していますが，Column については臨床心理学以外の領域の心理学研究者が執筆しており，その分野の視点から臨床心理学分野への提言を行っています。基礎分野の知見はどのように臨床実践に応用されるのか，参考にしてください。

　また，本書では，基礎知識の紹介に終始するのではなく，実践家としての経験から獲得された生きた臨床の知が随所に述べられています。それは本書が臨床家としてのあるべき姿勢を臨床心理学徒に伝えたいという考えに貫かれているからです。心理臨床活動の目的はその対象となる人々の役に立つことが最優先でありますが，具体的にどうすることがそれに通じるのか，考えてもなかなかわからないことも珍しくありません。それでも，心理職には研鑽を重ねて考え続けることが要請されていると思います。本書は臨床心理学の入り口にあり，その基本を伝えているにすぎませんが，心理専門職についてからでも，迷ったときに開いてもらえば，向かうべき方向の指針が見えてくるかもしれません。どうか参考にしてください。

　本書が，臨床心理学を初めて学ぶ人の興味・関心を喚起し，ご自身や周囲の人々の理解の助けになり，やがて支援の専門家へと歩まれる道にも携えていただけるような案内書となることを祈って，筆を置きます。

2021 年 初夏

日比野英子

もくじ

第 **1** 章

臨床心理学を理解する

　臨床心理学は，さまざまな起源を持つ学問の集合体であり，その歴史的な系譜も踏まえながら理解しなければならない。人間の心を知ろうとするアプローチの多様性と，それぞれの手法の特徴を知ることは，臨床心理学を学ぶ第一歩となるだろう。科学的（普遍的）であることと臨床的（個別的）であることの両立を目指すところに，臨床心理学独自の専門性があるともいえよう。現場でますます多職種との連携が求められるなかで，臨床心理学の専門性について考える基礎を学んでいただきたい。

1節　臨床心理学とは何か

1. 臨床心理学？　カウンセリング？　心理療法？

　これから臨床心理学を学ぶべく，本書を開いた皆さんは，「臨床心理学」と聞いて何をイメージするだろうか。カウンセリングや心理療法を思い浮かべる人が多いかもしれない。しかしながら「臨床心理学＝カウンセリング」あるいは「臨床心理学＝心理療法」ではないのである。

　イギリスやアメリカにおいては，「カウンセリング」と「心理療法」と「臨床心理学」は明確に区別されてきた。まずカウンセリングは，さまざまな援助技法を統合したものであり，専門家の養成は教育学系の大学で行われることが多く，専門性よりも人間性が重視される傾向にある。次に心理療法は，精神分析など特定の学派における理論をベースに，それに基づく技法を使用して援助活動を行うものであり，大学ではなく，私的な研究所等での養成が中心となっている。そして，これらの上位概念となる学問として成立してきたのが臨床心理学であり，心理学としての実証性が重視され，ある学派の理論を根拠にするのではなく，具体的なデータに基づく実証的研究が行われる。

　これに対して，日本においては長年，この3つが混在しながら発展してきた。この日本独自の流れのなかでは，個人を対象とする心理療法が基本的なスタイルとして目指されているものの，実際には，特定の学派の理論を徹底的に学んで「心理療法」を行っているのは限られた専門家にすぎず，多くの専門家は折衷的な「カウンセリング」を行うという状況が生じている。そして，こうしたさまざまな学派の心理療法の理論を前提とする学問は「心理臨床学」とも呼ばれ，多くの臨床実践の積み重ねと事例研究を中心とした発展を遂げてきたのである。

2.「臨床」の意味

　臨床心理学は Clinical Psychology の訳語である。臨床と訳される clinical の語源はギリシャ語の kline，ラテン語で clinicus であり，ベッドや病床を意味する言葉である。すなわち Clinical Psychology とは，心の病や不安に苛まれ，床に臥す人々に，心理学的知識と技術を用いて向かい合い，その苦しみを理解し，軽減しようとする営みのなかから生まれた実践の学問であり，応用心理学の一分野であるといえる。アメリカ心理学会（American Psychological Association：APA）では，臨床心理学を「科学，理論，実践を統合して，人間行動の適応調整や人格的成長を促進し，さらには不適応，障害，苦悩の成り立ちを研究し，問題を予測し，そして問題を軽減，解消することを目指す学問である」と定義している（APA, 2015）。

　臨床心理学も，自然科学としての心理学をベースとしており，普遍性や客観性，論理性といった「科学」としての側面が重要であることはいうまでもない。しかし一方で，「普遍的な法則」が，現実生活における個別の事例に対して，必ずしも単純に当てはまるわけではない。心理的支援を必要とする人に対して，実際に有効性のある実践活動につながらなければ，学問として意味をなさないのである。

3. 研究法から見る臨床心理学

　直接目にすることのできない「心」を実証的に捉えようとして生まれた心理学は，その研究対象と研究方法の違いにより，さまざまな「○○心理学」として派生している。なお，本書では，臨床心理学以外の心理学の研究者による Column を各章に掲載している。お読みいただければ，他の心理学との関わりについても，理解が深まるであろう。

　下山（2001a）によれば，心理学における研究が，普遍的法則を客観的，論理的に証明することを目的とするのであれば，現実生活とは関わりを避けることになるが，人が生きている現実のあり方を具体的に記述し，その意味を理解

していくことも心理学の重要な目的であり，そのように幅広く心理学の方法論を捉えれば，データ収集のあり方は「実験」「調査」「実践」に大別されるという。「実験」は，現実生活の複雑な要因の影響を受けないように，データ収集において条件を統制する。「調査」は，フィールドワークなど，現実生活の特徴を適切に抽出できるように設定する方法である。そして，研究対象の現実に介入し，現実生活に関与することによってデータを収集するのが「実践」であり，この「実践」をメインとするのが臨床心理学である。

　さらに，下山（2001a）によれば，臨床心理学の研究活動は，「実践を通しての研究」と「実践に関する研究」が想定される。「実践を通しての研究」とは，研究者が実践を行いつつ研究するやり方である。一方の「実践に関する研究」は，実践活動と距離をとり，研究対象として「科学的に」研究するやり方である。実践から得られたものをモデルとして構成し，それを科学的に検討して理論を形成し，実践のなかでその理論を参照し，その実践からまた新たな知見を得る，といった循環が可能になる。心理学のなかでも臨床心理学に特徴的といえるこれらの研究法について，以下に述べる。

（1）実践を通しての研究

　実践を通しての研究において中心となるのは，心理実践の過程を詳しく記述することであり，この手法を臨床的記述研究と呼ぶこともある。その代表的なものが「事例研究」であり，日本の臨床心理学のなかでは主要な研究法である。

　事例研究は，1つの事例を対象とするため，多数のサンプルからデータを取って仮説を検証する「科学的」な手法ではないと思われるかもしれないが，実はそうではない。支援者と対象者との心理療法のプロセスは，1回限りのものではなく，ときには10年にも及ぶ長い期間にわたることもある。河合（1986）によれば，事例研究とは，その長い期間の両者の人間関係のあり方を繰り返し検証することであり，一事例の記述のなかに何回もの仮説と検証が組み込まれている。この仮説生成と検証が循環していくプロセスを，さまざまな事例で行うことによって，心理的支援の実践に携わる際に支援者がよりどころとし得る知見が蓄積され，臨床心理学は発展してきたのである。

(2) 実践に関する研究

下山（2001b）は,実践に関する研究をさらに,「臨床活動の評価研究」と「因果関係を探る科学的研究」に分類している。丹野（2004）によれば，臨床活動の評価研究にはさまざまな段階がある。新しい査定技法を開発する，その援助技法が本当に効果を持つのかを他の技法と比べるなどして客観的に調べる，どのような過程によって支援が進むのか調べる，いろいろな援助要素のなかでどの要素に効果があるのか調べる，どのような対象者に有効なのか調べる，といった研究がそれにあたる。

また，因果関係を探る科学的研究にも，いろいろな段階がある（丹野，2004）。心理的問題や病理がなぜ生じるのか，それらがなぜ長引くのか，人口のどのくらいにそうした問題が生じるのかを調べる研究，発生を予測して可能であれば予防するための研究，援助のメカニズムの研究，文化による症状の違いを探る研究などである。

こうした実践に関する研究も，そこから得られた知見を参照することにより，心理的支援を行う際に，より適切な介入方法を選択することができるなど，実践活動に直結する重要な意味を持つ。

2節　臨床心理学の歴史

1. 臨床心理学前史

古代の人たちは精神的な疾患や変調を病気とは捉えず，悪霊や動物霊が憑依した，祟った等と呪術的，宗教的に捉え，その治療には祈祷や祓いなど宗教的儀式に頼っていた。悪霊を祓うため，頭蓋に穴をあけたり，飢えさせたり，石で打ったり，鎖につないだり，火あぶりにしたりもした。これら治療行為である悪霊祓いは，僧侶や神官など，位の高い聖職者によってなされていた。

　その後，紀元前 5 〜 7 世紀頃，タレス（Tales）を祖とする古代ギリシャ哲学が興り，自然や人間について考察する科学的な方法が発展し，今日の科学的な心理学の誕生に大きな影響を与えた。さらに，アリストテレス（Aristotle）が人間の心のありようについてまとめられた最初の著作である「霊魂論」を著した。また同時代に医聖とも呼ばれたヒポクラテス（Hippocrates）は，脳が心的活動の座であること，精神的な疾患の原因は脳にあることを示し，迷信や呪術や悪霊による疾患の概念を否定して医学の礎を築いた。しかしギリシャ・ローマ文明の崩壊とともに，時代は暗黒の中世（Dark Ages）を迎え，迷信や呪術的な見方が再び支配的となり，精神疾患に対する悪魔祓いや魔女裁判が行われたりした。その後 18 世紀まで精神疾患やそれを患う者の扱いは変わらず，鎖でつながれ，ムチで打たれ，満足に食事すら与えられなかった。

　18 世紀に入って，後の臨床心理学にとって重要な 2 つの出来事が起こる。1 つは 1793 年ピネル（Pinel, P.）がパリのビセートル病院やサルペトリエール病院に収容されていた精神病患者の手枷を解いて人間的な対応とふさわしい治療を始めたことであった。もう 1 つはメスメル（Mesmer, F. A.）による動物磁気の発見である。メスメルは，メスメリズム（mesmerism）と呼ばれる「動物磁気説」を唱えた。結果としてはその存在が否定されたが，科学的な反証可能性を持っていたという意味で前近代的な心霊療法や宗教治療とは一線を画していた。

　メスメルが唱えた動物磁気説とは，天体には治療効果を持った流体である磁気が存在して，それが人体に入り，その磁気の量的不足，分布異常，質の粗悪さによって病気が引き起こされるというものであった。そしてその治療は，メスメルが自らの良質な流体を患者に移し，その患者の平衡を回復させることであった。

　実は，こうした治療的効果の実態は「催眠（hypnotherapy）」や「暗示（suggestion therapy）」であり，後にイギリスでブレイド（Braid, J.）によりヒプノティズム（hypnotism：催眠）と命名される。フランスではナンシー学派のリエボー（Liébeault, A. A.）により催眠効果の実験が繰り返され，経験が蓄積された。また，当時パリのサルペトリエール病院の院長で多発性硬化

症や筋萎縮性側索硬化症の研究から現代神経学の創始者とされるシャルコー（Charcot, J. M.）も，催眠治療の研究をしており，パリ学派と呼ばれた。

そして，このシャルコーから催眠を学び，自由連想法を考案して精神分析を創始したのがフロイト（Freud, S.）である。精神分析は，その後のあらゆる心理的支援技法の進化に，多大な影響を及ぼしている。

2. 臨床心理学の起源

(1) 臨床心理学の誕生

実証的心理学の始まりは，ヴント（Wundt, W.）がドイツのライプチヒ大学の教室で，ゼミナールや実験を始めた1879年とされている。同様に臨床心理学の誕生は，ウィトマー（Witmer, L.）がアメリカのペンシルベニア大学に世界最初の「心理学的クリニック（psychological clinic）」を創設し，「臨床心理学」という語を用いた講演を行った1896年とされている。フィラデルフィアに生まれたウィトマーはペンシルベニア大学でキャッテル（Cattell, J. M.）の指導を受け，その後ライプチヒ大学のヴントのもとで実験心理学の博士号を取得した。

ウィトマーは科学としての心理学の有用性を社会に示すため，教育分野への応用を目指した。しかし，子どもの知的，身体的状態の把握には，彼が学問的基盤とする実験心理学では限界を感じ，実践的な場で子どもと関わることで知的，身体的状態を把握する実用心理学（practical psychology）を目指すこととなる。そしてその実践的な場こそが心理学的クリニックであった。彼は軽度の身体的・精神的遅滞はあるものの，特別な施設や援助を必要としない子どもたちを対象としてその研究と指導を行った。そのため彼は臨床心理学だけではなく学校心理学の創始者とも称される（大芦，2015）。

ただし，ウィトマーは，学派を超えて全体を統合するという意味では臨床心理学という語を使っていない。現在，臨床心理学と呼ばれるものは，以下に代表例を示すとおり，非常にさまざまな起源を持つ学問の集合体である。

(2) 臨床心理学のさまざまな起源

①構成主義・機能主義

　1870 年代に実証的な「科学」としての心理学を創始したドイツのヴントは，個人の経験を重視していた。彼の研究の手法は「内観法」と呼ばれ，被験者に刺激を与えて，そこで生じる意識的経験を報告させるというものであった。彼の後継者であるティチェナー（Titchener, E. B.）が学問として確立したのが構成主義心理学であり，人間の意識を複数の要素（感覚・イメージ・感情状態）から構成されていると考えた。

　これに対してアメリカのジェームズ（James, W.）らは，感情や思考が人間の環境への適応のためにどのように機能するのか，という視点で考えており，ダーウィン（Darwin, C. R.）の進化論からの影響を見て取れる。こうした考え方を機能主義心理学と呼んでいる。

②行動主義・新行動主義

　20 世紀に入ると，構成主義心理学への批判が出てくる。ワトソン（Watson, J. B.）はヴントの「内観法」が主観に頼りすぎており，心理学が科学として発展するためには，客観的に観察可能な「行動」を研究対象にすべきと主張した。これが当時アメリカを中心に広まった行動主義であり，人間も含めた動物の行動を，刺激（stimulus）に対する反応（response）として捉え，S-R 理論と呼ばれた。S-R 理論は，犬にベルの音を聞かせながら餌を提示すると，ベルの音だけで唾液が出るようになるという実験で知られるパブロフ（Pavlov, I.）の提唱した，古典的条件づけ（レスポンデント条件づけ）から影響を受けている。生後 11 か月の子どもに，ネズミを触ろうとするときに大きな音で怖がらせることを続け，ネズミそのものを怖がるようにするという恐怖条件づけは，ワトソンの有名な実験である。こうして示された，情動も条件づけたり消去したりすることができるという点は，後の行動療法の基礎となっている。

　その後，トールマン（Tolman, E. C.）は，S-R 理論を修正した S-O-R 理論を提唱し，新行動主義の流れを作った。刺激 S と反応 R との間に介在する O は organism ＝有機体であり，個体に特有の内的な要因のことを指している。同

── Column ① ──

行動神経科学研究者から臨床心理学を学び始めた皆さんへ

　脳には数千億個の神経細胞があり，それらがネットワークを形成して活動している。この神経細胞の活動が「心」の生物学的基盤，つまり「心の土台」と考えられている。日常生活において，脳の活動を意識することは少ないので，心の土台が脳にあるといわれてもピンとこないかもしれない。しかし，頭痛薬や酔い止めの薬を飲んで気分が改善したときには，脳の働きと心の関係を実感する。脳梗塞や交通事故等により特定の脳部位が損傷を受けると，会話や記憶，特定の動作など，それまでできていたことができなくなる場合がある。これもまた脳の活動が心の働きに影響している例である。

　脳内の神経ネットワークには可塑性という性質が備わっている。可塑性とは，柔軟性と持続性を合わせ持つ性質のことである。粘土細工を思い浮かべるとよい。力を加えれば形が変わり，力を加えなければそのままの状態が保たれる。先に述べたように，私たちの「心」は脳の活動によって影響を受ける。その一方で，私たちの「心（行動）」もまた脳の可塑的な変化を促すことができる。ピアノを弾くことや英語を聴き取ることは，何度も練習してできるようになれば簡単に感じるようになる。それは，特定の神経ネットワークに可塑的な変化が起きたためだと考えられている。さらに，その繰り返しを積み重ねると，脳に構造的な変化が生じる場合もある。たとえば，複雑な地理を持つロンドンのタクシードライバーは，記憶と関係する脳部位である海馬が大きくなっている。障害された機能がリハビリテーションを繰り返すことによって回復するときには，別の新しい神経ネットワークが形成されるといった変化が起きる。もちろん，映画を観ても，恋愛をしても脳の活動は一過性に変化する。しかし，脳の可塑的な変化，構造的な変化を促すことのキーワードは，「繰り返すこと」「積み重ねること」である。臨床心理学を学ぶにあたって，何を積み重ねるとよいのか，何を積み重ねることができるのか。「心」と神経ネットワークにポジティブなループを作ることで，自身の成長を楽しみながら学んでいこう。

じ刺激を与えられても，出てくる反応は人によって異なることを，これにより説明できることになる。

行動主義心理学者の一人，スキナー（Skinner, B. F.）は，レバーを押すと餌が出てくるネズミ用の箱型実験装置を使用して，道具的条件づけ（オペラント条件づけ）を研究した。ある行動をしたときにネズミに餌を与えると，その行動の発現頻度が上がる，といったように，報酬や罰に適応して，自発的に行動を行うように学習するものである。行動分析学の創始者となった彼の研究は，応用行動分析として発展し，現在，さまざまな教育や支援に活用されている。また，バンデューラ（Bandura, A.）の他者を観察・模倣して学習するモデリング（社会的学習理論）も，その後の心理学や教育学に大きな影響を与えている。

③ゲシュタルト心理学から認知心理学へ

一方でドイツにおいては，構成主義心理学に対する反論として，心を細かな要素から構成されるものとして捉えるのではなく，まとまりや全体性に重点を置くゲシュタルト心理学が発展する。ヴェルトハイマー（Wertheimer, M.）は，人間が図を知覚するときのプレグナンツの法則（近接したもの同士や似たもの同士，閉じた領域などをまとまりとして知覚しやすい）を提唱した。ケーラー（Kohler, W.）は，チンパンジーが手の届かない高所にあるバナナを，その場にあった道具を使って手に入れる実験を通して，個々の要素を統合して考え，全体の連関を把握する「洞察学習」を明らかにした。また，人間の集団を心理的な力の場であると捉えて「場の理論」を提唱し，集団力学（グループ・ダイナミクス）研究の基礎を作ったレヴィン（Lewin, K.）もゲシュタルト学派である。

その後，このゲシュタルト心理学や，前述したS-O-R 理論等をベースにして，認知心理学が発展することになる。認知心理学とは，生体を情報処理システムとみなして情報処理過程としての心的過程を研究するものである。その研究対象は，知覚・理解・記憶・思考・学習・推論等の高次認知機能であり，現在では，脳神経科学，情報科学，人工知能等とも関わりの深い分野といえる。

④精神分析の流れ

　19 世紀の終わりに精神分析を創始したフロイト（Freud, S.）の最大の功績は，人間が自分では意識的にコントロールできない心の領域として「無意識」を定式化したことである。無意識の領域に抑圧されている内容が症状を生じさせるという，心的外傷や PTSD 論の原型を提示した。フロイトのパーソナリティ理論（Freud, 1923）については，関連する事項が，本書の後の章にいくつか登場するので，ここで基本的な解説をしておくこととする。

　まずフロイトは，人間の心の領域を，意識・前意識・無意識という 3 つの層からなるものとして考えた（局所論）。意識とは，自分がどのように感じ，考え，行動しているのか，自分自身で気づいている部分のことである。前意識とは，通常は意識に昇らないが，努力すれば意識化できる記憶や感情が貯蔵されている層である。そして，無意識とは，その内容を意識することができない層のことである。人間の心には，無意識に存在する“何か”の作用を前提にすることによって説明可能になることがあり，そこから仮定されるのが無意識といえる。たとえば，自分自身では思いもよらぬような言い間違いをしてしまうことや，原因にまったく思い当たる節がないような症状について，フロイトは無意識の働きによるものであると考えた。

　次にフロイトは，エス・超自我・自我という 3 つの領域が作用し合う心のシステム（構造論）を提唱した。エス（イドとも呼ばれる。ドイツ語で「それ」の意）はまったく意識できないがゆえに「それ」としか呼びようのない，無意識層の働きであり，感情や欲求，衝動をそのまま自我に伝える，本能的な欲動エネルギーの貯蔵庫である。こうしたエネルギーをフロイトは「リビドー」と呼び，エスは，快を求め不快を避ける「快楽原則」によって動くとした。超自我は，ルール，道徳観，倫理感などを自我に伝えて，自我を管理する機能を持ち，両親の禁止や叱責が内面化した「良心」や「理想的な自分」である。そして自我は，エスからの要求と超自我からの規制を調整し，うまく現実に適応させる（必要に応じて「現実原則」に従う）機能を持つ。「自分」という意識の主体性や統合性を維持する部分ともいえる。局所論と構造論については，図 1-1 に模式図を示す。

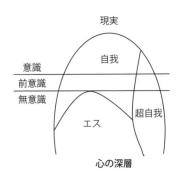

図 1-1　フロイトの局所論と構造論

表 1-1　主な防衛機制の種類

防衛機制名	概要
抑圧	最も基本的な防衛機制。意識することに耐えられないものを排除する。忘れてしまい，思い出さなくなる。
投影（投射）	自分の心の中にあるもの（怒り，願望等）を他者に投げかけ，相手が持っているものだと思う。
反動形成	心の中にある不都合なものと反対の態度を過度に強調する。
知性化	感情を体験する代わりに，感情は切り離して，論理的に説明して満足しようとする。
合理化	知性化が不安定・弱くなったもの。感情を十分切り離すことができず，強引に自分を正当化する。
否認（否定）	自分の辛い感情を引き起こす現実について，それがあるということを全く認めない。認知を拒否する。
置き換え（置換）	感情の対象を変更する。脅威を感じる対象に向けるべき感情を，安全な対象へ無意識的に向ける。
退行	より未発達な段階へ戻ってしまう。典型的には「子ども返り」と呼ばれるようなもの。
同一化・同一視	他者が持つ要素を自分の中に取り入れて，それが自分のものであるかのように思う。
昇華	性的な，あるいは攻撃的なエネルギーを，文化的で社会に受け入れられるような形にする。
補償	自らの弱さを経験している領域とは別の領域で成功を経験することによって自我を守る。
転換	抑圧された衝動が変形し，麻痺や感覚消失といった身体症状として現れる。

　さらにフロイトは，自我の働きによって，心の不快や不安のもととなる内容を，意識せずにすむよう，無意識に押し込めることがあると考えた。私たちはそれを意識的に行うのではなく，無意識的に心の安定を図っているのである。こうした働きを防衛機制と呼び，主なものとして表1-1に示したような種類がある。

　その後フロイトの理論は，さまざまな形で継承され，発展することになる。フロイトの娘アンナ・フロイト（Freud, A.）は精神分析を子どもに適用した児童分析の先駆者であり，ボウルビィ（Bowlby, J. M.），マーラー（Mahler, M. S.）らによって，乳幼児を観察対象とする研究が進んだ。

　また，フロイト晩年の理論の継承者であるクライン（Klein, M.）にはじまる対象関係論の発展のプロセスでは，ウィニコット（Winnicott, D. W.）らによって，より，人間的な相互作用の観点が組み込まれ，現在に至っている。

　フロイトの後継者と目されていたが，後に別の道を進むことになったユング（Jung, C. G.）の分析心理学では，個人的無意識のさらに深層に，人類が共通に持つ普遍的無意識の存在を想定するとともに，意識と無意識がお互いに補い合いながら心理的バランスを保っていると考える。

⑤人間性心理学（ヒューマニスティック心理学）の流れ

　自己実現理論（欲求5段階説）（図1-2参照）で知られるマズロー（Maslow, A. H.）が1960年代のアメリカで提唱したのが人間性心理学（ヒューマニスティック心理学）である。精神分析では人間の病的な側面が強調され，行動主義では人間が他の動物と区別されていなかったことに対する反論として，人間の健康的な側面に注目する考え方で，これらに続く第3の勢力と位置づけている。行動主義では，人間の行動を，空腹などの単純な欲求を満たすような欠乏動機に重点を置いて考えていたが，マズローはそれだけでは説明できない人間の成長への欲求を存在動機と呼び，より高次の価値を求める存在として人間を捉えたのである。

　マズローが，動物の研究から転向したのに対し，臨床の立場から人間性心理学へと向かったのがロジャーズ（Rogers, C. R.）である。彼の提唱したクライ

図 1-2　マズローの欲求 5 段階説

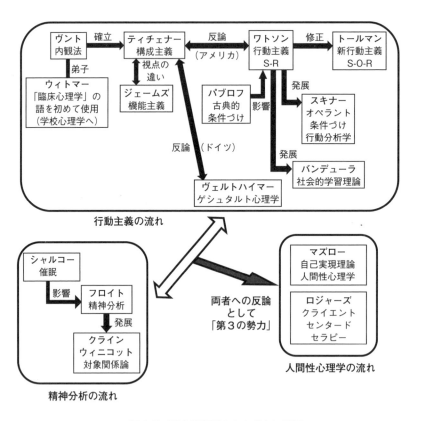

図 1-3　臨床心理学のさまざまな起源

エントセンタードセラピー（来談者中心療法）においては，医学モデルで「患者」あるいは，精神分析において「被分析者」と呼ばれていた心理的支援の対象者を，初めてセラピストと対等な「クライエント（来談者）」と呼んだ。そして，クライエントは，援助者（セラピスト）が提供する人間関係のなかで，人間が本来持っている自己実現傾向を開花させていくのであって，そのためには，原因の指摘や解決法の提供をするのではなく，自分の問題に自分で取り組めるようにすることが必要になるとした。

　ここまで見てきた臨床心理学のさまざまな起源について，概略をまとめたのが図 1-3 である。

3節　臨床心理学の位置づけ

1. 臨床心理学の専門性

(1) 科学者－実践家モデル

　これまで述べてきたとおり，臨床心理学では「科学的であること」と「実践的であること」の両方が重視されており，臨床心理学の専門性を示す理念として「科学者－実践家モデル」が提唱されている。これは 1949 年，アメリカで開催されたボルダー会議で規定されたものであり，現在までに欧米の臨床心理学に定着している考え方である。ここでいわれる「科学的」とは，客観的な観察に基づいて仮説を立て，それを検証して得られたデータから，論理的に考えることを指している。臨床心理学に携わる専門家は，科学者であると同時に実践者でなくてはならない。

(2) エビデンス・ベイスト・アプローチ

　近年はさらに，メンタルヘルスへの社会的関心の高まりや，心理的支援への

期待の増大と共に，社会に対して，よりしっかりとアカウンタビリティ（説明責任）を果たす必要が生じてきている。従来の臨床心理学は，心理療法の各学派の理論を前提としている部分があったため，そうした学派の考え方や，援助者の主観的な見方に偏っていたのではないか，という反省があった。そのため，新しいパラダイムとして，根拠（エビデンス）に基づいて心理的支援を行う「エビデンス・ベイスト・アプローチ」が発展しつつある。

　エビデンスに関して最初に注目されたのは，心理療法の効果についてであった。多数の効果研究をメタ分析した結果，心理療法の有効性は比較的高いことが示され，現在までにどの心理療法がどの問題や疾患に対して有効性が高いのかといった研究が進んでいる。

　ただし一方で，たとえば心理的支援における支援者と対象者との関係による相互作用など，効果研究では検証しきれない要因があるのではないかといった批判もあり，エビデンスに関する研究は今後さらに深められる必要があると考えられる。

(3)　生物－心理－社会モデル

　生物－心理－社会モデルとは，個人の身体・精神の健康には「生物」「心理」「社会」のそれぞれの要因が影響していると考え，効果的な介入を行うための枠組みのことである（図1-4）。1977 年，精神科医エンゲル（Engel, G. L.）が当時の医学では主流だった生物学的要因を重視する考え方に対して，心理的要因や社会的要因も同様に重視すべきとして提唱した。

　生物学的要因としては，遺伝や細菌，ウイルスなど，心理的要因としては，ストレスや感情，行動，信念など，社会的要因としては，経済状況やソーシャルサポート，雇用，文化などが想定されている。それぞれにアプローチする専門家は，生物学的要因は主に医師や看護師，薬剤師であり，心理的要因は公認心理師や臨床心理士，社会的要因は社会福祉士などとなる。

　これらを含む総合的な観点から支援の対象者を捉えることにより，対象者自身を多角的に理解することができる。さらに，対象者を取り巻くあらゆる環境に働きかけることができる，すなわち他の分野の専門家と協力して進めていく

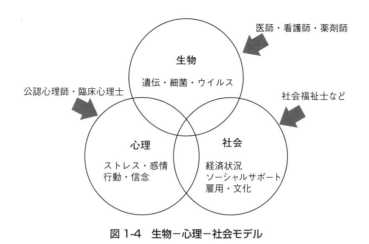

図 1-4　生物－心理－社会モデル

ことにもつながるのである。

(4) 実践活動における専門性

　臨床心理学の実践活動においては，まず心理的支援の対象になる問題がどのようなもので，それに対してどのように介入するか決定していく「アセスメント」を行う。アセスメントに基づいて問題の解決に向け「介入」を行うことになるが，一度の介入で解決することは難しく，介入の結果をアセスメントし，方針を修正したうえで再度介入するというプロセスを，繰り返し行うことになる。この仮説生成・検証過程を進めるに当たり，臨床心理学の理論や，その他の心理学の理論を参照するわけである。

　また，臨床心理学の実践活動を，「コミュニケーション」「ケース・マネジメント」「システム・オーガニゼーション」という3つの次元で捉えることもできる。まず，支援を必要とする当事者や，周りの関係者に対して専門的関係を結び働きかける次元が「コミュニケーション」である。カウンセリングや心理療法を通じて当事者に直接働きかける個人間コミュニケーションや，関係者に対する社会的コミュニケーションなどのスキルが必要となる。

　そして，「ケース・マネジメント」の次元では，前述の生物－心理－社会モデルなどに従いながら，そのケースの状況を正確に把握しようとし，それに基

づいて方針を定めるケースフォーミュレーションのプロセスを繰り返しながら，実践活動を動かしていくことになる。異なる領域の専門家に対して助言を行う「コンサルテーション」などを通じてシステムやコミュニティに介入し，当事者の環境を調整することもここに含まれる。

　さらに「システム・オーガニゼーション」の次元では，臨床心理学の活動が社会のなかで円滑に行えるようにする。職種や立場が異なる者（家族なども含む）がお互いに役割分担しながら協力・連携する「コラボレーション（協働）」や異なる職種間で情報を共有しながらも独立して援助を行う「コーディネーション」などがあり，そこでは人間関係を調整するといった社会的スキルが必要となる。

2.　他の専門領域と臨床心理学

　臨床心理学の専門的独自性を描き出すために，隣接する他の専門領域と比較しながら見ていきたい。ここでは，公認心理師が活動する5領域（医療・教育・産業・福祉・司法）にできるだけ対応させる形で5つの専門領域（精神医学・学校教育学・社会学・福祉学・法学）を取り上げる。なお，活動5領域それぞれの実践については，第5章で解説している。

(1)　精神医学と臨床心理学

　精神医学と臨床心理学の違いを考える際に，見かけ上わかりやすいのは，介入の手段として，薬を処方できるか否かであろう。その背景には，精神医学における援助は，治療・修理モデルであり，病理を特定しそれを治療する，いわば悪いところを探してそれを取り除くことが中心に据えられてきた歴史がある。臨床心理学も，当初はこの医学的介入モデルに倣って発展してきた。これに対して，現在の臨床心理学で重視されている，発達・成長モデルと呼ばれるものは，病理の解消そのものだけを目指すのではなく，問題解決を通じて本人が発達・成長していくことを目指して介入する考え方である。

　たとえば，責任感が強く仕事を頑張りすぎてしまうタイプの人が，過労によ

る不眠や気分の落ち込みを主訴として医療機関を受診したとする。医師は症状の原因を脳内の神経細胞の働きに見いだし，神経細胞間で情報を伝える神経伝達物質の働きを調整する薬を処方して，治療を進めるであろう。しかし，この人に「何でも自分の責任と感じて背負い込んでしまう心理的傾向」があったとすれば，薬物療法で症状が改善したとしても，再び自分で自分を追いつめて，同じ症状を呈してしまうかもしれない。臨床心理学の発達・成長モデルにおいては，「今現れている症状や問題行動は，当事者にとってどのような意味があるのか」を考える。それに当てはめれば，この人にとって今回の症状は「自分だけに原因帰属させるのではなく，適切にストレスマネジメントできるようになる」という成長を遂げるためのきっかけになるかもしれないわけである。

　つまり，臨床心理学では，その人が本来持っているはずのレジリエンス（自発的な回復力）が発揮できるように働きかけ，コンピテンス（有能性・環境への適応力）の向上を目指すことになる。こうした営みを医学モデルの「治療」に対して「エンパワメント」と呼ぶことがある。エンパワメントはこの場合，「失われた力の回復」を意味しており，この言葉も，臨床心理学の理念の一端を表しているといえよう。

(2) 学校教育学と臨床心理学

　スクールカウンセラーは，旧文部省が1995年度に配置を開始し，2001年度に，現文部科学省下において本格的に制度化された。学校教育の現場へ臨床心理学の専門家が入り込む制度は，当初それなりのインパクトをもって受け止められ，学校におけるスクールカウンセラーの役割や，学校教育の専門家である教師との協働・連携については，現在も模索が続いている部分がある。

　それはすなわち，学校教育学が中心に据えてきたものと，臨床心理学が目指すものが，根本的に異なることを示している。学校教育には，子どもに知識やスキルを身につけさせ，社会で生きる力をつけさせたり，国の将来を支える人材を育成したりする社会的機能があり，それを中心に発展してきた。また，学校教育学では，基本単位である学級をはじめ，主に集団を対象として考える。これに対して，臨床心理学では，個人を対象とし，その人がより良く，自分ら

しく生きることを目指して支援するのである。現在は教員養成課程においても，教科指導だけでなく，生徒指導や進路指導，教育相談が重視されているが，人が人に対して行う対人援助としての観点が学校教育においても強調されてきたのは，最近になってからである。

　その背景には，いじめや不登校，虐待や発達障害など，従来の学校教育学だけでは対応が難しい問題が顕在化しているという，学校現場の事情がある。こうした心理学的な支援が必要な問題に対して，学校教育自体も変化を遂げながら，臨床心理学の専門家が対応してきている。具体的には，児童生徒への個別の直接的な介入（カウンセリングなど）や，保護者の相談，教師や学校組織を対象とするコンサルテーションなどを通じた，児童生徒への間接的な介入がある。

(3)　社会学と臨床心理学

　たとえば「子育てに困難を抱える母親」について考えてみる。臨床心理学的な視点では，母親自身の感情・パーソナリティや，子どもとの関係，子ども自身の発達的な要素，あるいは，母親と配偶者の関係など，個人の心の問題として捉えられる。一方，社会学的な視点では，家族形態の時代による変化，保育所等の整備の不十分さや，女性の社会進出の難しさ，男性の長時間労働や育児休業の取りにくさなどに注目し，社会の問題として扱うことになるだろう。このように，あらゆる問題は，個人の心の問題であると同時に社会の問題でもある。これを，個人の心の問題としてだけ扱えば，必要な社会変革につながらなくなるし，社会の問題としてだけ扱ってしまえば，個人のつらさや傷つきに対応できないことになってしまう。その意味では，臨床心理学と社会学は互いに補い合うことができる関係にあるといえる。

　さらに，社会構成主義と呼ばれる立場においては，「社会的・客観的な現実」とされるものは，個人の主観と切り離されたところに存在するのではなく，人々のコミュニケーションの間で，言語を媒介にして構成されていると考える。社会構成主義的心理学を提唱したガーゲン（Gergen, K.）は，社会的現実を理解するために「ナラティヴ（物語）」を重視した。「社会的・客観的な現実」は存

Column ②

社会心理学研究者から臨床心理学を学び始めた皆さんへ

　社会的に不適応を生じた人をサポートすることが臨床心理学の課題であると考えると，人間の行動や意識経験への社会的影響過程を解明することを目的とする社会心理学の研究は，そのすべてが臨床心理学と強く関連しているということができる。

　社会心理学のテーマを大きく分類すると「個人内過程（他者や社会を捉える個人の内的意識過程）」「対人関係（個人対他者という一対一の人間関係）」「集団（個人を特定できる人間の集まりからの影響）」「社会（不特定多数の人間の集まりからの影響）」の４つがある。これら，それぞれのテーマの範疇における不適切な行動や認知が問題となり，その解決手段として臨床的対応が必要になると考えれば，基礎的研究分野としての社会心理学を積極的に臨床心理学分野に応用することは有益であろう。

　さらに強調したいことは，社会心理学の研究は社会的行動の一般化を目指しており，その対象は平均的かつ一般的な人間ということである。不幸なことに問題に突き当たってしまったクライエントをサポートするためには問題行動それ自体を把握して，その原因を徹底的に突き止めることが最重要課題であることはいうまでもない。そのうえでクライエントを支援して導くことの最終目標は，社会的場面における平均的，一般的な行動の表出であると考える。その基準となる行動モデルとして，社会心理学研究において提案された知見を活用することも考えられる。

　一般に臨床心理学を専門的に学ぶ学生は，学問的興味として犯罪や問題行動といった標準的でない人間行動に強い関心を持つ傾向がある。しかし適応性に欠ける問題行動を客観的かつ正確に理解するためにも，平均的かつ一般的な人間の行動様式を記述できる理論やモデルを十分に理解すべきである。その点で社会心理学研究は非常に重要な意味を持つと考える。

在せず，同じ事実でも語り方によってさまざまな物語になるということであり，これを，特に1990年代以降の家族療法において取り入れられはじめたのが，ナラティヴ・セラピーである。

　先ほどの例で，母親が「子どもへの自分の接し方に問題があるから育児がうまくいかない」という物語を疑うことができないでいるとすれば，それはその物語に支配されてしまっている状態といえる。ナラティヴ・セラピーでは，別の物語を生み出し，その支配から逃れることができるように介入する。さらに「子どもが小さいうちは，母親が自己犠牲を伴って子育てをしなければならない」といった，多くの人々に共有され，社会に根付いてきた物語に支配されている場合もあり，そうした際には，心理的な問題を社会学的な文脈で検証する姿勢も有用となるのである。

(4)　福祉学と臨床心理学

　わが国における福祉領域の国家資格としては，社会福祉士，介護福祉士と精神保健福祉士（ここでは，まとめてソーシャルワーカーと呼ぶ）があり，「専門的知識及び技術をもって，身体上若しくは精神上の障害があること又は環境上の理由により日常生活を営むのに支障がある者の福祉に関する相談に応じ，助言，指導，福祉サービスを提供する者又は医師その他の保健医療サービスを提供する者その他の関係者との連絡及び調整その他の援助を行う」（社会福祉士及び介護福祉士法第二条）とされている。もともとは，精神科に入院している患者の，精神的なケアを行う分野が臨床心理学で，社会的ケアを行う分野が福祉学というところから，コラボレーションが始まっている。

　ソーシャルワーカーの役割の主軸は，対象者とその生活環境との適合に向けて支援することであり，具体的には，関係者や各種社会資源との関係調整等が重視される。これに対して臨床心理学は，対象者自身の心理的な側面に働きかけることを想定してきた。しかし近年は，コミュニティ心理学を中心に，従来の心理検査をもとにしたアセスメントや心理療法的な介入だけではなく，対象者の背景となる社会的な文脈も含めたアセスメントを行い，個人だけではなくその周囲の環境にも働きかけるような介入が重視されるようになっている。す

なわち，心理的支援の中にも福祉学の視点が必要とされてきており，今後ますます，福祉の専門家との連携について考えなければならない。

(5) 法学と臨床心理学

　まず，心理的支援における法的な視点について，「離婚に関する相談」を例に考えてみる。離婚について臨床心理学の専門家に相談してくる人の中には「弁護士に相談したのに解決しなかった」と訴える人がいる。「離婚の相談は弁護士」という発想からいきなり弁護士を訪ねても，そこで教えてもらえるのは，相手に離婚を求めることができる条件に該当するか否か，あるいは財産分与や慰謝料といった，一般的なルールとその適用についてであって，「私があの人と離婚したほうがよいかどうか」を一緒に考えてくれるわけではない。「夫婦の関係を今後どうするのか」は，あくまでも個人の心の問題であり，臨床心理学の領域ということになる。ただ，一般的なルールについて参照することは，個人の意思決定にも大きく影響することであるため，臨床心理学の専門家もある程度法律的な知識を必要とする場合があろう。

　さらに，近年は犯罪被害者の心理的な支援，あるいは犯罪加害者の更生についても関心が高まっている。裁判員制度も開始から10年を超え，裁判の場で臨床心理学の専門家が，被告の心理に関する説明を求められる機会も出てきているが，いうまでもなく裁判は終着点ではない。被害者，加害者それぞれのその後の人生において，どのような心理的支援が可能なのかは，まだまだこれから開発される余地のある分野である。また，法は，あらゆる人を救済するために定められているが，個別のケースへの適用をめぐっては，個人の経験や感情と必ずしも一致しない事態も生じ得る。法を，一般市民の実感と近づけ，社会の実態に合ったルールを作っていくためにも，その橋渡しをする役割が，臨床心理学に期待されているのである。

4 節　これから臨床心理学を学ぶ皆さんへ

　現在の日本では，医療や情報工学の分野が，これまでにないスピードで進化している。そして，予測を上回る少子高齢化，見通せない経済状況，温暖化による災害の激甚化などにより，社会不安は増大する傾向にあり，私たちの生活における問題はますます複雑化しているといわざるを得ない。こうしたなかで，臨床心理学の果たす役割は，今後も大きくなっていくであろう。

　実体のない「心」を取り扱う心理学の歴史は，実証可能なデータをどのようにして得るかの歴史でもあったといえる。医療の領域では，一昔前には考えられなかったような詳細なデータが得られるようになっているが，心理学もこれまで以上に十分なエビデンスを求められるようになっている。ただ一方で，「臨床」心理学が，人間一人ひとりの「床に臨む」学問である以上，その人の主観的な体験を重視する姿勢が失われてはならない。社会の要請に応え，説明責任を果たしつつも，それぞれの人が人としてより良く生きるために何ができるかを考え続けていく必要があろう。

　この原稿を執筆している現在，新型コロナウイルス（COVID-19）が世界で猛威を振るっている。このいわゆるコロナ禍のなかでは，これまであまり目立つことのなかった，人々の心の動きが目に見える形で示されている。日本においてはたとえば，「マスク警察」や「自粛警察」といわれるような，個人の不安が，社会に過度の同調圧力を生じさせるような状況も見られた。あるいは「感染者数」などの一見「客観的」に見える情報でも，実はそのデータの取り方や結果の示し方によって，受け取られ得る意味がまったく異なる，といったことが人々に意識され始めたのではないだろうか。

　コロナ後の世界がどのようなものになるかは，現時点では予測しにくいが，情報がますます氾濫し，個人の心の動きとはますます異なる次元で社会が大きく動くようになる可能性は十分に考えられる。そうした状況においては，個人の心の動きを，人と人との直接的な関わりを通して検証し続ける臨床心理学の

営みが，人が人らしく生きるための指針を示すことは間違いない。これから臨床心理学を学ぶ皆さんには，あふれる情報に踊らされて右往左往するのではなく，それらのなかから取捨選択し，「自分で考える力」を身につけていただきたい。

　そして，こうした「自分で考える力」を身につけるためには，想像力を働かせることが必要であろう。自分とは異なる立場にいたり，異なる価値観を持っていたりする，あらゆる他者の心について，できる限り想像をしてみるのである。マスクの例でいえば，発達障害と呼ばれる特性を持つ子どもが，感覚過敏のために，マスクをつけることで感じる相当な苦痛や，周囲の大人からそれを強制されるときの気持ちを想像できるだろうか。あるいは，そうした子どもの保護者が，マスク装着をめぐって葛藤を抱えつつ子どもと根気強くやりとりをしたり，それでも事情を知らない他人から心ない言葉を浴びせられたりする際の精神的負担の大きさに，思いを馳せることができるだろうか。

　この先，本書を読み進め，学習を進めるにあたっては，こうした想像力を働かせながら，人間の心にとって本当に大切なこととは何かを考え続けるという姿勢で臨んでいただきたい。

学習チェックリスト ◀◀◀◀◀◀◀◀◀◀◀◀◀◀◀◀◀◀◀◀◀◀◀◀◀◀

- [ ] 臨床心理学の誕生について学んだ。

- [ ] 臨床心理学がさまざまな起源を持つ学問であることを理解した。

- [ ] 臨床心理学が実践をメインとして研究する学問であることを理解した。

- [ ] 構成主義・機能主義について基本的なことを学んだ。

- [ ] 行動主義・新行動主義について基本的なことを学んだ。

- [ ] ゲシュタルト心理学・認知心理学について基本的なことを学んだ。

- [ ] 精神分析の起源について学んだ。

- [ ] 行動主義及び精神分析の流れに対する第3の流れとして，人間性心理学が誕生したことを理解した。

- [ ] 主な防衛機制について学んだ。

- [ ] 科学者－実践家モデルについて理解した。

- [ ] 生物－心理－社会モデルについて理解した。

- [ ] 社会構成主義とナラティヴ・セラピーについて理解した。

- [ ] 隣接他領域との関連において臨床心理学の専門性について学んだ。

第 **2** 章

心の発達と心の病理性を知る

　人は誰でも健やかで満ち足りた日々を送りたいと願っている。しかし,
ときにはさまざまな理由・原因から心の問題を抱えてしまうことがある。
心の問題にはさまざまなものがあり,人生のある段階で顕著に見られるも
のもあれば,どの段階においても見られるものもある。

　そこで,本章ではまず心の病理性について解説し,その後,人生の各段
階における主要な心理的問題を扱う。心の発達に伴い,どのような心理的
問題が生じ得るかについて学びを深めてほしい。

1 節　心の病理性

　本節では，心理学がどのように心の病理性を捉えてきたかを概観する。心の病理性については，どこからが病理といえるのか，その輪郭はあまり明確でないものが多いことが大きな特徴である。

　誰しも，「気持ちが沈む」「落ち着かない」「不安である」「イライラする」などの感覚に振り回される経験があるだろう。また近年，私たちは大きな自然災害やパンデミック，凶悪な事件など，ストレスを感じる出来事も多く体験してきた。その結果，心の「調子」を崩したと感じる人も多いことだろう。あるいは，「空気を読めない」「コミュニケーションが苦手」「片づけができない」など，自分の「不得意なこと」が何か特別な障害ともいえるものではないかと気にしている人もいるかもしれない。上記のような体験は，心が「健康」に機能しているからこそ感じられる体験である場合もあれば，心の「不調のサイン」である場合もある。そのため，心の病理性を見ていくには，さまざまな視点や基準を知り，俯瞰的に捉えられることが重要である。

1.　心の病理性とは

　そもそも「病理（pathology）」とは，古代ギリシャ語の「παθος（感じ，痛み，苦しみ）」と「λογος（理由，原因）」からくる言葉である。つまり，人は「病気」に関して「病因」から捉えてきたのである。内科疾患を例とすれば，その多くが病因によって分類されている。たとえば発熱や悪寒症状が出たとき，さまざまな病気が可能性として考えられる。しかし，ウイルス検査をすることでそれが「インフルエンザ」であると診断される。

　その一方，精神疾患については，今日でもその病因が十分にわかっていないものが大半である。そこで，精神疾患は長く，「外因性」「内因性」「心因性」という3分類から捉えられてきた。外因性精神疾患とは，心の外からの原因

という意味である。「器質性」という言葉も使われるが，脳を中心とした生物学的な変化の原因が確認できる疾患のことで，認知症や脳の外傷，物質中毒性の脳障害などを指す。それに対し内因性精神疾患は，その人がもともと持っている要因によって生じる精神疾患である。生物学的あるいは遺伝的などの病因が想定されるものの，そのメカニズムが明確には解明されていない疾患も含む。代表的なものとして統合失調症や双極性障害などがある。また，心因性疾患とは，心理的要因によるもので，いわゆる「神経症」（現在は，神経症性障害といわれる）がその代表例となる。よく耳にするようになった「適応障害」や「ストレス関連障害」などもこの心因性疾患に入る。

　しかし近年の生物学の発展により，これらの病因による3分類は通用し得ないことが明らかになっている。たとえば，心因性疾患といわれてきたさまざまな精神疾患においても脳の機能的な異常があり得る。また，心的外傷による心の問題であればそれは明確に「心因性」であるが，重篤な心的外傷は脳の機能障害や萎縮などの器質的変化も引き起こし得る。逆に，たとえば器質的に偏桃体が小さいことがPTSD症状を呈しやすいというように，器質的な基盤が心因性の問題を生じさせやすいという場合もある。つまり，外因・内因・心因というように仮に3つに分類するとしても，それらが相互に関連し合った結果として心の問題が現れるのである。

2. 症候論的・機能論的分類

　「外因」「内因」「心因」の三分類は，もともと人々が精神疾患の「病因」への関心が強いがゆえに普及したものであろう。しかしながら先にも述べたように，精神疾患に関しては現在においてもなお，その「病因」がそれほど精緻に解明されているわけではない。そこで，「問題の現れ」としての「症状」や「症候」を重視するアプローチ，すなわち，観察可能で，誰もが均質な分類を可能とし，その結果を多くの人と共有しやすいように，行動や現象に力点を置いて取り出す診断方法が用いられるようになっている。これは，症候論による見方である。現在，もしくは現在までに表れている症状や問題行動などについて，あらかじ

め定められた指標により，「診断」として状態を定義することができ，客観性という点において，有用度が高い方法である。

　この見方が，精神医学のなかで生み出だされた，「DSM」に代表されるような世界的に使用し得る診断基準の作成につながっている。特に DSM は操作的診断基準の代表的なものであり，症状の有無や重篤さを一定の手続きによって客観的に評価する方法である。DSM とは，「精神疾患の診断と統計のためのマニュアル（Diagnostic and Statistical Manual of Mental Disorders）」であり，現在は 2013 年に出版された第 5 版が使用されている。1980 年の DSM-Ⅲ の発刊以来，精神科診療においては共通の診断基準として世界中で使用されるようになり，DSM-Ⅲ で新たに採用されたカテゴリー診断という見方が重視されるようになった。

　カテゴリー診断とは，典型的な症状を多軸により分類し，一定の条件が満たされていることによって診断するという方法で，それまで重視されてきた病因論による見立てから脱却する見方である。ここで用いられた多軸とは，「第一軸：臨床疾患」「第二軸：パーソナリティ障害と精神遅滞」「第三軸：一般身体疾患」「第四軸：心理社会的・環境的問題」「第五軸：機能の全体的評定」である。DSM-IV-TR（American Psychiatric Association, 2000）の改訂から 13 年ぶりに改訂されて 2013 年に出版された DSM-5 においては，多軸診断が廃止されたもののこの考え方は引き続き重視されており，多元的なスペクトラム（連続体）を想定する多元的診断が採用されている（American Psychiatric Association, 2013）。

　一方，WHO が編纂した国際的な疾病分類である「疾病及び関連保健問題の国際統計分類（International Classification of Diseases：ICD）も今日活用されている代表的な診断基準である。現在使用されているのは，1990 年に採択された第 10 版（ICD-10）であるが，WHO は約 30 年ぶりとなる最新版への全面改訂を行い，2018 年 6 月に ICD-11 を公表した。現時点（2021 年）で日本においては適用検討中の段階で，英語版のみが公開されている。この改定版では，臨床現場や研究などさまざまな場面での使用を想定し，より多様な病態を表現できるようコード体系が整備されている。

　一般的に，医療行政上の疾病統計などには ICD が，精神医学や臨床心理学研究などには DSM が使われることが多い。このため心理職はどちらも熟知しておく必要がある。表 2-1 に，DSM-5 と ICD-10 における代表的な精神疾患の分類について対応表を記載した。

　合わせて心理職が知っておくべき分類として，世界保健機関（WHO）によって 1980 年に発表された国際障害分類（International Classification of Impairments, Disabilities and Handicaps：ICIDH），及び 2001 年の改定により発表された生活機能・障害・健康の国際分類（通称：国際生活機能分類，International Classification of Functioning, disability and health：ICF）がある。ICIDH が「疾病の帰結（結果）に関する分類」であったのに対し，ICF は「健

表 2-1　代表的な精神疾患の DSM-5 と ICD-10 における対応表

DSM-5	ICD-10	
Ⅰ　神経発達症群／神経発達障害群	F84　広汎性発達障害 F90　多動性障害	
Ⅱ　統合失調症スペクトラム障害及び 　　他の精神病性障害群	F20 – F29　統合失調症，統合失調症型障害及び 　　　　　　妄想性障害	
Ⅲ　双極性障害及び関連障害群	F30　躁病エピソード F31　双極性感情障害	
Ⅳ　抑うつ障害群	F32　うつ病エピソード F33　反復性うつ病性障害	
Ⅴ　不安症群／不安障害群	F40　恐怖性不安障害 F41　その他の不安障害	
Ⅵ　強迫性及び関連症群／強迫性障害 　　及び関連障害群	F42　強迫性障害	
Ⅶ　心的外傷及びストレス因関連障害群	F43　重度ストレスへの反応及び適応障害	
Ⅷ　解離症群／解離性障害群	F44　解離性障害	
Ⅸ　身体症状症及び関連症群	F44　解離性障害 F45　身体表現性障害	
Ⅹ　食行動障害及び摂食障害群	F50　摂食障害	
Ⅺ　神経認知障害群	F00　アルツハイマー病認知症 F02　他に分類されるその他の疾患の認知症	
Ⅻ　パーソナリティ障害群	F60 – F69　成人の人格及び行動の障害 F06　脳の損傷及び機能不全並びに身体疾患による 　　　その他の精神障害	

康の構成要素に関する分類」であり，新しい健康観を提起するものとなっている。生活機能上の問題は誰にでも起こり得るものなので，ICF は特定の人々のためのものではなく，「全ての人に関する分類」である。生活機能を3つのレベル，すなわち，「心身機能・構造（心身の働き）」「生活（生活行為）」「参加（家庭・社会への関与・役割）」の状態から捉える。

　これらの生活機能はそれぞれが単独に存在するのではなく，相互に影響を与え合い，また「健康状態」や「環境因子」，「個人因子」からも影響を受けるとされており，これを示すために ICF のモデル図では，ほとんどすべての要素

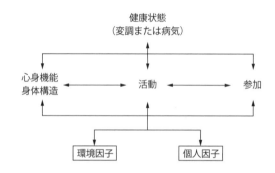

図 2-1　ICF の構成要素間の相互作用

表 2-2　ICF における 5 つの構成要素

① 心身機能・構造（生命レベル）
手足の動き，視覚・聴覚，内臓，精神などの機能面，及び指の関節や胃・腸，皮膚などの構造面など，生命の維持に直接つながるもの
② 活動（生活レベル）
日常生活行為や家事行為，余暇活動など，文化的・社会生活を送るうえで必要なすべての活動のこと
③ 参加（人生レベル）
家庭，会社，地域社会への参加などにより，何かしらの社会的な役割を持つこと
背景因子
④ 環境因子
福祉用具や建築などの「物的環境」，家族や友人などの「人的環境」，制度やサービスなどの「社会的環境」の3つの因子に分けられる
⑤ 個人因子
年齢や性別，民族，生活歴，価値観，ライフスタイルなど個人を形づくっているすべてのもの

が双方向の矢印で結ばれている（図 2-1, 表 2-2）。すなわち,「すべてがすべてと影響し合う」相互作用モデルである。さまざまな分野の専門家が共通言語によって人間全体を見ることを意図しており, 介入する際に要支援者の生活（「活動」）・人生（「参加」）の向上を目的とするうえで, 一人ひとりの個人を見ていく視点が提供される点で意義深い。従来, 客観的・記述的な視点としての疾患や機能の障害など, いわゆるマイナスな点に焦点が当てられてきた歴史が長いが, ICF は個人をとりまく環境因子や個人因子も重視して見ていくことで, より全人的でプラス思考の視点を提供している。その意味で, ICF はこれまで主に福祉領域におけるアセスメントの際に用いられてきたが, いずれの領域に働く心理職にとっても重要な視点をもたらす分類として習熟しておく必要があろう。

3. 因果論的視点

　ここまで, 現在では病因から心の病理性を分類する見方よりも, 客観的・記述的に「病理性の現れ」や「病理的状態」もしくは「機能」を分類する見方が主流となっていることを述べた。国や文化を超えてグローバルに活用できる共通の診断基準は必須のものである。分類基準が明確になったことでエビデンス・ベイスト（evidence based）といわれるような統計的な研究の発展にも多大な貢献をしている。

　しかしながら, 心の病理性を因果律に基づいて見立てる視点も, やはり心理職にとって重要である。なぜなら, 因果律による見立てはそもそも, 人の心がどのように生まれ, 発達し, 全体として機能し, ときにそのメカニズムゆえに障害や病理が生じ, そしてそれがまたどのように治る可能性があるのか, 治療の予後や見通しなど, 人間の全体性について一貫性を持った視点を提供するものであるためである。症状という部分のみを見るだけでは, その症状を抱えて苦悩する「人」の全体性を見過ごすことも起こりかねない。私たち心理職が,「心の病理性」への対処や心理学的治療に向けて人に出会おうとする際に必ず必要な視点であり, 風化させてはいけないものであることを強調しておきたい。精

神医学においては，症状や症候ごとに薬物療法による対処が主な治療となるため症候論による分類は非常に整合性が高いが，「人」に出会うことから仕事が始まる心理職においては不足が生じる。

　因果律に基づいて心の病理を捉える視点は，精神分析を創始したフロイト（Freud, S.）の貢献によって決定的な影響を受けて発展したといえよう。精神分析では，心の固有なメカニズムによって心の病理性を捉えようとする。この捉え方においては，一人の人間の悩みや困りごと，問題が，どのようなメカニズムやプロセスによって生じるのかということを個別事例的に捉えていく。たとえば，不安や抑うつといった精神症状があるとき，生育史を含めてその人の生き方やありよう，さらに無意識の過程までを含めて，それらが複雑に絡み合った苦悩として理解する。そのうえで，その苦悩にその人固有の意味を見いだし，その人のより良い人生，より望ましい人生のあり方を模索するまでのプロセスを含む見方をする。

　その根底には，精神分析理論における人格発達理論がある。精神分析では，人は人生の最早期から原始的な欲動エネルギーを発達させて，その人のその人らしい人格を発達させるものとして，そのプロセスやメカニズムを描き出す。人格を発達させるプロセスのなかで，人はさまざまな葛藤やコンプレックス，それに対する心の防衛メカニズムを発展させる。その複雑な葛藤の絡み合いがその人のその人らしさを生み出すと同時に，ときに心の病理も形成させる。それ故，因果律に基づく病理性の見立ては，心の発達の因果論との関連から理解できるところも多い。今日ではそのような病理性のなかに一人ひとりの姿，これまでの生き方を含む見立てを整理し，統合し，記述する方法として「定式化」という言葉も定着している。

　加えて，因果律に基づく見立てをするうえでは，「面接」によるアセスメントが重視されてきたことにふれる必要がある。心の病理性の現れは，多かれ少なかれその個人の主体的な体験に基づく訴えを通じて捉えられることを鑑みると，客観的・記述的に信頼に足る情報化を行うことはそれほど簡単なことではない。面接によってこそ，その個人特有の心の動きにおける固有の因果律がそのままに理解し得るからである。

　たとえば，こんな事例がある。ある若い女性が強い不安感と焦燥感を主訴に
ある心理相談室に来談してきた。重要な仕事を抱えており，すぐにも治してほ
しい，早く治すためなら毎日でも通いたいとセラピストに強く訴えてきた。セ
ラピストが「重要な仕事」について尋ねると彼女は，「幼いときからの夢があり，
それがあと一歩でかなうかもしれない。そのための大事な仕事である」と語っ
た。仕事についての語りの間は，不安な表情は一変し，生き生きとした口調が
印象的であったが，急に表情を歪め，「そんなあと一歩の大事なときに症状が
強くなった」といらだちとともに付け加えた。セラピストがさらに，その「幼
いときからの夢」について尋ねると，彼女はさらにいきいきとずっと目標にし
てきた仕事について語った。すると再度突然顔を歪め，「こんな話をしている
と彼氏には嫌がられる。昼も夜もなく仕事したりそのための勉強をしたりして
きたから。彼氏はいつになったらもっと自分とゆっくりできるの，って」と言
い出した。さらに「本当のことをいえば，私は彼氏なんてどうでもいいんです
けど」と付け足した。

　セラピー・セッションを重ねるなかでこの女性は，夢に向けた勉強と仕事の
ためにひどいセクハラに耐え，その嫌悪感を忘れるためにさまざまな異性と交
際して自尊心を低めてきたこと，もともと漠然とした理由のない自信のなさが
あり「セクハラに耐える」「身を削って勉強する」というところに自分を追い
込んできたことを語った。また，十分にきちんとした養育・教育を受けており
「不満なんてとんでもない」と思いつつも，男の子を望んでいた父親を失望さ
せてきたと信じていることや家庭におさまる母親に軽蔑の思いをぬぐえないこ
と，目標を叶えることに説明のつかない恐ろしさを感じていることや，誰かに
愛されることなどあり得ないという感覚があることなどに気づいていった。そ
して，それとともに彼女の主訴は消失していった。

　仕事に支障が出るような強い不安感・焦燥感を主訴に来談した女性だが，そ
の症状の現れには，彼女の人生のストーリーがあった。そのストーリーのプロ
セスの中には，彼女に症状が現れるようなメカニズムが複層的に重なって存在
していることがわかるが，初来談時，これは彼女自身もあまり自覚していなか
ったものである。初回の出会いのセッションから，この女性が不安や焦燥感や

嫌悪感などを生み出す心の小さな動きをそのままに表現していることがわかる。さまざまな気持ちや願望や恐れが明確になるプロセスとともに彼女の症状が消失したことからも，症状や機能性に関する客観的記述からだけでは彼女の葛藤や苦悩，病理性を理解することはできないし，単に対処療法によって症状を軽減するだけでは，彼女の彼女らしさに見合った高い自尊心を回復させることはできなかったであろう。

　このような観点からまとめるなら，臨床心理学に基づく心の病理性の捉えは，症候論的・機能論的分類基準も含め，さまざまな基準を統合して「人」を多元的に理解しようとする捉え方である。医学的な「疾患」は生物学的な概念であるが，臨床心理学が対象とする心の病ははっきりと客観的に定義されるものではない。人が存分に自分を成長させようとする自己実現のプロセスを阻害するようなことがその人の心の中に起きていれば，それはその人にとって「自分の心に問題がある」と感じられる病理的状態であるといえるかもしれない。実際，臨床心理学においては「事例性」という観点によって，臨床心理学的援助（心理的支援）の対象を捉える考え方が一般的である。

　「事例性」とは，医学的な概念としての「疾病性」とは異なり，社会・心理的概念である（加藤, 1976）。医療においては,生物学的異常や障害を即疾病（疾患）とみなすのに対し，臨床心理学においては，なぜ，いつ，どこで誰によってどのように問題が認められるかという諸要因の複合的な概念として「事例性」を捉える。すなわち，「このような心の動きや心の表れ，感じ方や捉え方や行動は，問題であり，変えたいものである」ということを，主体的に取り上げることが成されれば,それはどのような人のどのような問題であろうと,「事例性」が成立すると考える。

　たとえば，素晴らしい仕事をしているプロのアーティストがいたとしよう。生活もきちんとしており，交友関係や家族関係にも恵まれ，他人から見て何の問題もなく，医学的意味での疾患や適応上の問題もなかったとしよう。そうであったとしても，本人が何らか，たとえば「自分は保守的かもしれない。思うようなアートをもっと追求するには，より豪胆な自分になりたい。豪胆な自分を目指してきていたのに，なぜいつのまにか保守的な自分になってしまってい

るんだろう。この保守的な自分は問題だ」などと感じるのであれば，すなわち，物事の見方や捉え方，自分のあり方に疑問を持ち，それを変えたいと思うなら，「事例性」が成立する。「事例性」に基づいて自身と向き合うことで，このアーティストは長く目をそらしてきた漠然とした不安に気づくかもしれない。あるいは，さらに長く無意識に封印してきた大きな恐れに気づくかもしれない。そこには，精神医学的には何の問題もないとしても，本人にとっての心の病（やまい）がある可能性がある。「事例性」は，客観的な基準によって定義される疾病性とは異なり，主体的な理解によって取り上げられる概念であることに意味があり，事例性が成立すれば臨床心理学的援助（心理的支援）の対象となる。

● おわりに

　心の病理性について，臨床心理学が見てきたさまざまな視点のいくつかを紹介してきた。心理学は比較的歴史の短い学問であるが，心の病理性に関する人類の知見は，太古から究明を続けている。本稿では触れなかったが，現在は，脳の神経物質バランスから捉える心の病理性についてはかなり明らかになっており（補論「心の病と脳，遺伝子との関係」参照），それに応じて薬物療法は日々発展している。また，脳の機能性からも心の病理性がずいぶん明らかにされている。生物学，医学，臨床心理学の相互発展が，心の病理に苦しむ人々への臨床心理学的援助（心理的支援）をさらに拡大していくだろう。

　生物−心理−社会モデルは 20 世紀後半に心身医学の領域でメンタルヘルスを理解するために提言された概念として，人を統合的，全人的に捉える見方として今日では広く受け入れられている。わが国で国家資格化された公認心理師資格においても，その基本的姿勢としてこのモデルが取り入れられている。本節では，症候論的基準による見方と病因論的な見方の両軸の重要性を説いてきたが，これは言い換えるなら，生物−心理−社会の 3 要因のそれぞれを分化統合して俯瞰的に捉えられることの重要性である。人類の普遍的な心のメカニズムとしてそれらの 3 要因によってどのように心に病理が生じるのか，そして，私たちが日々出会う個別の事例における心のメカニズムとしてどのように彼・

彼女の心に病理が生じているのか，そのような「心の病理性」を明らかにして
いくための態度として，私たちは日々このような多角的な視点を基盤として持
つ必要がある。

補論	心の病と脳，遺伝子との関係

　心の病と脳との関係を知ることは，心の病への理解を深めるだけでなく，そ
の治療法を考えるうえでも重要である。さらに，心の病と遺伝子との関係を知
ることは，その原因や予防を考えるうえで重要となる。本節では前節を補完す
る目的で，心の病と脳の構造，脳の機能，遺伝子との関係について順に紹介し
ていく。

1. 心の病と脳部位

　人の脳は高次機能を担う大脳（大脳皮質），微細な運動機能を司る小脳，生
命維持に必要な間脳と脳幹（中脳，橋，延髄）とに大きく分類される（図 2-2）。
大脳の周辺には，大脳辺縁系や大脳基底核といった領域がある。大脳皮質は大
きな溝によって前頭葉，頭頂葉，側頭葉，後頭葉の 4 領域に分類される。これ
らの領域は，ブロードマン（Brodmann, K.）によってさらに 52 の領域に分類
され，それぞれが感覚や運動情報の処理，情動の調節や記憶の保持，言語や思
考といった独自の機能を有している（日比野，2018）。大脳皮質の特定の脳部
位が，事故によって外傷を受けたり，脳梗塞等によって障害を受けたりすると，
特定の機能が損なわれる。19 世紀中頃，アメリカの建築技術者であったフィ
ネアス・ゲージ（Phineas P. Gage）は，事故によって自身の前頭葉が大きく
損傷された。命に別状はなかったが，それまでのゲージとは人が変わったかの
ように粗暴な行動をとるようになった。前頭前野の機能の一つである感情の制

御に障害を受けたためだと考えられている。同じ頃，フランス人医師のブローカ（Broca, P.）は，「タン」としか発話できない言語障害の患者と出会う。患者の死後，脳を解剖すると左前頭葉の腹側部（下前頭回）が損傷されていることが明らかとなり，この部位は発話中枢としてブローカ野と呼ばれている。

　大脳辺縁系の代表的な脳部位は，記憶に関与する海馬と情動の中枢である扁桃体である。てんかん発作を抑制するために，側頭葉から海馬を切除する手術を受けた H. M. 氏は，重篤な前向性の健忘症になってしまった。術後の新しい出来事を記憶することができなくなったのである。扁桃体を含む前側頭葉を切除したサルは，ヘビに対する恐怖心が消え，食べ物でないものを口にし，サル以外の動物にも交尾を試みようとするなどの異常行動が見られた。これらの症状は情動的な障害とみなされ，クリューバー・ビューシー症候群（Klüver-Bucy Syndrome：KBS）と呼ばれている（ピネル，2005）。

　間脳にある視床下部は内分泌系（ホルモン）と自律神経系を統制する中枢であり，摂食や睡眠，性行動，ストレス反応などにも関わる。過度のストレス，不規則な生活習慣，ホルモンバランスの変化などによって引き起こされる自律神経失調症や起立性調節障害は，視床下部や下垂体の働きとの関連が指摘されているが，その発症メカニズムの詳細は不明である。脳幹は，呼吸や心拍の制御，

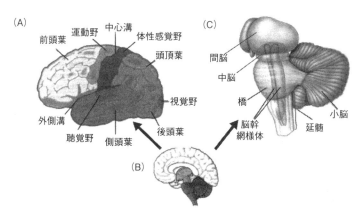

A：大脳皮質の側面部，B：ヒトの脳の断面図，C：脳幹と小脳の拡大図
図2-2　ヒトの脳部位（坂本ら，2020）

体温調節，嚥下といった生命維持に重要な機能を持つ。小脳は大脳の 10 分の 1 程度の大きさであるが，大脳の数倍の神経細胞（ニューロン）があると推定されている。小脳に障害を受けると運動失調をきたす。

　近年の機能的 MRI などの非侵襲的な脳画像解析の進歩によって，人間の脳部位の活動を測定できるようになった。心に問題を抱える人と健常者の脳活動部位を比較することで，心の病と脳部位との関係は今後さらに明らかにされていくであろう（加藤，2018）。

2. 心の病と神経伝達物質

　私たちの心の働きは，脳の中のニューロンがネットワークを形成して活動していることと関係が深い（Column ①）。ニューロン内の情報は電気信号であり，その電気信号は次のニューロンへと伝達されていく。興味深いことに，ニューロンの終末部位と次のニューロンとのつなぎ目は，わずかな隙間がある（20 - 40 nm 程度）。この隙間のことをシナプスと呼ぶ。脳内では一つのニューロンが，いくつもの別のニューロンとシナプスを形成している場合も多く，複雑なネットワークが構築されている。ニューロンとニューロンとの間に隙間があるのにどうして電気信号が伝達されるのだろうか。その隙間を埋める役割を担うのは，神経伝達物質や神経ホルモンといった化学物質である。

　ニューロンの軸索末端部に電気信号が届くと，そこに蓄えられている神経伝達物質が刺激されてシナプスに放出される。受け手側のニューロンの樹状突起には受容体があり，この神経伝達物質を受け取ることで，イオンチャネルが開き，イオンがニューロン内に流入することで電気信号が伝達される（図 2-3）。このことから，ニューロン間の電気信号の伝達には化学物質の働きが必要不可欠であることがわかる。

　痛み止めや車の酔い止め薬を飲んだことのある人は少なくないであろう。このような薬は脳内のニューロンの各種受容体に作用してその効果を発揮する。睡眠導入剤や抗不安薬，抗うつ剤といった心の状態を整える薬も同様である。身体から脳へ向かう血管には血液脳関門と呼ばれる脳毛細血管が存在し，ここ

で異物を除外し，脳に必要な物質を選択している（岡田ら，2015）。脳に作用する薬物は血液脳関門を通過できるようにその分子量は小さくなっている。体内（脳内）で働く神経伝達物質の作用を高めるような薬は，作動薬（アゴニスト）と呼ばれ，反対にその作用を抑制するような薬は拮抗薬（アンタゴニスト）と呼ばれている。うつ病や不安障害など，心の働きがうまくいっていない状態は特定の神経伝達物質の働きが弱まっていると考えられ，その治療として作動薬が使用される。

　たとえば，γ-アミノ酪酸（GABA）は，ニューロン間の電気信号の働きを抑制するように働き，抗不安薬の多くはこのGABAの働きを強める（脳の活動を抑制させる）作用を持つ。ニューロンのネットワークを弱めることは，よくないことのように思うかもしれないが，脳内の神経系の働きは必要なところだけが活動し，その他の部位は抑制されているほうがよい。脳の多くの部位が同時に活性すると，てんかん様の発作等が起こる場合がある。したがって，GABA作動性のニューロンは脳活動のブレーキ役としてあらゆる部位で働いている。

　セロトニンは「幸せホルモン」とも呼ばれている神経伝達物質であり，神経ホルモンでもある（神経伝達物質はニューロン内を移動するが，ホルモンは血

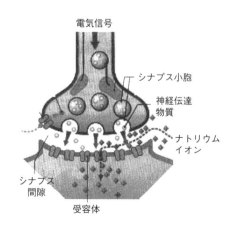

図2-3　シナプスでの情報伝達のしくみ (坂本ら，2020)

流に乗って運ばれる）。現在使用されている抗うつ剤は，セロトニンの働きを高めるように作用するものが多い。セロトニン作動薬は，摂食障害や不安障害の治療にも用いられている。神経伝達物質のドーパミンが少なくなることが原因で生じるパーキンソン病の患者は，円滑な運動を行うことが難しくなる。よって，パーキンソン病の治療には，ドーパミンの作用を高めるL-ドーパが用いられている（岡市・鈴木，2014）。また，アルツハイマー型の認知症では主症状として記憶障害が見られるが，神経伝達物質であるアセチルコリンの働きを高める薬物が治療薬として用いられている。注意欠如・多動症（ADHD）の子どもにメチルフェニデートを処方すると行動が沈静化する。メチルフェニデートは，精神刺激薬の一つで，主にドーパミンの働きを強める作用を持つ。このように，神経伝達物質の作用を高める薬物は，気分や感情の状態を整えるのみならず，運動や記憶といった幅広い心の働きを制御している。脳内の化学物質の働きが，心と行動に非常に大きな影響を持つことが理解できる。

3. 心の病と遺伝子

心の病は，遺伝的要因と生育環境，現在の生活環境などの複数の要因が絡み合って発症すると考えられている。遺伝的要因は，遺伝子がまったく同じ一卵性双生児による研究や，心の病を発症した当人の家系に同様の疾患者がどの程度いるかを調べる家族研究によって調べられてきた。そして，特定の心の病に遺伝的要因の高いものがあることがわかっている（たとえば統合失調症や双極性障害など）。しかし，これらの病の原因となる単一の遺伝子は現在のところ明らかにされていない。遺伝子とは，細胞内の染色体の中にあり，約2万個ある遺伝情報の一つの単位（塩基配列の集まり）のことである。髪の毛の色や背の高さなどの特徴が子どもに伝わることを遺伝するというが，その特徴のもとになる遺伝情報が遺伝子である。人間が持っている遺伝子は染色体の上にあり，その染色体は23対で構成されている。子どもは染色体の半分を母親から，もう半分を父親から譲り受けるため，23対ある染色体の分かれ方は非常に多くの組み合わせがある（計算上は2の23乗で800万通り以上）（井出，2004）。

ゆえにきょうだいでも遺伝子の違いはあり，たとえば背の高さや髪の毛の色，病気のかかりやすさが異なることもある。

　環境要因には，胎児期での母親の低栄養やウイルス感染，薬物摂取，生育過程での過度のストレスなどが可能性としてあげられている。心の病の原因となる環境要因を特定することは難しいが，最近は遺伝子のエピジェネティクス（エピゲノムともいう）な変化が注目されている。エピジェネティクスとは，遺伝子を構成する塩基配列そのものは変化しないままで，遺伝子発現を制御するシステムのことである（たとえばDNAの塩基配列にメチル基が付加されるDNAメチル化などがある）。遺伝子のエピジェネティックな変化は後天的に生じるもので，環境・経験の要因の影響を反映している可能性が指摘されている（中村，2014）。ゲノム解析の技術が進み，精神疾患の遺伝的要因（責任遺伝子）が絞り込まれると同時に，環境要因や経験要因の生物学的基盤を同定できれば，遺伝と環境の相互作用によって生じる精神疾患の原因が少しずつ明らかになるであろう。

　脳の構造と機能を知ること，またそれらの発現を担う遺伝子の役割を知ることにより，心の病の正しい理解が得られる。また，これらの細胞レベル，分子レベル，遺伝子レベルの研究が融合し知見が積み重ねられることで，心の病の適切な治療と予防が実現されるであろう。

2節　乳幼児期から児童期の子どもの心と心のつまずき

　2節では，主に精神分析理論において描かれている乳幼児期から児童期の子どもの心のありようについて紹介する。まず精神分析の祖であるフロイト（Freud, S., 1905）による心理性的発達理論を，次にライフサイクルの観点を確立したエリクソン（Erikson, 1959）による心理社会的自我発達理論を説明する。そして20世紀後半からの母子相互作用を重視した発達論として，ボウル

ビィ（Bowlby, 1965）によるアタッチメント理論，ウィニコット（Winnicott, 1967）の母子ユニット論，スターン（Stern, 1985）の臨床乳児と被観察乳児について紹介する。

1. フロイトによる心理性的発達理論

フロイトは精神的発達を遂げるにも，常に身体を重要なものとみなしていた。たとえば，赤ん坊に餓えや渇きといった身体的な緊張が生じた場合，母親によって空腹を満たしてもらうことにより，緊張から解放され，精神的な安堵感や満足感が得られる。ここに快の経験が生じるが，これには空腹を満たされる快と，それとは別に口唇や口腔への刺激に対する性的な快感があるとフロイトは考えた。さらに後者が生じる源に，無意識的動因である性衝動とそのエネルギーであるリビドーという概念を提案した。リビドーは発達に伴い，その源泉となる身体部位が変化し，性衝動の対象と目標も順次変わっていく（Freud, S., 1905, 1931）。

フロイトはこの精神的発達の過程に口唇期，肛門期，男根期，潜伏期，性器期までの 5 段階を想定している。ここでは，思春期以降にあたる性器期については次節へ譲り，誕生から子ども時代が終わるまでの，口唇期から潜伏期に至る 4 段階について概説する。

(1) 口唇期（口愛期）（誕生〜18 か月くらい）

フロイトは，人生最早期のリビドーの源泉は口唇及び口腔粘膜にあり，吸いたい，食べたいといった衝動が発現する場であり，これを満たすことによって栄養摂取，身体の緊張緩和，性的快感がもたらされると考えた。さらに乳歯が生えてくると噛みたいという攻撃的な衝動が加わり（口唇サディズム期），噛むと乳房を取り上げられてしまうので，乳房が快と結びついた良い対象であったり快を取り上げる悪い対象となったりするという複雑な体験をすることになる。この時期の体験から乳児は，精神的次元でも取り入れる（吸う，摂取する）ことや投影する（吐き出す）こと，自分と自分でないものの区別，両価的な感

情（一つのものに愛と憎しみを向けること）といった心的機能を発達させると考えた。

　口唇口腔における満足の経験が十分でない場合や満たされすぎた場合には，この身体部分への固着が生じる。すなわち，何でも鵜呑みに信じてしまう傾向や信じられないがゆえに甘え尽くす依存的性格，爪かみや言葉による攻撃，過食や喫煙・飲酒に耽るなどの特徴を持つ人格を形成しやすいと考えられている。

(2) 肛門期（18 か月〜2 歳くらい）

　この時期のトイレット・トレーニングによって，子どもは生まれて初めて，本能的な満足の延期を迫られる厳しい経験をすることになる。何よりも母親によって安心できることを知っている幼児は，母親の愛情を失うことを避け，自体愛的な満足を捨てて所属する社会が定める規範に従うことを選択する。

　フロイトは，排泄訓練が子どもの人格形成に重大な影響を与えると説く。早過ぎるしつけは子どもに恐怖や不全感をもたらし，厳しすぎる親に対しては，子どもは便を出さないことで反抗するかもしれない。後に几帳面・倹約・わがままを特徴とする「肛門性格」を形成する可能性がある（保持型）。また反対に，極端に清潔や整理整頓に無頓着な性格になることもある（放出型）。

(3) 男根期（3 歳〜6 歳くらい）

　フロイトは，この時期に精神分析のなかで最も重要な理論概念の一つである「エディプス・コンプレックス」が幼児の心のなかで展開されると説いた。男児は母親への愛を妨げるライバルである父親に敵意を向けるようになる一方で，父親は母親に次ぐ愛着の対象でもあるので子どもの心に葛藤が生じる。やがて母への性的愛情と父を亡き者にしたいという願望を抱き続けることにより，父親に去勢されるという恐怖・不安（去勢不安）に襲われる。その結果，断念して「お父さんのようになって，お母さんのような女性を求める」（父へ同一化する）ようになり，復讐する父親は内在化されて超自我が形成されるに至る。

　超自我は，イド・自我に続く第 3 の心的装置であり，両親から伝達されるその時代・社会の価値であり，これによって善悪の判断がなされる。幼児期の超

自我は非常に厳格であるため，小さな失敗によっても子どもは強い罪悪感に苦しみ，親に強く叱られると，なおいっそう強い罪悪感に悩むことにもなる。

　この段階への固着については，成人後の愛の対象の選択に影響を与えたり，父への競争心が年長の男性に対する敵意に置き換えられたりすると考えられている。

(4) 潜伏期（5，6歳〜思春期到来）

　前段階のエディプス・コンプレックスを解決する過程で超自我が形成される。また，不安・恐怖を生じさせる性欲動は抑圧され，性的なことは隠微な恥ずかしいことという意味合いを持って避けられるようになる。

　潜伏期への移行に失敗すると，この時期への固着が生じて，性についての嫌悪・羞恥心が強く，後に性の欲動を邪魔する弊害となったり，局限化された性的関心を示すような傾性が生じたりすると考えられている。

2．エリクソンによる心理社会的自我発達理論

　ここではフロイトと現在の発達理論を中継する位置にあるエリクソン（Erikson, 1959）の心理社会的自我発達理論を取り上げる。エリクソンは，人間は精神−身体的存在であるとともに，その対人関係と社会・文化・歴史にも規定される多次元的な存在であり，自我をその統合の主体と考えた。エリクソンは，発達をライフサイクルの観点で捉え，乳児期から老年期に至るまでを8段階に分けて，順次漸成的に達成される過程と説いた。表2-3に発達の8段階と各段階の課題を示す。

　各段階にはそれぞれ達成すべき課題があり（たとえば「信頼」することを身につけること），これが解決できないときに陥る危機（「不信」）との葛藤という形式（「基本的信頼」対「基本的不信」）で段階名が表された。一つの段階の課題をそのときに十分に達成しておかないと，次の段階に移れないか，あるいは後の段階に移れても前の段階に獲得したものが脆いと，その段階の課題を達成できないし，前の段階に戻って危機に陥ることもある。

表2-3　エリクソンによる発達段階

乳児期期	基本的信頼 対 基本的不信
幼児期初期	自律性 対 恥と疑惑
遊戯期	積極性 対 罪悪感
学童期	生産性 対 劣等感
青年期	同一性 対 同一性の混乱
若い成年期	親密性 対 孤独
成年期	生殖性 対 停滞
老年期	自我の統合 対 絶望

　ただし各段階を特徴づける人格の要素は，突然突出してくるものではなく，それ以前にもその段階の精神・身体の状態に応じた形で存在していると考えられている。成長の「予定表（ground plan）」に従ってその要素が優勢になる段階に達すると，それを確立しないと危機に陥ることに直面する。環境（親・社会）の側もその時期にその要素を確立することに貢献するように関わることが要請される。この課題を恒久的な解決法で達成してからも，そこで身につけた要素はその後もその段階に応じた形式で現れる（図2-4）。本項では，思春期までにあたる4段階について概説する。

（1）基本的信頼 対 基本的不信（誕生〜18か月くらい）

　エリクソン（Erikson, 1959）は授乳を母子の相互作用の場と捉え，この場で赤ん坊は「与えられたものを得ること」を学習すると考えた。母親は赤ん坊が受け取りやすいように与え方を調整し，赤ん坊は母親側のやり方に適った形で自分の態勢を調整することを学び，「くつろぎの相互性（mutuality of relaxation）」を発達させる。このようなやりとりが繰り返されるなかから，子どもは応答性を持った世界への信頼感や自分自身は信頼に値するものであるという感覚・態度といったパーソナリティ要素を獲得する。ところが，この相互的調整（mutual regulation）に失敗すると，その後は一方的な強制による支配へのさまざまな試みと化してしまう。

　歯がはえて離乳の時期頃になると，子どもは生理的な激しい不快感を経験したり，母親の注意が赤ん坊以外にも向けられることが増えることから喪失を経

第1段階(生後約1年)	基本的信頼	自律性のそれ以前の現れ方	積極性のそれ以前の現れ方
第2段階(生後約2～3年)	基本的信頼のその後の現れ方	自　律　性	積極性のそれ以前の現れ方
第3段階(生後約3～6年)	基本的信頼のその後の現れ方	自律性のその後の現れ方	積　極　性

図2-4　発達の漸成原理（Erikson, 1959）

験したりする。離ればなれになったとか，見捨てられたといった，急激で極端な離乳経験は成人の基本的不信に結びつくと考えられている。信頼感が不信より優勢であれば，「これでいい」という感覚，すなわち「希望の徳（virtue of hope）」を身につけ，同一性の感覚の基礎を形成していく。

(2) 自律性 対 恥と疑惑（18か月～3歳くらい）

　世界と自分への信頼を持って第一段階を乗り越えた幼児は，この時期には歩行による移動が可能になり，さらに言葉を用いることができるようになって，自らの意思によって「自分のことは自分でやろう（自律性，自己コントロール）」とする。しかし，この頃の子どもはまだ上手くできないことも多く，親はそれを見守ること，援助すること，必要に応じて制止することが求められる。子どもが自分を抑制することを学ぶためには，適度に「できない」「恥ずかしい」という恥と疑惑の経験が必要となる。

　このような大人と子どもの相互調整があまりに厳しく行われると，子どもは無力さや恥ずかしさを多く体験することになる。子どもは退行して指をしゃぶったり，依存的になったり，憎しみのためにわがままで口汚く罵るようになったり，あるいは誰にも頼らない偽りの自律性を装ったりするかもしれない。

　親子の相互調整の繰り返しのなかで，子どもが恥と疑惑の感覚を上回る自律と自尊の感覚を身につけていくためには，より早期の自分と世界への信頼をしっかり身につけていることが前提であり，親・環境からの理解ある援助が必要である。エリクソンは「この発達段階の子どもには，断固たる態度をとると同

時に寛大であれ」と提言している。

(3) 積極性 対 罪悪感 (3〜6歳くらい)

　この段階の子どもは，運動能力と言語能力の急速な発達を遂げる。何でもできる気がするので，子どもの内面には縦横無尽の「想像」が描かれる。それに従って何かを成し遂げたいという強い願望が生まれてくる（積極性）。

　その一方，両親との同一化が進んで，前の段階での外部からの抑制は内在化され，子ども自身によって善悪の判断が下されるようになる。子どもは良くないことを思っただけで罪悪感を抱いてしまう。実際にやってみて失敗し，大人から叱られればよりいっそう強い罪悪感を経験する。あまりに強い叱責は，幼い良心を「残酷で非妥協的なもの」にしてしまい，子ども自身を拘束してしまう。積極性というアクセルに対して，罪悪感という圧倒的なブレーキが働いてしまうこともある。あるいは過度の積極性の誇示によって，絶え間なく何かをなし続けることに駆り立てられる人生を送ることになるかもしれない。

　厳格すぎる道徳主義による拘束を解決し，「傷つかない積極性（unbroken initiative)」の感覚を身につけること，すなわち目的意識と責任感を持ちつつ，人生を積極的に楽しむように成長することがこの段階の課題である。

(4) 生産性 対 劣等感 (学童期，思春期到来)

　エリクソンによると子どもはこの時期に「私は学ぶ存在である（I am what I learn.)」という段階に入る。子どもたちは，その所属する社会における，生産的な仕事についての基本的な技能・知識を獲得するために，系統立った指導を受けることになる。私たちの社会では，学校へ行くことになる。

　この頃の子どもは，個人的な満足を得ることだけでなく，その社会で価値のある何かを生産すること，完成すること，役に立つことができないと満足できなくなる。エリクソンはこれを「生産の感覚（sense of industry)」と呼ぶ。この生産性の形成により，子どもは「不断の注意と長続きする忍耐によって，仕事を完成する喜び」を身につける。これは，他の人々に伍して物事を営む「分業（division of labor）の感覚」を身につけることでもあり，社会で自

立した成人として生活するうえでは，必要不可欠で決定的な要素である。

　もしも前の段階での葛藤が十分解決されていなかったり，家庭が学校生活への準備を適切にしていなかったり，また学校の先生が子どもを十分に評価してその有能感を引き出すことに配慮が欠けると，「不全感（inadequacy）」や「劣等感（inferiority）」が生じる危険がある。

3.　母子相互交流を重視した発達論

　これまで述べてきた精神分析的発達論は成人の臨床素材から乳児の主観的世界を再構成している。20世紀の後半に入り，乳児とその養育者との対人的交流が発達の大きな要因であるという観点が重視され，直接母子を観察する実証的研究の隆盛も相まって，発達論の大きな潮流となった。

(1)　ボウルビィのアタッチメント理論

　ボウルビィ（Bowlby, 1965）は，ヒトには誕生直後から母親への一次的な欲求が存在すると主張し，この欲求をアタッチメント（attachment）と呼び，「危機的な状況に際して，あるいは潜在的な危機に備えて，特定の対象との近接を求め，またこれを維持しようとする個体の傾性」と定義した（数井・遠藤, 2005）。アタッチメントは，恐れという情動状態を他の個体とくっつくことによって低減・調節するという行動制御システムである。このシステムから生じる保護してもらえるという信頼感が人間の健常な心身発達を支えており，社会的関係性の基礎になると考えられている。乳児のアタッチメント行動（注視，微笑，模倣，しがみつきなど）は母親の養育行動を促進し，互いの応答が繰り返され，母子の強い絆を形成する。ボウルビィの理論は臨床的な素材のみならず，比較行動学の知見や観察・実験的手続きに基づく証拠をもって論じられており，発達心理学の分野でも広く受け入れられている。

　アタッチメント行動は乳幼児期に顕著に見られ，その後加齢に従って減少し，内在化して内的作業モデルとなって，対人関係の持ち方のスタイルを形成していく。乳児と養育者との関係性によって個人差があり，安定型，回避型，抵抗・

両価型，混乱型という4タイプのアタッチメント型が見いだされている。

　また，乳児に対して母性剥奪や虐待といったきわめて不適切な養育が行われると，乳児の行動，認知，情動に深刻な精神病理を引き起こすアタッチメント障害が生じることも少なくない。

(2)　ウィニコットによる相互作用論への展開

　ウィニコット（Winnicott, 1967）は小児科医であるとともに精神分析家であったために，多数の母子の観察をもとに理論を展開した。母子を一つのユニットとして捉え，乳幼児の健康な心の発達には発達促進的環境（facilitating environment）としての母親による，ほどよいホールディング（抱っこ，抱えること）が欠かせないと唱えた。

　ウィニコットの観察によると，通常母親は乳児の期待を満たし，乳児のリズムに同期している。乳児は期待を満たされている限りは，母親を自己とは別の存在として体験することはなく，自分の想像が何かを創り出し，「できた」と感じる体験をしていると洞察した。乳児が母親の顔を見ているときも，母親は敏感に乳児に共鳴しているので，乳児は自分を見ているという体験をしており，母親は鏡として作用していると考えた。母親が乳児に同期できない場合，乳児は母親の顔を見てもそこに自分自身を発見することはできないし，自分自身として存在して対象と関わることもできない。つまり，いきいきとした現実感を持つことが難しくなってしまう。

　ウィニコットは，母親が乳房によって乳児を満たすことから母子の顔によるコミュニケーションへと発達の重心を展開させた。乳児がいきいきとした自己感を発達させるには，母親が恒常的な応答によって乳児を映し返すことが必要であると示唆している（Wright, 1991）。

(3)　スターンの実証的研究方法と臨床的洞察

　スターン（Stern, 1985）は，現代の乳幼児精神医学・精神分析学の代表的研究者であるが，人間は誕生時にすでに自己感を有しており，2歳くらいまでに4種の自己感が形成されると主張している。その乳児の主観的世界を探るアプ

ローチの手法は,「発達心理学にその方法と所見を, 臨床経験にその洞察を負っている」というものである。スターン(Stern, 1985)は, 成人の語りという臨床素材から再構成された子どもを臨床乳児と呼び, 直接に観察された乳児を被観察乳児と呼んだが,「臨床乳児は被観察乳児に主観的生活の息吹を吹き込み, 一方, 被観察乳児は臨床乳児の主観的生活を推論, 構築する際の基礎となる一般理論を導いてくれる」と述べている。

4. 発達障害：脳の発達から見る心のつまずき

　本項では, 今日の子どもの発達臨床の現場で, 出会う機会が特に多いと考えられる発達障害を取り上げる。発達障害とは「脳の発達の軌跡が発達障害を持たないその他大勢の人たちと違ってくることにより, 日常生活や他の人との関わり, 学業などに影響が出てくる状態」(千住, 2014)である。子ども時代だけに見られる障害ではなく, 形を変えて生涯にわたってその特性が現れる。この障害を持つ人の発達の軌跡を「非定型発達」, その他大勢の人々の発達の軌跡を「定型発達」と表現するように, 発達障害とは発達の様相が少数派の人々の特性である。この特性を有するゆえに, 社会へ適応することに何らかの困難を抱えている場合が少なくない。

(1) 発達障害の種類と診断基準

　アメリカ精神医学会の診断基準「精神障害の診断と統計の手引き(DSM-5)」においては, 神経発達障害という障害群が設定された。その特徴としては, ①症状が乳幼児期から学童期に発現すること, ②能力の欠損及び過剰が注目されること, ③診断の重複があること, があげられている。表2-4に主な発達障害とその診断基準をあげる。

　ひと口に発達障害といっても, その症状は多様であり, たとえば自閉症スペクトラムと注意欠如・多動症を併せ持つという重複が見られることも珍しくない。

表 2-4　主な発達障害とその診断基準（千住，2014 を改変）

診断名	診断基準
自閉症スペクトラム（ASD）	他人との関わりやコミュニケーションの困難さ 常同行動・こだわり
注意欠如・多動症（ADHD）	注意を持続することの困難さ 多動性・衝動性
特定学習障害（LD）	文章の読みだけが困難 文章を書くことだけが困難 計算だけが困難
発達性協調運動障害	不器用さ 複雑で組み合わせの必要な運動の困難さ
チック障害	動きの発作（チック） 言葉の発作（チック）
知的発達障害	知的な発達の困難さ
言語発達障害	言葉の発達の困難さ

（2）自閉症スペクトラム障害（Autism Spectrum Disorder：ASD）

　自閉症スペクトラム障害（ASD）は表 2-4 にある 2 つの診断基準の行動特徴によって診断される。「他人との関わりやコミュニケーションの困難さ」とは，たとえば，人と目を合わせにくい，一方的に他者に自己主張する，相手の表情から気持ちを汲み取れないといった行動に見られる。これらは他者の気持ちを理解して交流することや言葉によらないコミュニケーション，他者との関係を築き維持することの難しさを表している。「常同行動・こだわり」とは，たとえば，おもちゃを一列に並べる動きを反復的に繰り返す，通園の際にいつも同じ道を通らないと気がすまない，換気扇が回るのを長時間眺め続ける，特定の音や感触をひどく嫌がるといった行動特徴に表れる。このために，家庭や保育所などの日常生活で周囲の人々と摩擦が生じやすい。このような特徴のために，乳幼児期から成人に至っても，周囲の社会に適応が難しく，当事者は生きづらさを抱えることになる。

　ところでスペクトラムとは，虹のような連続体を意味しており，以上のような自閉症の行動特徴を持つ人々の間でも，その特徴の種類や軽重に個人差がある。このため「自閉障害」ではなく，自閉症スペクトラムと表現することが，

この障害を持つ人々の様態をよく表していると考えられている。

　このような ASD の原因は，遺伝要因と環境要因の双方にある。ASD に影響を与える遺伝子は数多くあり，それに経験や学習といった環境要因が相まって，脳の発達の個人差が生じると考えられている。現在のところ，ASD を薬物や手術等の医療によって根治することはできない。ASD への支援としては，脳の可塑性の高い乳幼児期での早期発見・早期支援が有効と考えられている。ASD を抱える人の困っていることに対して，診断によって，環境側の障害を取り除いたりハードルを低くしたり，あるいは何らかの訓練によって本人の発達を促したりすることで，適応を高めることが可能となる。具体的な支援方法としては，ASD の情報処理の特性を活かして自立をはかるティーチ・プログラム（TEACCH）や，対人関係の技術を学ぶソーシャルスキルトレーニング（Social-Skill Training：SST）などが療育機関や学校で用いられている。また，生きづらさから派生する二次的な問題への支援として，遊戯療法がある。乳幼児時期からの障害であり，保護者の不安も大きく作用するので，ペアレントトレーニングも有効である。

　非定型発達であっても，その得意とする能力を活用して社会参加でき，生きづらさをあまり感じることなく生活できれば「障害」には当たらない。当事者も周囲の人々も，まずはその特性を理解して活かしていく工夫を試みることが必要だろう。

● おわりに

　フロイトが個体の欲動の組織化を中心に発達を捉えたのに対して，その後の精神分析は乳児と養育者との相互作用を重視する傾向が強くなった。フロイトの精神分析は個体論であり，現在の精神分析は相互関係論であるといわれている。

　現代では発達心理学の科学的厳格性に基づいて直接観察された乳児（被観察乳児）を対象とする実証的研究が隆盛である。ただし，そのデータを解釈していきいきと乳児の主観的世界を描き出すには，成人の語りから再構成された乳

児（臨床乳児）の姿が触媒として働いている。

　発達障害とは，非定型発達といわれる脳の発達の軌跡における少数派である。発達臨床の現場には，周囲の人々がその特性の理解を促進し，当事者の社会参加を促す支援が望まれる。

3節　思春期から青年期の心と心の迷い

　フロイトによる精神的発達の区分に従うと，思春期はほぼ「性器期」に相当し，第二次性徴に伴う身体の急速な成長とともに異性への性的関心がとみに高まってくる時期である。このセクシャリティ（sexuality）は幼児期に見られたファンタジックな性的欲望が潜伏期を経て再現し，加えて現実に異性との性交渉が可能になり，また身体的に，精神的にそれを求める様相を帯びてくるものである。

　このような「性的衝動の突出を心理的に統合していくこと」は，思春期，青年期の重要な課題であり，心理社会的発達の実現に不可欠なものである。ただし本節では，あえて「両親との情緒的社会的な分離」「個人としての社会心理的な成立」から見た，より広い意味での自己（self）イメージの変容過程に焦点を当てて，この時期特有の「心と心の迷い」について考えてみたい。

1. 青年期の年代区分と精神発達課題

　思春期・青年期を，藤山（1998）は以下のように4期に区分している。

①前青年期（preadolescence）

　いわゆるギャングエイジの時期で，10歳〜12歳，小学校高学年に相当する。身体の急速な成長が開始し，自己イメージの動揺をもたらす。男女が反目し合

い，同性の集団を作る。唐突に家出や反抗などの問題が出ることもあるが，悩みは十分な言葉になりにくい。

②青年期前期（early adolescence）

　ほぼ中学生の年代に相当する。第二次性徴の出現により，子どもは児童期の自己イメージを持てなくなる。同時に両親，特に母親から距離を取りはじめる。その代わりにこの年代では，同年代の同性との親密な友人関係が重要に感じられる。前青年期からこの時期にかけての同性の特定の友人との関係が，きわめて重要な発達的意義を持つことが，よく知られている。

③青年期中期（middle adolescence）

　ほぼ高校生の時期に相当する。両親への愛着は弱まり，自己への関心が増大する。自己を過小もしくは過大に評価する傾向が現れる。身近な同性とのつきあいは色あせたものに感じられ，家族や学校から離れた集団に同一化したり，哲学的な苦悩にとらわれたりする。異性との恋愛も現実的なものとなるが，まだ社会的な責任能力が伴わないため，困難や外傷的結末に出会いやすい。

④青年期後期（late adolescence）

　大学生の年代に相当する。自分とは何か，という問題に一応の決着がつきはじめる。青年期の流動性が一段落して，その人らしさが獲得されてきて，そうした自己同一性を基盤として，職業や社会的役割が選択される。異性との関係でも，かなり安定した関係を築くことが可能になってくる。

　①から④の４つの年代区分を通して一般的に思春期・青年期の発達課題とされるのは，「親離れ」「自立」である。幼少期の父母への依存などにより形成された自分という像が，やや大げさな言い方をすれば一度「解体」し，新たな自己像が再生されていくプロセスともいえる。それだけに，一時的な混乱や不適応状態に陥ることは，一度は向き合わなければならない関門のようなものといえる。そのような混乱，不適応の現れとして，「不登校」や「引きこもり」と

いった内向きの行動化と，「非行」や「逸脱行為」といった外向きの行動化が
あげられる。

2.「不登校」「引きこもり」の諸相

ひと言で「不登校」（学校へ登校しないあるいはしたくてもできない状況に
あること）や「引きこもり」（仕事や学校に行かず，かつ家族以外の人との交
流をほとんどせずに自宅に引きこもっている状態）（非社会的行動）といっても，
その心理的背景は十人十色である。ここではいくつかの臨床類型を提示するこ
とで，その定義に従う状態像よりも，心の理解を深めることにつなげたい。

(1) 自己愛傾向，強迫性を内包する場合

自己愛傾向，強迫性などという言葉は耳慣れないかもしれないので，少し視
点を変えて「怒られること」と「叱られること」の区別を通して，読者の理解
を促したい。

著者の臨床経験なり大学での教育経験で実感していることのなかに，「怒ら
れ慣れているが叱られ慣れていない」クライエントや学生が多いことがあげら
れる。そもそも「怒る」という行為は，その主体が「怒り」の感情を強く抱い
ている。多くの場合，その父親や母親の養育態度に見いだされるが，教師やク
ラブの先輩などの存在も含まれるであろう。ただ闇雲に「怒り」の感情を向け
られたとき，それを受ける側はいわれていることを正確に理解するための十分
な心理的空間が確保されないことが考えられる。自分の心が壊れないように防
衛することが緊急課題であり，その連続によって，本当のメッセージを理解で
きないまま，しだいに「怒られないためにはどうすればいいか」という知恵の
みが養われていく。そこから外界との著しい認知のズレが生じはじめ，自分に
「都合のよい」世界観が生まれることも少なくない。

自己愛傾向や強迫性に共通していえる心性の一つに，自己完結型の完全性を
追求する姿勢がある。怒られることからの防衛は，外界，つまり他者との生き
た心の交流を妨げ，心の壁を厚くする。「不登校」，「引きこもり」といった行

動化によってはじめて治療対象となることが多く，自らと外界とのズレに自分自身で問題を感じて治療機関を訪れることは少ない。たいてい，親か場合によっては教師など，周囲の者が問題意識を感じて本人を治療させるのである。

　他方「叱る」という行為には，その主体に「怒り」の感情はなく（もちろん，著者も含めてそんなによくできた大人は少ないだろうが），子どもが大人になるために必要なことをきっちりと説明するという機能が存在する。そのメッセージの受け手は，自身の行動や問題，考え方を今一度「自我違和的」に振り返るだけの心理的空間が確保され，そこでは他者との生きた心の交流が可能になる。外界と「適応的に」関わることができるためには，一つの考えられ得る要因として「きっちりと叱られる体験」が不可欠だと著者は考えている。

(2)「解体」から「統合」へのプロセスに必要な「自閉」

　前述の自己愛傾向や強迫性に比べると，「自閉」は，より生産的かつ建設的な「不登校」「引きこもり」の臨床類型である。本節のはじめにも述べたように，「新たな自己像が再生」されていくために，一時的な混乱状態が起きることは多かれ少なかれ大人になるための必要条件と考えられる。それまでの外界との適応に加えて，にわかに騒がしくなってきた内界に目を向けてみると，外界の刺激に対応しきれず，心が壊れないための苦肉の策として行う「自閉」行動が生じる。この場合，蝶になる前の「さなぎ」を連想するが，無理に登校を促したり人との関わりを要求したりすると余計に混乱し，統合を失調させる危険性がある。このため，周囲の者は「そっと」見守ってあげるくらいの姿勢が必要であろう。せいぜい最低限の現実感覚を保つために，学校で配られるプリントを友人に届けてもらったりしながら，一定期間「心の充電」をする。そうすることで，機が熟した頃に再びそれまでとは一味違った外的適応性を発揮することができるようになる。

　(1) も (2) もあくまで「不登校」「引きこもり」の諸相のごく一部でしかない。その他にも学級内での「いじめ」や親による「虐待」などの外的要因がきっかけで，学校に行けなくなるようなケースが増加しているのも事実である。また，青年期特有の精神科疾患のために否応なく学校に行けない場合も見逃せない。

—— Column ③ ——

スクールカウンセリングに求められる
教育・学校心理学の視点

　スクールカウンセラーは学校教育の現場において相談業務を担う専門スタッフに位置づけられる。その業務は児童・生徒，保護者，教職員に対する相談援助の他，コンサルテーション，研修や講演，予防的メンタルヘルスケアなども含まれる。近年では特別活動や道徳の時間などの授業参加やコーディネーターの役割が期待される場合もある。このようにスクールカウンセラーは学校という組織において「チームとしての学校」の一員として重要な役割を担う存在である。「チームとしての学校」とは多様な専門性を持った人材が責任を伴って学校に参画することで，教員だけが担ってきた仕事を連携・分担して対応する体制として提唱されている。

　一方でスクールカウンセラーは業務の性質上，成績評価に関わらない，保護者や教職員と利害関係がないなどの「外部性」を有することが必要とされる。そのため勤務形態は単年契約の非常勤がほとんどであり，継続的雇用が保証されていない。また各地域の教育委員会及び各学校の活用方針に一貫性があるとは言い難い。結果としてカウンセラー個人の資質や考え方に応じて学校内での立場が変動し，カウンセラーが交代するたびに情報共有の程度や方針，コンサルテーションやコーディネートの方向性が変わることになりがちである。これでは特定のケースへの対応ならともかく，「チームとしての学校」の一員としての多様な役割が果たせるとは思えない。

　このような問題は一人のカウンセラーの努力によって解決できるものではない。個々人が資質の向上に努力するのは当然のことであろうが，それだけではなくスクールカウンセラーの業務とはどうあるべきか，外部性を確保しながらチームの一員として業務を遂行するための指針が求められよう。雇用形態も含めた学校という組織のなかでの位置づけについて，臨床心理学のみならず教育・学校心理学あるいは組織心理学の立場からも，教育行政に対するさまざまな提言が必要ではないだろうか。

3.「非行」「逸脱行動」の諸相

　「不登校」「引きこもり」が内向きの行動化であるのに対して,「非行」「逸脱行動」は外向きの行動化（反社会的行動）といえるだろう。援助交際（売春）,薬物乱用,暴力行為などの犯罪が青年期のどのような心理的背景によってなされるものなのか考えてみたい。

(1) 境界パーソナリティ,反社会的傾向など

　耳慣れない言葉が続くかもしれないが,特に境界パーソナリティ（borderline personality）は青年期心性を理解するにあたって重要なヒントを与えてくれる。その病因論や病態像についてはさまざまな考え方があり,ここで述べるイメージはごく一端でしかないことを承知してほしい。

　境界パーソナリティの心の底には「見捨てられ不安」と呼ばれる強い不安感ないし空虚感があり,自身の思い込みによって理想化された他者にしがみつく。しかしどこまでいってもむなしさは消えず,むしろ心理的距離が近づけば近づくほどむなしさは増大し,無理難題を突きつけて相手を困らせる。相手がたまりかねて離れようとすると,底にある「見捨てられ不安」が顕在し,リストカットをするなどして自分に相手を引きつけようとする。振り向いてもらえないと,それまで理想化されていた他者の価値は一気に引き下げられ,強い抑うつ感,怒り,罪業感,絶望などを体験する。このような他者に対する「理想化」と「幻滅（価値の引き下げ）」を繰り返し,見捨てられることを避けるための異常なまでの努力が,極端な対人トラブルを引き起こしたり,自殺企図,売春,薬物乱用などとして行動化されたりする。また,境界パーソナリティが背景にあって,食行動異常（摂食障害）,つまり過食嘔吐や拒食などの症状を呈することもある。

　反社会的性格傾向の場合も同様に,対人操作的な行動をとる。しかし境界パーソナリティが相手の関心を自分に向けるために操作するのに対して,反社会的性格傾向は何らかの利益や特権など,物質的,現実的な満足を得るための操作であるという違いがある。極端な場合,法に触れる水準で他者の権利を侵害

し，犯罪行為に至るケースも少なくない。

(2)「良い子」からの脱却

　俗にいう「手のかからない子」として育ち，思春期・青年期にさしかかったとき，それまでの「清く，正しく，美しい」生き方にどうしようもなく息苦しさを感じて，衝動的に「悪い子」になるパターンの行動化を示すことがある。その行動化は万引きや家出といったように多様であるが，「良い子」と「悪い子」の自己イメージがほどよく統合されていくうちに，「親離れ」「自立」に成功することもある。

　ただし，このようなケースにも先に述べたような境界パーソナリティが程度の差こそあれ，密接に絡んでいることを考慮しなければならない。親を心の底から信用できないから偽りの「良い子」を演じざるを得ないのかもしれないし，そこには「見捨てられ不安」が多かれ少なかれ存在している可能性もある。

4. 親離れと自立

(1)「親離れ」のイメージ

　青年期心性を考えるうえで，親との関係，及び親に対するイメージの変容過程が中心的テーマになる。本節の冒頭で触れたように，「親離れ」と「自立」のテーマこそ，思春期・青年期の心理発達的課題である。ここまで述べてきたこの時期特有の問題行動も，親との関わりのなかで形成された「内なる対象」を喪失し，新たな代理対象との出会いのための「儀式」のようなものと考えてよいかもしれない。

　しかし「離れる」ためには，それ以前に親との愛着・依存関係，及びそれによって生まれる基本的な信頼関係が成立していなければならない。前述した境界パーソナリティなどの場合，その関係性が危ういと考えられる。幼少期において，親に依存的な愛情を求めると親は過剰なまでに溺愛し，反面子どもが親からの分離を図ろうとすると一変してそれまでの愛情を撤去し，その結果として子どもが強い分離不安を体験するというプロセスがその要因の一つであると

Column ④

生涯発達的視点から見る子どもの虐待問題

　児童相談所での児童虐待相談対応件数は，統計を取り始めた1990年度から増加の一途をたどり，2019（令和元）年度は19万3780件と過去最多を記録した（厚生労働省，2020a）。加害者で最も多いのは一貫して母親であるが，近年では父親による虐待も急増している（厚生労働省，2020b）。

　養育者と子どもとの間に形成される情緒的絆のことを愛着という（Bowlby，1969／訳書1976）。愛着は，養育者とのスキンシップなど情緒的やり取りを通した具体的経験が自分自身のなかに内在化されることにより形成される。愛着の形成によって，自己と他者に関する一般的な確信や期待が生じ，その後の人間関係に影響が及ぶ（Bowlby，1973／訳書1977）。

　愛着は安全基地としての機能を持つ。幼少期の子どもは，安定的な愛着の対象となる人物を頼りとして外界を探索し，徐々に養育者以外の他者と関わるようになる（Ainsworth，1973）。成長に伴い，愛着の対象にきょうだい，配偶者，子どもなどを順次加えながら，愛着に基づく関係は生涯を通して情緒的・手段的サポートの提供者であり続ける（Antonucci et al.，2004）。実際，若者はより多くの他者と関わり，加齢に伴いその人数は徐々に減少するものの，愛着に基づく関係は加齢によって変化することはない（Lang & Carstensen，1994; Fung et al.，2001）。つまり，生涯にわたり安全基地の機能を持つ愛着を保持し続けることが，個人の人生の課題や問題を乗り越えていくための支えとして重要である。

　しかし，虐待は人生において欠かせない愛着の形成を阻害する。そのため，養育者と子どもとの問題だけでなく，後の人間関係の形成にまで否定的な影響を引き起こす可能性がある。さらに，虐待を受けた子どもは，安全基地の機能をうまく働かせることができず，人生において困難を抱えやすいことは想像に難くない。虐待の問題は，子どもの身体・生命の安全が脅かされているという現在の目の前にある危機であるのと同時に，子どもにとって，安全基地となる愛着対象の構築・保持に影響を及ぼし得る生涯を通した危機でもある。今後，虐待された子どもが成人したのちも，引き続き支えていくことができる支援のあり方を，よりいっそう議論する必要がある。

いう見方もある。そうすると思春期・青年期に喪失するはずの「内なる対象」がもともと十全に形成されていないことが想定され，代理対象に向けられる心的エネルギーはまず，より幼児的な愛着・依存関係の確立に注がれる。

　しだいに理想化されていく代理対象は，その安定感が増してくるにつれ「幻滅」や「価値の引き下げ」といった，本来親との間でなされるはずの「親離れ」過程の重要な一端を担うことになる。著者のこれまでの臨床経験においても，このような青年期ないし青年期心性のクライエントの代理対象役を数多く担ってきたように思う。治療的意味合いからすると，この現象は「生きなおし」のプロセスではないかと考えている。

　親との間に基本的な信頼関係が成立しており，内的な親イメージが十全に形成されていると，夢，空想，イメージのなかで内的親イメージの喪失の過程をたどることになる。比較的聞き慣れた言葉に置きかえると「父親殺し」「母親殺し」といったテーマである。近年，これを現実化してしまう事件が起こっているが，著者の印象では，現代青年の内的世界の貧弱さが目立つ現象である。本来，夢のなかで親が死ぬなど，空想やイメージのなかでなされる重要な「内的作業」が，現実化してしまっている。思春期・青年期に，児童期までの「内的な」父母表象と決別し，父親，母親を一人の「男性」「女性」としてありのままの姿を見つめることができるようになることで，そこから社会性や現実検討能力が生まれてくるようになると考えられる。

(2) 自立と「居場所」

　前述したような内的作業を可能にする重要な条件として，心理的に，ときには物理的に安全な居場所が必要である。対象喪失を体験する以前と以後との間の連続性，継続性を持っているような対象恒常性を担った居場所であることが大きな意味を持つ。この時期の子どもが自分だけの部屋を持ちたいと要求するのもこの現れと考えてよいだろう。先に触れた行動化の例でいうなら，「解体」から「統合」へのプロセスに必要な「自閉」としての不登校ないし引きこもりなどの場合，内界の作業が大変すぎて外界への対処機能が著しく低下していることが多く，常に外的刺激にさらされている状況ではかなり侵襲的に感じられ

やすい。その結果，引きこもったりしてしまうこともある。そのような行動化に至らずとも，そこそこに外界と適応しながら，ほんの片隅でも心の拠り所となる居場所があることで，この時期の発達課題をクリアできるようになる。

　また，誰にも侵されない居場所には，「秘密」を保持できる機能が備わっていることがぜひとも望まれる。親に自分の机の引き出しを勝手に触られて，密かに書き連ねていた日記を読まれ，かっとなって怒鳴った経験のある人も少なくないだろう。あるいは友人との手紙のやり取りなど，親に知られたくない秘密を保持することで同世代の仲間との親密な交流がはかられ，しだいに親からの「自立」のプロセスをたどることになる。

● おわりに

　本節のおわりに，上記のような安全な居場所を確保するために重要な親の言葉や行動について付言する。子どもが離れていこうとしているのに，あれこれ侵襲的な「過保護」「過干渉」によって，「親離れ」「自立」を妨げることは結果的に青年期のテーマ，発達課題を先伸ばしにしてしまう。ただし，前述の境界パーソナリティの場合は，現実の外的対象としての親の安定した一貫性のある態度が望まれる。そこでは子どもの両価的な心性や態度と親との関係性，相互作用が「生きなおし」の重要な役割を果たし，不安定な幼少期の親イメージを喪失する体験が可能になるのである。

　もう少し簡単な言い方をすると，「そっとしておいてほしいとき」と「ちゃんとかまってほしいとき」があるという感じである。親は，その一見身勝手な子どもの言い分や姿勢に「振り回される」のではなく，「一貫性のある」かつ「柔軟な」態度が要求されていると考えられる。つまり離れていくべき親そのものが同時に「抱える」機能を備えていなければならないという「矛盾」を生き抜くことこそ，思春期・青年期の子を持つ親に課せられた使命ということである。

4 節　成人期の心と心の歪み

　高学歴化が進行している現代社会において，成人期の始まりをどの年齢とするかにはさまざまな考えがある。また，定年退職年齢の引き上げや健康寿命・平均寿命の上昇に伴う就業年齢の高齢化に伴い，どの年齢で成人期の終わり（高齢期の始まり）とするかについても意見が分かれる。本節では20代後半から60代前半を成人期として捉え，その間における生物－心理－社会的発達及び心の危機について取り上げることとする。

1. 成人期における生物－心理－社会的発達

　身体発達の観点から見ると，成人期は身体的な成長がピークを迎え，その後半においては老化（加齢に伴って生じる生理機能の変化・低下）が生じる時期である。ゆえに，成人期の前半は身体的には健康である者が多いが，後半になるにつれて，加齢による機能低下や生活習慣によって生じる身体への負荷の増大に伴い，さまざまな疾患が見られるようになる時期といえる。

　エリクソン（Erikson, 1982）は成人期における発達課題とその心理社会的危機として，成人期前半では親密性と孤独を，そして成人期後半（壮年あるいは中年）では世代性（生殖性）と停滞をあげている。成人期の前半においては他者との親密な人間関係を構築することが課題となるが，構築がうまくいかない場合，孤独を経験することとなる。また，親密な関係を構築できた場合においても，その過程で孤独を経験することもある。成人期後半では，自身の成功や成長を求めていた段階から，それらを次世代へと継承していくことが課題となる。その際に，継承を試みる過程や継承が失敗した結果として停滞感を経験することとなる。

　これらの課題を達成できず，心理社会的危機が生じることで，さまざまな心理社会的問題が生じる。そのなかから本節では，①うつ病，②自殺（自死），

③アディクション（依存・嗜癖），を取り上げて解説することとする。

2．成人期の代表的心理社会的問題①うつ病

　うつ病とは，「強い気分の落ち込み」や「意欲・関心の低下」を主な症状とする精神疾患である。川上（2016）によると，わが国では生涯で15人に1人の割合で罹患し，有病率が高い疾患の一つである。近年では産業構造の変化などに伴う就業者の精神的健康に関する問題として大きな注目を集めている疾患でもある。

（1）うつ病の診断

　うつ病の診断基準としては，DSM-5が用いられることが多い。表2-5の項目Aにある9つの項目のうち，（1）ほとんど毎日の1日中続く抑うつ気分，もしくは（2）ほとんど毎日の1日中続く興味や喜びの消失，のいずれかを含んだうえで，5つ以上の項目が該当する場合，うつ病（大うつ病性障害）と診断される。うつ病と同様の症状は双極Ⅰ・Ⅱ型障害や気分持続性うつ障害（気分変調症）においても見られることがあるため，これらの疾患との鑑別はその後の介入・支援を考えるうえで非常に重要である。そこで，うつ病が疑われる際にアセスメントとして把握しておくべき情報を表2-6に示す。これらの他に，重症度を判断するために，BDI-Ⅱ（Beck Depression Inventory Ⅱ；ベック抑うつ尺度第2版）やSDS（Self-rating Depression Scale；うつ性自己評価式尺度），CES-D（The Center for Epidemiologic Studies Depression Scale；うつ病自己評価尺度），HAM-D（Hamilton Depression Rating Scale；ハミルトンうつ病評価尺度）などの心理検査が用いられることがある。また，表2-6には示されていないが，うつ病では自殺念慮及び自殺企図は「注意すべき兆候」とされており（日本うつ病学会，2017），自殺の危険性が高い場合には入院（患者の意思によらないものも含む）による治療が必要となる。

表 2-5　大うつ病性エピソードの診断基準（DSM-5:2013）（日本精神神経学会，2014）

A	以下の症状のうち 5 つ（またはそれ以上）が同一の 2 週間に存在し，病前の機能からの変化を起こしている。これらの症状のうち少なくとも 1 つは，①抑うつ気分または②興味または喜びの喪失である (1)　ほとんど毎日の 1 日中続く抑うつ気分 (2)　ほとんど毎日の 1 日中続く興味や喜びの消失 (3)　食欲・体重の変化 (4)　睡眠障害 (5)　精神運動性の制止または焦燥 (6)　気力の減退 (7)　無価値感や罪責感 (8)　思考・集中・決断の困難 (9)　自殺念慮や自殺企図
B	症状が臨床的に著しい苦痛または社会的・職業的・他の重要な領域における機能の障害を引き起こしている
C	エピソードが物質や他の医学的状態による精神的な影響が原因とされない
D	大うつ病性障害の出現は，統合失調性感情障害，統合失調症，統合失調症様障害，せん妄障害または他の特異的，非特異的な統合失調症スペクトラム及び他の精神病性障害ではうまく説明ができない
E	過去に躁病性エピソードや軽躁病性エピソードはなかったこと

表 2-6　把握すべき情報（日本うつ病学会，2017）

1. 言い間違い・迂遠さの有無を観察
2. 身長・体重・バイタルサイン（栄養状態を含む）
3. 一般神経学的所見（パーキンソン症状，不随意運動を含む）
4. 既往歴：糖尿病・閉塞隅角緑内障の有無を確認
5. 家族歴：精神疾患・自殺者の有無を含めて
6. 現病歴：初発時期，再発時期，病相の期間，「きっかけ」「悪化要因」，生活上の不都合（人間関係，仕事，家計など）
7. 生活歴：発達歴・学歴・職歴・結婚歴・飲酒歴・薬物使用歴を含めて
8. 病前のパーソナリティ傾向：他者配慮性・対人過敏性・発揚性・循環性・気分反応性の有無を含めて
9. 病前の適応状態：家庭，学校，職場などにおいて
10. 睡眠の状態：夜間日中を含めた睡眠時間，いびき・日中の眠気の有無の聴取
11. 意識障害・認知機能障害・知能の低下の有無
12. 女性患者の場合：妊娠の有無，月経周期に伴う気分変動，出産や閉経に伴う気分変動

(2) うつ病への支援

　うつ病の治療は薬物療法と非薬物療法に大別される。薬物療法として用いられる薬物としては SSRI（Selective Serotonin Reuptake Inhibitor；選択的セロトニン再取り込み阻害薬）や SNRI（Serotonin-Norepinephrine Reuptake Inhibitor；セロトニン・ノルアドレナリン再取り込み阻害薬），三環系抗うつ薬などがある。この他に，リチウムが用いられることもある。非薬物療法としては電気けいれん療法（Electro Convulsive Therapy：ECT）や経頭蓋刺激法（Transcranial Magnetic Stimulation：TMS），心理療法などがある。本節では心理職が行うことができる心理療法について説明する。

　うつ病治療ガイドライン第2版（日本うつ病学会，2017）では，効果がある心理療法として，認知行動療法（認知療法を含む）と対人関係療法があげられている。うつ病に対する認知行動療法としては，特に認知療法がよく知られている。認知療法では否定的な思考・認知がうつ病の根底にあると考える。そこで，その否定的な思考・認知（自動思考）や，そのような思考・認知を引き起こす個人に特有の価値観や信念（スキーマ）を修正することでうつ病の改善を目指す。また，うつ病では活動性が低下するため，それまで得られていた肯定的な体験が得られなくなり，不快な場面を避けるための受動的な行動が増える。その結果，抑うつ気分が維持・増加していく。そこで，楽しみや達成感を感じるような行動を促進し，不適切な回避行動に変わる適切な行動を行うように関わっていく行動活性化療法もうつ病の治療として用いられることがある。

　対人関係療法はうつ病を対象として開発された心理療法である。うつ病を多様な要因によって発症する精神疾患と捉え，治療可能であるとする「医学モデル」を採用し，うつ病を発症するに至った対人関係問題を操作が可能な現在進行中の4つの「問題領域」（悲哀，対人関係上の役割をめぐる不和，役割の変化，対人関係の欠如）に集約する。そのうえで，これらの問題領域から1つないし2つの問題を選択し，それらの解決に取り組むことで，うつ病の改善を目指す。

　うつ病などの精神疾患では患者（クライエント）やその家族が疾患を正しく理解することも必要となる。そのため，患者やその家族を対象として，うつ病に対する正しい理解を目的とした心理教育を行うこともうつ病への介入・支援

を展開する過程で非常に重要である。

3. 成人期の代表的心理社会的問題②自殺（自死）

　2020（令和2）年人口動態統計（厚生労働省，2021）によると，2020年のわが国における自殺(自死)による死亡率は16.4%で，死因の第10位となっている。しかし，自殺は10代から30代では死因の第1位であり，40代においても第2位である。そして50代においても5位以内に入っている。また，OECDの最新のデータでは，日本の自殺率はOECD加盟国（36か国）で第6位であり，加盟国平均よりも高い（OECD, 2021）。

　自殺は自殺の連鎖（例：芸能人の自殺後に見られる後追い自殺）を引き起こす危険があり，連鎖に至らなくとも，1人の自殺によって少なくとも6人の人間に深刻な影響が出るとされている（WHO, 2000）。なお，前述したとおり，うつ病と自殺は密接な関係があり，自殺予防はわが国の精神保健における大きな課題の一つである。

　では，自殺予防としてどのような取り組み・活動があるだろうか。自殺予防には3つの段階（一次予防，二次予防，三次予防）がある。そこで，本書でもその段階ごとに述べていくこととする。

(1) 一次予防

　自殺の一次予防（プリベンション）はまさに「予防」の段階である。自殺に関する正しい知識・情報の普及や自殺のリスク要因の除去，相談体制の確立などがあげられる。

　自殺に関する正しい知識・情報の提供として，近年はゲートキーパーの養成があげられる。ゲートキーパーとは「悩んでいる人に気づき，声をかけ，話を聞いて，必要な支援につなげ，見守る人」とされ（内閣府，2014），自殺対策においては「心理社会的問題や生活上の問題，健康上の問題を抱えている人や自殺の危険を抱えた人々に気づき適切に関わること」がその役割とされている（内閣府，2014）。ゲートキーパー養成は国際的な活動であり，自殺予防の効果

が認められている。ゲートキーパーは一定の研修を受けることで一般市民でもなることができ，その研修を受けることで，自殺に関する適切な理解を深め，適切な関わりができることが期待される。

(2)　二次予防

　二次予防（インターベンション）は「危機介入」と呼ばれることもある。今，まさに自殺をしようとしている，あるいはその危険性が非常に高い人への対応を指す。もし職場などで同僚などから自殺をほのめかすような言動があった場合には，相手の「自殺という選択肢しかないと思うまで追い込まれている心情」を理解することに努め，必要に応じて医療機関などにつなげることが必要となる（高橋，2006）。

　目の前の人物から「死にたい」とか「もうこれ以上生きていたくない」といわれることは専門家であっても非常につらい状況である。友人や職場の同僚，あるいは家族から死をほのめかされるのであればもっとつらい状況に置かれるであろう。しかし，死にたい気持ち（希死念慮）を打ち明けた相手は聴く側が想像する以上につらい状況にある。そして，そのつらさを理解してくれることを願って，打ち明けている。そのときに「そんなバカなことを考えてはいけない」とか，「そんなに死にたいなら好きにすればいい」と突き放したり，自殺が無為である，周りに迷惑をかける行為であるといった主張を繰り返したり，ひたすら自殺しないように説得することは，相手を心理的に追い詰めることになる。その結果，「自分を理解してくれる人はいない」とさらに絶望を深め，自殺へと向かわせてしまう。自殺という行動を支持はしないが，そのような判断をせざるを得ない状況に陥っている状況に対しては共感的に理解する必要がある。

(3)　三次予防

　三次予防（ポストベンション）には自殺未遂者や既遂者の遺族・関係者への対応が含まれる。自殺未遂者は自殺企図を繰り返す傾向にあり，その約1割は最終的には既遂者になることが知られている。いわば，自殺未遂の回数が増えるほど，既遂に近づいていく。よって，自殺未遂の段階で，それ以降の自殺企

図を防ぐ必要がある。

　未遂者の場合，自殺を図ったことで自殺に至った理由が解消に向かう（借金を親が肩代わりした，家庭内不和が一時的に解消した，など）ことがある。このような場合，また同様の問題が生じた際に，自殺企図によって問題解決をはかろうとする場合がある。よって，このような場合には自殺企図以外の方法で問題解決をはかるように支援する必要がある。また，自殺未遂者は自殺という行為をしたことで，極限まで高まっていた心理的緊張が一時的に解消され，その結果として，一種のカタルシスを得ていることがある。そのため，そのような本人の状態から，（自殺を引き起こす）危機が解消された，と本人や周囲が誤解してしまうことがある（日本臨床救急医学会，2009）。しかし，それはあくまでも「緊張が一次的に緩和された状態」にすぎず，自殺企図に至った問題や状況は本質的には変化していない。このような場合，自殺企図に至った問題を把握し，その問題を解決するための働きかけが必要になる。

　既遂者の場合，遺族や関係者への対応が中心となる。ここでは遺族（自死遺族）への対応を述べる。家族を自殺で失った場合，死の原因が自分にあると捉えて自責の念に駆られたり，死因を隠すためにウソをついたりすることにより，大きなストレスを抱えることになる。また，家族を自殺で失った場合，新たな自殺者が出るリスクもあるため，遺族への支援は新たな自殺を防ぐためにも重要である。わが国では全国自死遺族総合支援センター（https://www.izoku-center.or.jp/index.html）や全国自死遺族連絡会（http://www.zenziren.com/）等の団体による自助グループがあり，自死遺族への支援がなされている。

4. 成人期の代表的心理社会的問題③アディクション（依存・嗜癖）

　アディクションの説明の前に，依存と嗜癖について説明しておきたい。依存（dependence）とは「物質摂取をやめようと思っても簡単にはやめられない生物学的状態」とされる（中山・樋口，2011）。そして，嗜癖（addiction）は「その人にとって利益をもたらしていた習慣が，自己調節機能を持たずに続けられた結果，不利益をもたらすことになったにもかかわらず，その習慣が自動化し，

制御困難になった行動」と定義されている（安田，2004）。どちらも「やめたくてもやめられない」状態である点が共通している一方で，依存はその対象が「物質」であり，嗜癖は「習慣」である点が異なる。そして，従来の精神医学における「疾患」は「依存」のみで，「嗜癖」は「疾患」とはみなされていなかった。しかし，近年では嗜癖の対象に薬物などの「物質」が含まれるようになり，看護領域では両者を区別せず，「アディクション」と呼ぶようになっている。そこで，本書では両者を合わせて「アディクション」として説明する。

(1) アディクションの分類

アディクションにはさまざまなものがあるが，それらは現在のところ，「物質依存」「行為依存（プロセス依存とも呼ばれる）」「関係依存」の 3 つに大別される（岸，2019）（図 2-5）。なお，アディクションに陥っている者は複数のアディクションに陥っていることも珍しくなく，そのような状態はクロスアディクションと呼ばれている。

「物質依存」とは，ある物質を摂取することで引き起こされる変化や快感によって，その物質に執着・依存している状態を指す。対象となる物質としてはアルコールや，薬物（覚せい剤，麻薬，大麻，脱法ドラッグ，カフェイン等），たばこ（ニコチン）等がある。

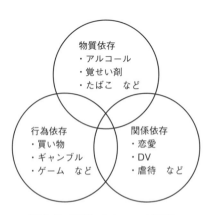

図 2-5　アディクションの種類

　「行為依存」とは，ある行為から得られる快感のため，その行為に執着・依存している状態を指す。典型的なものとしてはギャンブル依存や買い物依存，ネット依存，リストカット（手首自傷症候群），クレプトマニア（窃盗症）等がある。2018 年に出された ICD-11（International Classification of Diseases 11th Revision：国際疾病分類第 11 回改訂版）では，ゲーム（デジタルまたはビデオゲームが対象で，ネットへの接続の有無は問わない）のやりすぎで日常生活に支障が生じる「ゲーム症（障害）（Gaming disorder)」が新たに加わっている。

　「関係依存」とは，ある特定の人物や生物との関係に強く依存している状態をいう。典型的なものとしては共依存や恋愛依存，セックス依存，DV（配偶者間暴力），虐待，ペット依存などがある。

　ところで，これらのアディクションへの介入の際はアディクションが「否認の病気」といわれる点を忘れてはならない。アディクションでは，当人自身がアディクションであることを率直に認めることはほぼない。そのため，まずは本人が「アディクションに陥っている」ことを認めることが介入の最初の目標となる。その際には，当事者の家族などの働きかけが重要となるが，その関わり方に関するプログラムとして，CRAFT（Community Reinforcement and Family Training）があり，その有用性が確認されている。また，家族と当事者が共依存関係にある場合,家族が当事者のアディクションを助長している(イネーブリング；enabling）面もあるため，そのような「家族の不適切な対応」を修正する意味でも家族を含めた支援・介入が重要である。

(2) アディクションへの支援

　アディクション当事者への治療的介入は薬物を用いた介入と心理療法などの非薬物的介入の 2 つに大別される。ここでは非薬物的介入について述べることとする。アディクションに対する非薬物的介入としては動機づけ面接，認知行動療法，自助グループ，等がある。

　動機づけ面接はアディクション治療のために開発された技法で，患者の主体性を重視した治療技法である。動機づけ面接は，①共感の表現，②矛盾の拡大，③抵抗を伴う進展，④自己効力感への支援，以上の 4 つの原理に基づいている。

動機づけ面接は近年ではアディクションに限らず，生活習慣病や他の問題行動などにも適用されるようになっている。

　アディクションに対する認知行動療法では患者の依存対象に関する認知の歪みの修正や陰性感情への対処，セルフマネジメント・コーピングスキルの獲得などを目指す。この他，認知行動療法に基づいたプログラムとして，アメリカで広く用いられているマトリックス・モデルや，マトリックス・モデルをベースに開発された SMAARP（Serigaya Methamphetamine Relapse Prevention Program）などがあり，一定の効果をあげている（松本，2016）。

　自助グループとは同じ問題を抱えた当事者及び家族の自発的なつながりによる集団のことをいう。アディクション関連の自助グループとしては，アルコール依存における断酒会や AA（Alcoholics Anonymous），薬物依存における Darc（ダルク），ギャンブル依存における GA（Gamblers Anonymous）などがよく知られている。

　わが国のアディクションへの介入は「処罰」の色彩が強い。しかし，アディクションは決して「本人の意思次第」で解決するものではなく，疾患と捉える必要がある。よって，他の疾患と同様，「問題解決に向けた支援」が求められる。また，薬物依存に関しては，薬物摂取から生じる種々の被害の減少に主眼を置いた取り組み（ハームリダクション；harm reduction）もある。この考えは買い物依存や性依存といった，他のアディクションへの介入においても非常に重要な考えであろう。

● おわりに

　成人期は人生のなかで非常に長い期間である。そして，社会・価値観の多様化に伴い，「いかに自分として生きるか（自己実現）」という心理社会的課題に対する答えも多様化している。また，心理社会的問題自体も多様化している。本節ではうつ病，自殺，アディクションを取り上げたが，成人期の心理社会的問題は他にもある（引きこもり，ハラスメントなど）。これらの心理社会的問題にも関心を持ち，支援のあり方を自ら学ぶことを願うしだいである。

5節　高齢期の心と心のとまどい

　現代の日本社会の特徴の一つに、「社会（人口）の高齢化」があげられる。「高齢化社会」とは一般的には総人口のなかで占める高齢者（65歳以上）人口の割合が高い社会のことを指す。高齢化社会にはいくつかの段階があり、高齢者人口の割合に応じて「高齢化社会（7～14%）」「高齢社会（14～21%）」「超高齢社会（21%以上）」がある。令和3年度版高齢社会白書（内閣府，2021）によると、日本の総人口における高齢者人口の割合は28.8%である。このことから、わが国はすでに超高齢社会に突入していることがわかる。さらに、2065年には高齢者の割合がおよそ40%に到達すると予測されていることを踏まえると、高齢者への心理的支援のニーズは今後さらに高まるものと予想される。そこで、本節ではまず高齢者の特徴について概観した後、高齢者が抱える心理社会的問題を取り上げる。

1. 高齢者の生物－心理－社会的発達

　加齢に伴って生じる生理機能の変化・低下を老化と呼ぶ。図2-6は30歳時点での機能を100とした場合の、各年齢における各生理機能の残存度を示したものである。このように、程度の差はあれども、どの高齢者も生理的機能の低下が生じる。しかし、高齢者自身の認識はこの図のとおりではない。ある程度の機能低下を自覚しつつも、その程度については過小評価していることが少なくない。

　心理的側面については、加齢に伴い脳・神経系の変化により、認知機能の低下が認められる。特に、記憶は加齢の影響を受けやすいとされる。また、「自動車を運転していたら、前方の車が急ブレーキをかけた」といった、感覚・運動機能と高次脳機能（注意・判断）を同時に要求されるような状況では反応時間が長くなり、突発的な状況への対応に対するミスが増える。そのため、前述

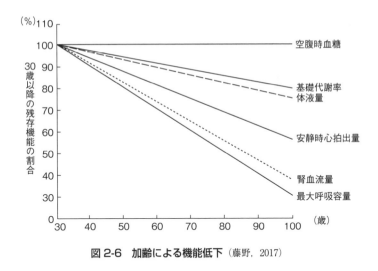

図 2-6　加齢による機能低下（藤野，2017）

の例でいえば，高齢者ではブレーキを踏むところを誤ってアクセルを踏んで追突してしまうといったことがまま見られる。

　その一方で，学習や経験に基づいた判断力や知識（結晶性知能）は高齢になっても維持・上昇することが知られている。ゆえに，高齢者であるからといって，以前にできていたことすべてができなくなるわけではないことも押さえておく必要がある。

　高齢者の社会的側面としては退職や死別などによる人間関係の喪失があげられる。また，身体機能の低下により，社会活動などへの参加が制限されることも人間関係の変化を生み出し，その結果孤立状態へと陥ることがある。

2. 高齢期の代表的心理社会的問題①認知症

　平成 29 年度版高齢者白書（内閣府，2017）によると，2012 年時点で認知症者は約 460 万人おり，高齢者のおよそ 7 人に 1 人が認知症を抱えている。そして，2025 年には 700 万人前後に達し，高齢者の約 5 人に 1 人が認知症者になると推測されている。

　ところで，認知症は正確には「病名」ではなく，「状態」を現す言葉である。

認知症は「脳の病的変化（器質的障害）によって，いったん発達した知的機能（認知機能）が，日常生活や社会生活に支障をきたす程度にまで，持続的に障害された状態」と定義されている（栗田，2015）。つまり，①何らかの脳の異常（疾患など）があり（脳疾患），そのために②認知機能の低下などが生じ（認知機能障害），その結果として③生活に支障が生じている（生活障害），という，3つの条件がそろって，初めて認知症と呼ばれることになる。

（1）認知症の分類と症状

　認知症の代表的なタイプとしては，①アルツハイマー型認知症，②レビー小体型認知症，③前頭側頭葉変性症，④脳血管性認知症，があり，これらのタイプが全認知症の約 90% を占める。この他に，脳腫瘍や正常圧水頭症，内分泌機能異常や大脳皮質基底核変性症，ハンチントン病，筋萎縮性側索硬化症（ALS）などを原因疾患とする認知症が約 10% ある（河野，2019）。

　さらに，「認知症の基準を満たさないまでも認知機能の障害があり，そのことを本人や家族が気づいているが，基本的な日常生活機能は保たれている状態」を軽度認知障害（Mild Cognitive Impairment：MCI）と呼ぶ（朝田，2009）。日本神経学会が監修した「認知症疾患治療ガイドライン 2017」では，MCI の有症率は 65 歳以上の高齢者で 15 〜 25% とされている。そして，MCI から認知症に移行する割合（コンバート率）は年間で 5 〜 15% とされている。一方，MCI から正常域に戻る割合（リバート率）は年間 16 〜 41% とされている（日本神経学会，2017）。よって，MCI 段階での介入・支援が認知症の予防に重要である。

　認知症の症状は中核症状と周辺症状に大別される。周辺症状は行動・心理症状（Behavioral and Psychological Symptoms of Dementia：BPSD）とも呼ばれる。中核症状には記憶障害，見当識障害（失見当識），実行機能障害などがある。BPSD には徘徊・多動，暴言・暴力，無為・無反応，うつ，無気力，不安・焦燥，幻覚，妄想などがある。これらの症状は認知症のタイプによって出現頻度が異なるため，これらの症状を押さえておくことで，患者の認知症のタイプを判断することが可能になる。主な認知症ごとに中核症状と周辺症状をまとめた

```
┌─── レビー小体型認知症（DLB）───┐   ┌─── アルツハイマー型認知症（ATD）───┐
```

レビー小体型認知症（DLB）

●中核症状…………………………
　判断力の障害
　実行機能障害
　失認
●BPSD（行動症状）………………
　無為・無反応
●BPSD（心理症状）………………
　幻覚（とくに幻視）
　妄想
　うつ
＊幻覚は特徴的な症状の1つ。
　脳の視覚野の障害による幻視が起こ
　り，存在しないはずの人や動物，物
　などが見える。

アルツハイマー型認知症（ATD）

●中核症状…………………………
　記憶障害
　見当識障害
●BPSD（行動症状）………………
　徘徊
　不潔行為
●BPSD（心理症状）………………
　うつ　　　　不安・焦燥
　アパシー　　妄想　　など
＊この他に特徴的な症状は，質問に返
　答できないときにごまかそうとする
　「取り繕い反応」，相手を判別できず
　型どおりの薄っぺらな対応しかでき
　なくなる「人格の形骸化」などがあ
　る。

脳血管性認知症（VaD）

●中核症状…………………………
　実行機能障害
　失認・失行・失語
●BPSD（行動症状）………………
　無為・無反応
●BPSD（心理症状）………………
　アパシー
　うつ
＊記銘力や実行機能は低下するが，判
　断力は保たれるなど，症状にムラが
　ある。また血管障害部位に対応した
　機能のみが，限局的に低下する「ま
　だら認知症」が特徴的。

前頭側頭葉変性症（FTLD）

●中核症状…………………………
　性格の変化　　　判断力の障害
　実行機能障害
　失認・失行・失語　　など
●BPSD（行動症状）………………
　暴言・暴力
　食行動・性行動異常
●BPSD（心理症状）………………
　アパシー　　不安・焦燥　　など
＊ピック病では，暴言・暴力，食行動
　の異常などの陽性症状が顕著。ある
　とき突然，万引きなどの衝動的，反
　社会的行動を起こすこともある。

図2-7　認知症タイプと症状（河野，2019を一部改変）

もの（図2-7）を示す。図にあるように，タイプによって主な症状は異なるものの，いずれの認知症においても，「脳の障害」が共通して存在しており，障害された部位が同じであれば，同じような症状が見られることも忘れてはならない。

(2) 認知症のアセスメント

　認知症の診断や程度を判断するためには，画像検査や神経心理学的検査などを行う。画像検査としてはCTやMRIといった，脳の形態に関するものや，SPECTやFDG-PETといった，脳の部位の活動性を測定するものなどがある。

認知症が疑われる際に用いられる神経心理学的検査は大別すると3種類ある。

　1つ目は認知症の有無を判断するために用いられるスクリーニング検査で，HDS-R（改訂長谷川式簡易知能評価スケール）やMMSE（Mini Mental State Examination），時計描画テスト，MoCA-J（Japanese version of Montreal Cognitive Assessment）がよく知られている。

　2つ目が，認知機能を多面的に評価する際に用いられる検査で，COGNISTATやWAIS-IV，ADAS-Jcog.などがある。

　3つ目が特定の認知機能の測定に特化した検査である。記憶に関するものとしてリバーミード行動記憶検査（RBMT）やウェクスラー記憶検査（WMS-R）などが，前頭葉機能全般を測定するものとしてFAB（Frontal Assessment Battery）などがある。これらの他，行動観察などによる重症度の判定法として CDR（Clinical Dementia Rating）やFAST（Functional Assessment Staging）が用いられている。

　臨床場面ではこれらの検査・ツールを用いて認知症の診断や程度について判断していくが，単なる診断にとどまらず，本人に生じている生活上の問題がどのようにして生じているか，そのケースフォーミュレーション（第3章参照）を行うことのほうが本人や家族への支援を考えるうえで重要であり，単なる「ラベリング」のために行うものではないことを理解しておく必要がある。

(3) 認知症者及び家族への介入・支援

　認知症が進行するにつれ，本人や家族はさまざまな問題に直面することとなる。これらの問題は本人や家族の努力のみで解決できないものが多く（図2-8），周囲の理解や支援（公的扶助を含む）が必要となる。

　認知症の治療・介入は薬物療法と非薬物療法に大別される。薬物療法は認知機能障害の治療として行われ，コリンエステラーゼ阻害薬やNMDA受容体拮抗薬などが用いられる。非薬物療法は主にBPSDに対する治療として行われることが多い。代表的な非薬物療法をまとめたものを表2-7に示す。ただ，これらの介入は認知症の症状の改善だけを目的としているわけではなく，認知症者やその家族のQOLの維持・向上もその目的として含まれている場合もある

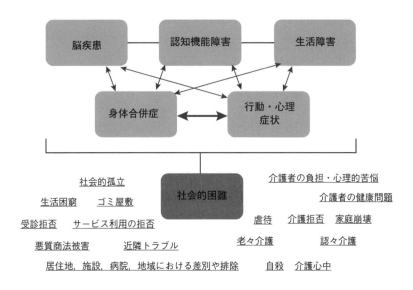

図 2-8　認知症の臨床像と生じる困難（栗田，2015）

表 2-7　認知症の非薬物療法（日本神経学会，2017）

認知症者への介入	認知機能訓練，認知刺激，経皮的電気刺激療法，運動療法，音楽療法，回想法，ADL 訓練，マッサージ，レクリエーション療法，光療法，多感覚刺激療法，支持的精神療法，バリデーション療法，鍼治療，経頭蓋磁気刺激法，筋弛緩法など
家族への介入	心理教育，スキル訓練，介護者サポート，ケースマネジメント，レスパイトケア，介護者のセルフケア，認知行動療法など

ため，臨床場面ではそのことも含めて，適切な介入を考える必要がある（日本神経学会，2017）。

　これらの介入の他，地域での認知症者と家族への支援として「認知症カフェ」や「認知症サポーター」といったものがある。認知症は前述したように，本人と家族の努力だけでは問題解決や QOL の維持が困難であることが少なくない。認知症者と家族が住む「地域」全体が認知症を理解し，当事者やその家族に関わる必要性がある。

3. 高齢期の代表的心理社会的問題②高齢者虐待

　高齢者虐待とは養護者や養介護施設職員などによる高齢者への虐待をいう。高齢者虐待には，①身体的虐待（暴力行為など），②心理的虐待（暴言，無視など），③性的虐待，④経済的虐待（高齢者の資産を許可なく使うなど），⑤介護・世話の放棄・放任，の5つのタイプがある。認知症や身体的疾患，老化に伴う心身の機能低下などにより，養護・介護を必要とする高齢者は増加しており，それに伴って，高齢者虐待も増加している（図2-9）。

　高齢者虐待が生じる背景・理由としては，養介護を必要とする高齢者が増加したことが非常に大きい。そして，養介護をめぐっての高齢者と養介護者との認識のずれが高齢者虐待を生んでいる面がある。たとえば，夏の暑い時期にはこまめな水分補給が必要であるが，自身の身体状態を適切に把握できていない高齢者は少なくない。水分を補給させようとしても，高齢者本人が嫌がるため，水分摂取が行われないままでいると，命の危険につながる。このとき，「必要な介護・世話を放棄している」という理由で高齢者虐待と判断されることがある。また，同じ例において，「水分とらないと脱水症状起こして命が危ないんだから！」と強引に水分を補給させると，これも高齢者虐待と判断されてしまう危険がある。この他にも，徘徊や暴力行為が見られる高齢者に対する身体的な拘束は高齢者虐待にあたる。しかし，養介護者側からすると，拘束を積極的に望んでいるわけではなく，それ以外に問題行動を防ぐ手段が見つからないための苦渋の選択であり，高齢者を虐待しようという意図や悪意はないケースがほとんどである。

(1) 高齢者虐待の関連要因

　高齢者虐待はさまざまな要因が積み重なった結果生じる。高齢者虐待の要因としては，①虐待者（養介護疲れ，健康状態，パーソナリティなど），②高齢者（認知症の有無，パーソナリティ，自立度など），③人間関係（養介護者−高齢者，家族内の人間関係など），④社会的環境（老老・単身での養介護，公的サービスの利用可能性，養介護観，孤立・関係希薄化など）に大別される。よって，

① 養護者による高齢者虐待

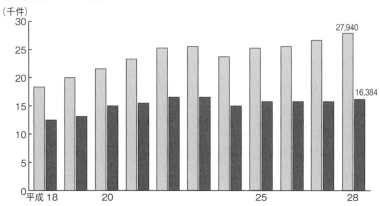

② 養介護施設従事者等による高齢者虐待

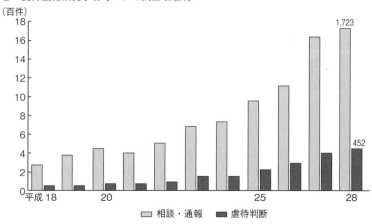

図 2-9　高齢者虐待の相談・通報件数と判断件数の推移（法務省，2018）

　高齢者虐待においても，他の虐待と同様に，虐待者を一方的な「加害者」と決めつけて対応することは危険である。

（2）高齢者虐待への対応

　高齢者虐待への対応に関して，平成18年より施行されている「高齢者虐待の防止，高齢者の養護者に対する支援等に関する法律」（高齢者虐待防止法）

では，虐待が疑われる高齢者を発見した場合，速やかに市町村にそのことを報告することが発見者に求められている（高齢者虐待防止法第7条，第21条）。報告を受けた市町村は関係機関と連携協力の上，高齢者の安全・事実確認を行い，必要があれば，①立ち入り調査，②高齢者の保護（養介護者との分離），③老人福祉施設への措置，④養介護者との面会の制限，⑤養介護施設・養介護事業所への指導等，などを行う（図2-10）。これらの他にも，必要に応じて，養介護者の支援を目的とした介護保険サービスの利用なども行い，養介護の負担軽減をはかることもある。

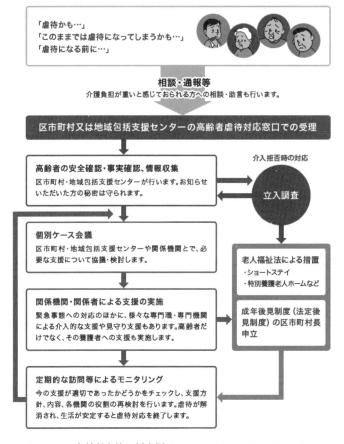

図 2-10　高齢者虐待の対応例（東京都福祉保健局 HP より引用）

　さらに，高齢者虐待の予防を目的として，地域包括支援センターや社会福祉協議会などによる高齢者虐待の防止活動もなされている。

4. 高齢期の代表的心理社会的問題③社会的孤立

　平成30年版高齢社会白書（内閣府，2018）によると，昭和55年での一人暮らし高齢者は男性で4.3%，女性で11.2%であったのに対し，平成27年では男性が13.3%，女性が21.1%と，男女ともに一人暮らし高齢者が増加している。一人暮らし高齢者が増加している背景としては，①世帯構成の変化，②離婚件数の増加，③労働形態の変化，④生活環境の変化，⑤社会経済的要因，などがあげられており，今後も一人暮らし高齢者は増加することが予想される。このような高齢者には社会的孤立の危険性がある。社会的に孤立の状態にある高齢者には孤立（孤独）死や，健康，犯罪といった問題が見られることがある。

(1) 孤立（孤独）死
　一人暮らしの人が自宅で死亡し，死後発見されるという「孤立（孤独）死」が増加している。東京都監察医務院が公表しているデータによると，2016年の孤立（孤独）死に関して，男性の6割，女性の8割が高齢者であることが示されている（金湧，2018）。孤立（孤独）死の多くは死後数日が経過し，何らかの異常（異臭がする，ハエが多く見られる，など）が生じることで判明するため，遺体の状態などは非常に悪い。よって，孤立（孤独）死は亡くなった人の尊厳を損なう死の形態である。また，孤立（孤独）死はその発生経過やその後の対応の問題から，遺族や近隣住人，家主などに心理的な衝撃や経済的な負担を与えることが多く，そのため，孤立（孤独）死は決して，故人の問題のみにはとどまらないことが指摘されている（岸，2015）。

(2) 健康
　社会的孤立は寿命や身体疾患とも関連がある。エングら（Eng et al., 2002）は医療関連の職に従事している男性を対象として，対象者の人間関係の豊富さ

と死亡リスクの関連を検討した結果，人づきあいが多いグループに比べると，人づきあいが最も少ないグループの死亡リスクが約1.2倍に上がること，心臓血管系疾患による死亡に限定すると約1.4倍に上がることを報告している。このように，社会的孤立は身体面にも影響を及ぼす。

(3) 犯罪

　犯罪については，近年の「振り込め詐欺」に代表されるように，高齢者をターゲット（被害者）とした犯罪が増加の一途をたどっている。その一方で，高齢者が加害者となっている犯罪も増加している。平成30年版犯罪白書（法務省，2018）によると，1998（平成10）年と比較して，2017（平成29）年の高齢者の刑法犯検挙人数は男性で約3.4倍，女性で3.3倍となっている。高齢犯罪者と同居者数との関連に関しては，初犯では単身高齢者の割合が約1／4であるのに対し，受刑歴がある高齢犯罪者の約8割が単身者となっている。これは犯罪によって家族との関係が悪化したり，服役中に配偶者が亡くなったりしたといったことも考えられるが，犯罪がきっかけとなって社会的に孤立し，そのことによって犯罪に対する抑止が利かなくなった（罪を犯しても困る家族や友人はいないなど）現状がうかがえる。また，高齢受刑者の約9割は男性であるが，男性高齢受刑者の釈放後の居住先は不明，もしくは，適切な居住先がないというケースが多い（法務省，2018）。つまり，「帰る場所がない」高齢者が多いということである。このことからも高齢犯罪者が社会的に孤立している可能性が考えられる。

● おわりに

　本節のおわりに，サクセスフルエイジング（豊かな老後）を送るための視座を記す。高齢者は老化による心身機能の低下や社会的役割の変化，家族・友人等の死去などによる喪失・悲嘆経験の累積から逃れることができず，そのために心身の健康に影響が出ることが避けられない。そのことから，従来の高齢者のイメージは「人生の終着駅」「枯葉・落ち葉」といった，非生産的・受動的

なものが多かった。

　しかし，そのような状況においても，QOL を維持し，人生のエンディング
を肯定的に捉え，日々の生活を豊かに送っている高齢者がいることも事実であ
る。実際，近年の高齢者はかつての高齢者とは異なる。70 歳を超えて大学に
入学する者や，2019 年に「ミシュラン三ツ星レストランの最高齢料理長」と
してギネス世界記録（93 歳）に認定された寿司職人の小野二郎氏のように高
齢でも現役として働いている者もいる。その結果，高齢期を生産的・能動的な
ものとして捉える考えも見られるようになっている。

　高齢期を肯定的に捉え，「良い人生を送り天寿を全うする」ことをサクセスフ
ルエイジングと呼ぶ。そして，どのような生き方がサクセスフルエイジングに
つながるかについてはいくつかの理論・モデルがある。ここでは，①活動理論，
②離脱理論，③継続性理論，④補償を伴う選択的最適化，について簡潔に説明する。

　①活動理論とは，高齢者も中高年と同じような心理社会的ニーズを有するこ
とから，職業などによって得た役割や交流などを（引退後も）継続することが
サクセスフルエイジングにつながる，という理論である。②離脱理論は，活動
理論とは対極的な理論であり，高齢者から若者への地位や権力などの移行が社
会の維持に重要であるとし，高齢になったら引退し，社会から離脱することが
サクセスフルエイジングにつながるとする。③継続性理論は，高齢者は変化へ
の適応をはかる際に，現在の内的・外的構造を維持しようと試み，その実現の
ためになじみのある領域でなじみのある方法を好んで用いる傾向があるとし，
高齢者はこのような方法を過去経験に基づいて，加齢に伴う変化に適応するた
めの主な方法として用いる，というものである。④補償を伴う選択的最適化と
は，高齢者は加齢に伴いさまざまな資源（リソース）を喪失するため，残って
いる資源（リソース）を選択的に活用し，そのうえで，喪失した資源（リソー
ス）を保証することでサクセスフルエイジングにつながるとするモデルである。

　これらの理論・モデルには一長一短があり，すべての高齢者のサクセスフル
エイジングを説明できるわけではない。また，高齢者自身の生き方やあり方の
変化により，新たなサクセスフルエイジングの理論やモデルが登場することも
期待されている。

学習チェックリスト ◀◀◀◀◀◀◀◀◀◀◀◀◀◀◀◀◀◀◀◀◀◀◀◀◀◀

- ☐ 心の病理性について理解した。

- ☐ 疾病性と事例性について理解した。

- ☐ 心と脳や遺伝子との関係性について理解した。

- ☐ 主要な神経伝達物質（ドーパミン，セロトニン，GABA，アセチルコリン）について理解した。

- ☐ フロイトによる心理性的発達理論について理解した。

- ☐ エリクソンによる心理社会的自我発達理論について理解した。

- ☐ 母子関係の重要性について理解した。

- ☐ 不登校，引きこもりについて理解した。

- ☐ 非行，逸脱行動について理解した。

- ☐ うつ病の症状，原因，支援・介入について理解した。

- ☐ 自殺の現状とその予防について理解した。

- ☐ アディクション（定義，分類，支援・介入等）について理解した。

- ☐ 加齢による心身機能の変化について理解した。

- ☐ 認知症の主要なタイプと MCI（軽度認知障害），及び中核症状と周辺症状について理解した。

- ☐ 認知症のアセスメントと支援・介入について理解した。

- ☐ 高齢者の社会的孤立の状況とその原因，社会的孤立に伴って生じる心理社会的問題（孤立（孤独）死，健康問題，犯罪など）について理解した。

- ☐ サクセスフルエイジングについて理解した。

第 **3** 章

心の状態や特徴をはかる

　臨床心理学を含む心理学の学修を志す者の多くが，他者やときには自分自身の心へ興味を抱き，「知りたい」と感じているのではないだろうか。心の状態をはかる方法を学ぶことは，そのような願いを叶える一助になるかもしれない。もしくは本章で心理的アセスメントについて学習することで，心を「知る」というイメージが大きく変わる読者もいると思われる。いずれにせよ，臨床心理学の学習や研究，そしてクライエント（心理に関する支援を要する者等）への実践等を今後に見据えるとき，本章での学びの意義が改めて理解されるはずである。

1節　心理的アセスメント

1. アセスメントとは

　臨床心理学のなかで，アセスメント分野の重要性は高い。公認心理師の業を示した公認心理師法第二条の1つ目に「心理に関する支援を要する者の心理状態を観察し，その結果を分析すること」があげられていることからも，学問としてのみならず実践を行ううえでも必要不可欠であることを理解できる。また，臨床心理士の専門業務に「臨床心理査定」が主要なものとしてあげられていることからも（表3-1），同一の必要性をうかがえる。ところで本章の節題には，心理的アセスメントの語を用いているが，これは公認心理師法施行規則（平成29年9月15日）に記される科目名に準じるためである。読者には，本章での心理的アセスメントの記述が「臨床心理学におけるアセスメント」と同義であることを念頭に置いていただきたい。

　まずアセスメント（assessment）とは，評価する・査定する（assess）という意味の動詞からその結果や手段などを示す名詞として作られる（-ment）造語である。心理学全体や関連学問領域に限定して俯瞰しても，たとえば教育心理学等における学修成果の「評価」であったり，特定の心理「検査」やその検査手続きの組み合わせを指したりと，多義的に用いられている。本書が全体を通じて取り扱う臨床心理学の分野におけるアセスメントについてすら，現在には（臨床）心理「査定」と邦訳されることが多い行為と同義語として用いられたり，過去には心理「診断」と呼ばれていたりした歴史もある。このようなassessment に対する日本語訳の問題やアセスメントの語を用いる文脈による意味の多様性から，臨床心理学を学びはじめたばかりの初学者には誤解が生じやすい。

　古くはラザルスとモナト（Lazarus & Monat, 1979）が，アセスメントの狭義と広義の意味を整理していた。1つ目は個人の能力や性格の一部を測定する

ことであり，2つ目はアセスメントを受ける者を全人的に把握しようとすることである。現代の臨床心理学においては，この2つ目に近い意味でアセスメントや査定の語を用いている。つまり，心に関する特定の検査やその結果を評価することではなく，ましてや学業試験の出来不出来による評価とはまったく異なるものである。

また臨床心理学者のコーチン（Korchin, 1976）が「有効な諸決定を下すために必要な過程」と述べているとおり，臨床心理学の文脈におけるアセスメントには個人を単に把握するだけでなく「（公認心理師法にうたわれる）心理に関する支援」の方向性を導くという意味もある。さらにこの支援の対象が地域や学校へも広がり（臨床心理的地域援助，表 3-1），ときには個人を超えて地域集団や学校集団のアセスメントが必要になることもある。

もう一点，臨床心理学におけるアセスメントでは，個人や集団が有する強み

表 3-1 臨床心理士の専門業務（日本臨床心理士資格認定協会 HP をもとに作成）

臨床心理士資格審査規程 第四章「業務」第 11 条
臨床心理士は，学校教育法に基づいた大学，大学院教育で得られる高度な心理学的知識と技能を用いて臨床心理査定，臨床心理面接，臨床心理的地域援助及びそれらの研究調査等の業務を行う。

（平成 25 年度版 臨床心理士関係例規集より）

①臨床心理査定
「診断」（diagnosis）ではなく「査定」（assessment）と表記。「診断」は診断する人の立場から対象の特徴を評価するが，「査定」はその査定（診断）される人の立場からその人の特徴を評価する専門行為に主眼あり。
種々の心理検査や観察面接を通じて，個々人の独自性，個別性の固有な特徴や問題点の所在を明らかにする。
同時に，心の問題で悩む人々をどのような方法で援助するのが望ましいか明らかにする。
他の専門家とも検討を行う専門行為を含む。

②臨床心理面接
来談する人の特徴に応じて，さまざまな臨床心理学的技法を用いて，クライエントの心の支援に資する臨床心理士のもっとも中心的な専門行為。

③臨床心理的地域援助
地域住民や学校，職場に所属する人々（コミュニティ）の心の健康や被害に対する支援活動。

④上記①〜③に関する調査・研究
心の問題に対する援助を行うための技術的な手法や知識を確実なものにするために，基礎となる臨床心理的調査や研究活動を実施。

などポジティブな側面も大切にするという視点を強調しておきたい。実際，下山（2009）によれば，アメリカでアセスメントの語が用いられるようになったのは，異常性や病理の確定ではなくパーソナリティの積極的な価値を見いだすことが目的であったためである。これが理由で「診断（diagnosis）」の語は用いなかったとも記されている。医学の診断は病や障害を見るのに対して臨床心理学では人を全人的に見るというような記述も散見されるが，この理解では不十分であろう。医師や医学分野における「病ではなく人を見る（診る）」という言葉は，すべての読者がどこかで聞いたことがあるのではないだろうか。

　臨床心理学におけるアセスメントでは，個人（または集団）を全体的に捉えて，問題や異常性，病理などのネガティブな側面だけでなく，それ以上にその個人（や集団）が有するポジティブな資質や資源といった強みにも目を向ける。そのうえで支援の必要性の有無や，支援が必要ならばその方法の模索，そして行う支援による結果までを推測しながら検討する。この一連の過程は，実践場面での「見立て」と呼ばれる作業に合致する。精神科医療の視点からではあるが，土居（1992）は見立てのことを，診断，予後の見通し，治療に関する意見までを指し，治療の成果を大きく左右するものと論じている。フロイト（Freud, S.）の著名なドラの症例を引用しながら，見立てしだいでは患者に病気があると診断しても病気として治療しないほうがよいと判断される場合があるとすら述べている。このように実践の場で重視される見立てこそ，現在の臨床心理学でいうところの広義のアセスメントだといえそうである。

2. 心理的アセスメントと心の探求

　前項で臨床心理学におけるアセスメント，すなわち心理的アセスメントを「広義」に捉えると，実践場面における「見立て」に同義であると記した。これは，見立てにおける一連の過程をアセスメントのプロセスとケース・フォーミュレーション（case formulation; 事例定式化）のプロセスに分類する考え方もあるためである（図3-1，上段）。この場合，個人や集団に生じている事態に関するさまざまな情報を収集・分析して，いかなる理由で何が起こっているのかを系

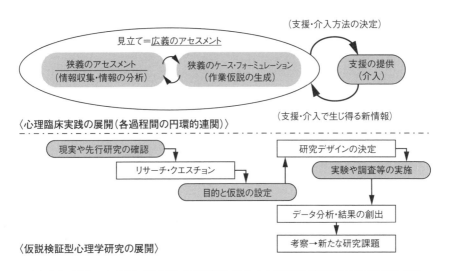

図 3-1　見立てと支援に関する円環的連関（上）と仮説検証型心理学研究の展開（下）

統的に把握するプロセスが，狭義の心理的アセスメントである。そのうえで他にはないその個別の事例へどのように関わると何が起きそうか，何に対してどのように介入することでその個人や集団の役に立てそうか，といった仮説生成のプロセスとしてケース・フォーミュレーションを捉える。

　より具体的に実践場面を想定して考えれば，クライエント（心理に関する支援を要する者）からさまざまな情報を得て，支援方法に関する仮説を立てる。その仮説が適切なものであるか確認するために別の情報を得ると，仮説の説得力が増すこともあれば，別の仮説が生じることもある。このように情報収集・分析のプロセスと仮説生成のプロセスとは同時進行しており，分かちがたく重複しているため，見立て＝（イコール）ケース・フォーミュレーションとする考え方もある。同じ見立ての過程を情報収集のプロセスとして捉えればアセスメント，仮説生成のプロセスとして捉えればケース・フォーミュレーションと呼ぶ，という考え方になる（この考え方もあるため図 3-1 では「〈狭義の〉ケース・フォーミュレーション」と記した）。

　いずれにせよ上述した情報収集から仮説生成までを経て，実際の支援方法や介入方法を決定し，個人や集団に関わる。つまり見立てがない心理的支援（臨

床心理学的介入）はあり得ない。本章は「心の状態や特徴をはかる」つまり見立てを立てることに関する章であるため割愛するが，ここでも実践場面に即して考えると，見立てと支援・介入とが円環的に相互作用しながら展開することは想像に難くない。支援・介入を行った結果として見えてくる事柄や，支援・介入における面接の過程で生じたクライエントからの情報などによって，「見立て直し」が必要になることも生じる。

　もちろんのこと見立てがころころ変わるようでは支援が一貫せず，役に立たないばかりか害ですらある。しかしながら個々の事例に一つとして同じものがないように，臨床心理学における支援も見立ても個別的であり，実施の後でないと（ときには後になっても）適切かの判断はできない。見立てをする，つまり心理的アセスメントを行うというのは，この個別的でいつまで経ってもわからない事柄をわかろうとする（探求する）ことだともいえる。「本当にわかるためには，まず何がわからないかが見えてこなければならない」（土居，1992）のである。できるだけ一貫した広義のアセスメントをするため（わかるため）に必要な知識や技術をしっかり身につけていくことは前提である。それでもわからないことばかりだという真摯な認識・感覚を持ち続けたい。

　このような認識と感覚，そして情報収集から仮説生成とその仮説に基づく支援の実施という姿勢は，心理学（おそらく他の学問分野でも）の研究を行う際の姿勢に符合する（図3-1，下段）。仮説検証型の心理学研究という心の探求方法の場合には，情報元が個別事例でなく先行研究であったり，支援・介入するのではなく実験や調査をしたりする。また，支援・介入から生じる新情報を個別事例の見立てにおける仮説生成のための情報として取り扱うのではなく，実験・調査で得た結果やそれに対する考察という新情報を後に行う研究（新たな研究課題）のための情報として利用する。

　心を探求しようとして心理学の研究を行っていると，文献を読めば読むほど，また自身で研究をすればするほど，わからないことが増えてくる（見えてくる）。つまりこの文脈のなかで多少大げさにいうなら，心理学研究全般と臨床心理学での実践とは，データの種類と円環的か単方向的かという違いがあるのみということになる。心理的支援を行う者に対して，目指すべきスタイルとしての

実践性と科学性の両者を求める科学者－実践家モデル（scientist practitioner model; ボルダーモデルとも呼ばれる）がいわれて久しい。実践者としての熟達と同時に科学者にもなるという長い道程のように見えるが，それだけではないのかもしれない。

　前述したとおり事例とは個別的なものであり，経験で培われる勘（直感も直観も含めて）が重要であることに疑いはなく，実践を長くこなすことで磨かれることが非常に多くある。しかしそうであるからこそ，心理的アセスメントを含む心理学的な支援の実践をこれから目指す者，加えてまだ経験の浅い実践者にとって，知識や技術，経験を支えることになる実践者としての基本的な認識や感覚，姿勢を醸成し得る科学的な心理学研究も行おうとすることの意義がありそうである。

3. 心理的アセスメントの理論モデル

　心理的アセスメントと支援・介入とは円環的な関係性にあることを先に記した。このことは，どのような心理的支援を提供するかによって，得ておくべき情報や生成する仮説が異なることを意味する。第1章に心理的支援の背景となる理論や技法の体系にはさまざまなものがあることが記されていた。つまり，それぞれの実践者が準拠する理論モデルには違いがあり，その理論モデルに沿ってアセスメントも進められることになる。

　400以上ともいわれる数ある心理療法間の共通性や統合についての検討が進むなかで（Prochaska & Norcross, 2007），準拠する理論モデルによって違うとされていた把握すべき事柄にも共通性が増している。またそれ以前から，臨床心理学的援助（心理的支援）を行うに際して，アセスメントすべきとされていた共通事項も多々である。このような心理的アセスメントに有用とされる全般的な情報については次節に記すことにし，ここでは岡堂（1993, 1998）が分類した，①精神力動論モデル，②行動論モデル，③心理測定論モデル，④生態システム論モデルの4つの主要な理論モデルの特徴を表3-2へ抜粋した。

　これらは心理学や臨床心理学という学問そのものの発展に伴う4つのアプロ

表 3-2　心理査定の背景となる主要な理論モデル（田中, 2017 を改変；岡堂, 1993, 1998 をもとに作成）

---

①**精神力動論モデル**（psychodinamic model）
　精神分析理論に基づき，心の内面における葛藤などの力動性を重視。
　個人の内面における諸要素の連関を把握しようとする。
　投映技法を用いることもあり，検査者がデータを統合する判断力を重視。

②**行動論モデル**（behavioral model）
　学習研究に基づき，さまざまな問題を学習された不適切な習慣として捉える。
　客観的な行動のアセスメントが中心。
　質問紙法や面接の他，自己報告行動をアセスメントする場合もある。

③**心理測定論モデル**（psychometric model）
　実験心理学の伝統から，計量的な分析を重視。
　客観的で，信頼性・妥当性が高いことを重視。
　検査得点そのものに意味があり，検査者の判断や推論は付加されないほうが望ましい。

④**生態システム論モデル**（eco-systemic model）
　個人を総合的に理解しようとする基本的姿勢を示す理論。
　個人や集団を生活体システムとして捉え，生態学的かつシステム論的に理解。
　心理検査・生活空間・個人史的事実などの総合的な記述を重視。

ーチから整理したものである。①精神力動論モデルと②行動論モデルの背景については，第 1 章 2 節「臨床心理学の歴史」ですでに述べられている。すなわち，①精神力動論モデルは精神分析の流れ，②行動論モデルは行動主義・新行動主義の箇所を振り返りつつ表内の記述を参照することで，心理的支援とアセスメントとの連関への理解や，歴史的背景に関する学習が深まるはずである。

　ところで実践に至るアセスメントの過程では，標準化された心理検査を用いることが少なくない。標準化についてここでは，測定しようとしている内容を確かに測定できているか（妥当性），同一の条件下であれば安定して一貫した結果が得られるか（信頼性）に加えて，検査の手順や，どのような状態の人がどういった結果を示すのか，といった事柄を明確にすることだと単純に理解してほしい。

　特に③心理測定論モデルに基づくアセスメントでは，実験心理学の伝統に則って，厳密な研究手順で標準化された心理検査が推奨される。信頼性や妥当性が担保された計量的かつ客観的なアセスメントを重視する立場である。多職種との連携がますます重視される心理専門職の実践において，数値化したアセス

メント結果をもとに説明できる利点は大きい。また，脳機能測定など精神生理
学的検査方法の発展も相まって，「診断」の補助を目的としたこのモデルに基
づくアセスメントへの要請は強まっていくものと推察される。しかしながら，
このモデルに基づくアセスメントでは，臨床心理学が重視する個別性や数値化
できない質的特徴を見逃しがちであることを忘れてはならない。

　臨床心理学におけるアセスメントとは，強みや成長し得る潜在的な力を含め
て，個人（または集団）を全体的かつ包括的に捉える過程であることを先に記
した。このような，人を総合的にアセスメントする基本的姿勢を特に強調する
のが，④生態システム論モデルである。問題や悩みの根源に特定かつ個人内の
心理的な力動や誤った学習を仮定するというような，直線的な因果関係で説明
することはしない。現在時点での幾重にも重なる物理的空間と個人史的な時間
軸とを包括的に捉えて，循環的な関係性を見据えたアセスメントを重視する。

　一例としてブロンフェンブレナー（Bronfenbrenner, 1979）の生態学的発達
理論を参考にしながら，生態システム論モデルの視点をおさえておくことにす
る。まず物理的な生活空間として4つの多層的なシステムがある。1つ目は「マ
イクロシステム」と呼ばれる特定の個人が直接的な経験をする場面，具体的行
動場面での活動や役割，対人関係のパターンである。子どもを例にとれば，家
庭，学校，遊び場，遊び仲間などが具体例である。2つ目にマイクロシステム
間のシステムとして「メゾシステム」がある。その個人が直接的経験をする複
数の行動場面の相互関係のことである。家庭と学校との関係性や，家庭・学校・
遊び仲間の間の関係性をイメージするとわかりやすい。この外殻として，その
個人の直接的な参加はないものの間接的に影響を及ぼすような行動場面とし
て「エクソシステム」がある。両親の仲間や職場，きょうだいが通う学級，直
接的な関わりを持たない先生や教育委員会がこれにあたりそうである。これら
種々のシステムを超える信念体系や世界観，思想を支える哲学的根拠などとい
った「マクロシステム」もある。地域の特徴，よりわかりやすく県民性や日本
文化といった広いシステムである。このような多層的なシステムは「クロノシ
ステム」と呼ばれる時間軸の上に成り立っている。広く時代背景や，個人の生
育歴がこれにあたる。

　繰り返しにはなるが，生態システム論モデルは人を総合的にアセスメントするという基本的「姿勢」を強調するものである。アセスメントと支援が個々の実践者の準拠モデルに従って展開されることを先に述べたが，特定の問題や病理のみでなく，人を総合的かつ円環的に理解しようとする姿勢は心理学的（臨床心理学的）な実践を行うすべての者に必要である。このような多面的な心理的アセスメントに有用な情報を得る視点について，次節で考えていただきたい。

● おわりに

　臨床心理学の実践，または心理に関する支援を行うに際しての心理的アセスメントについて，その概略を記してきた。アセスメントは，支援と切り離せるものでなく，単なる情報収集を超えた意義を有する専門的営みである。本章の冒頭で記した心を「知る」「知りたい」について，改めて考えてみてほしい。ここでいう心理的アセスメントは，アセッサー（assessor; アセスメントを行う者）の欲求や探求心を満たすためのものでは断じてない。「誰のための」「何のための」アセスメントなのか，確固たる自覚を持ち続けたいと思う。

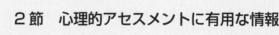

2節　心理的アセスメントに有用な情報

1. 心理的アセスメントの目的と倫理

　心理的アセスメントが支援を要する人々（クライエント）に役立つものでなければならず，アセスメントと支援とは円環的に関わり合いながら展開されることを前節に記した。つまり本章でいう心理的アセスメントの目的は，支援の方針を導いたり，支援の結果を把握したり，さらにその結果を踏まえつつさらなる支援の必要性を吟味したりすることである。そのためこの営みは，常に個

別的なものでありつつ，クライエントの強みも弱みも含めた全人的な理解を目指すものであることから，その都度多くの個人的な情報を収集することになる。

　つまり見立て（＝広義の心理的アセスメント）を立てて適切な支援を実施するために，アセッサーには多くの情報を得ようとする姿勢が必要となる。そうではあっても支援に必要だからといって，クライエントに無断で個人情報を収集しようとしたり，クライエントに嫌な思いをさせたり傷つけたりするような姿勢では本末転倒である。また当然のことながら，収集した情報の扱いについても，非常に繊細な注意を要する。以上のとおり，その目的や求められる姿勢から考えても，適切な心理的アセスメントを展開するためには倫理や法を超えた規範への高い意識が必要となる。

　そこで本節ではまず，心理的アセスメントに必須となる法や倫理について，その概略を抜粋しながら触れておきたい。まずは公認心理師法より「秘密保持義務」を見てみる。この第41条に「公認心理師は，正当な理由がなく，その業務に関して知り得た人の秘密を漏らしてはならない。公認心理師でなくなった後においても，同様とする」と記されている。そのうえで第46条に「第41条の規定に違反した者は，一年以下の懲役又は三十万円以下の罰金に処する」という罰則も明文化されている。

　ちなみに刑法第134条には「医師，薬剤師，医薬品販売業者，助産師，弁護士，弁護人，公証人又はこれらの職にあった者が，正当な理由がないのに，その業務上取り扱ったことについて知り得た人の秘密を漏らしたときは，六カ月以下の懲役又は十万円以下の罰金に処する」との秘密漏示に関する罰則が記されている。守秘義務違反に対する罰則から見えてくる事柄として，この刑法に記される医師や弁護士に対してよりも，公認心理師に求められる「収集した情報の秘密を守る（守秘）」ことの重要性が格段に高い。心理的支援（臨床心理学的介入）の全般にわたって認識しておくべき法規定であるが，こと個人のさまざまな情報を多角的に収集するアセスメントに関わる事柄として，また，法を超えて常に念頭に置くべき規範として，認識しておきたい。

　（自傷他害の可能性が推察される場合などにおける「秘密保持義務」と「警告義務」や「保護義務」との関係性についても学習を深めておくべきである。）

　前述の法は，国家的強制力をもって定められる規範であり，最低限の基準である（日本心理研修センター，2018）。これに対して，特定の職業集団の行動規範かつ問題解決の指針になるものとして職業倫理がある。たとえば前述の「守秘」に関していえば，法的には本人（クライエント）にとって「隠すことに実質的利益のある事柄」が保護すべき秘密である。しかし心理専門職に求められる職業倫理的には，相手（クライエント）の信頼を裏切らないように秘密の価値にかかわらず秘密を守るという姿勢が必要である。

　職業倫理には，専門職として目指すべき最高水準の行動様式である理想追求倫理と，その職業集団内で共有される最低限の行動基準となる命令倫理がある。理想追求倫理に通じる一例として，日本心理臨床学会倫理綱領（2016（平成28）年3月27日改正版）の前文を抜粋してここに示す。

　「……臨床活動及び研究によって得られた知識と技能を人々の心の健康増進のために用いるよう努める……常に自らの専門的な臨床業務及びその研究が人々の生活に重大な影響を与えるものであるという社会的責任を自覚し……」

　このように理想追求倫理は専門家としての理念ともいえるものである。つまり各専門職者が有する信念，世情や文化的背景なども関連し得る規範であり，如何なる心理専門職者でありたいかを常に模索し続けることを要求されると捉えておくのが良さそうである。後述される心理検査を含めて心理的アセスメントに触れる機会がある以上，学習中の身であっても検査を受ける者への配慮，アセッサーとして如何なる自分でありたいかの熟考，その省察の上に成り立つ自身の信念，これらに反しない行為を心がける必要がある。

　命令型の職業倫理については，これに背く行為を行った場合にはその職業で働けなくなることすらあり得る（資格を剥奪され得る）レベルの規範である。心理的アセスメントでいうなら，たとえば先の日本心理臨床学会倫理綱領の規定に基づいて定められた倫理基準の第3条「査定技法」に明示される，説明と同意（インフォームド・コンセント），対象者への負担と援助に資する効能への配慮，説明責任（アカウンタビリティ），心理検査の普及等に対する慎重さ，の4項が参考になる。

　日本心理学会もまた，倫理規定内にアセスメント全般と心理検査（テスト）

表 3-3　心理的アセスメントの職務を遂行する際の倫理上の指針（日本心理学会倫理委員会編, 2011 をもとに抜粋・作成）

---

1. 適切なアセスメント方法の選択

心理テスト法, 観察法, 面接法, アンケート法などの多様なアセスメント法の特徴を十分に理解し, そのアセスメントの目的やアセスメント対象者の属性に応じて, もっとも適切と考えられる方法を選択する。

2. アセスメントの限界の理解

アセスメントの実施者は, 採用するアセスメント法について, 適用可能な状況や対象, その限界, 及び診断や予測の精度を十分に理解しておく。

3. アセスメントの乱用の禁止

アセスメントの実施者は, アセスメント対象者の人権を尊重し, アセスメントを強制したり, アセスメントの技法をみだりに使用したりすべきではない。また, アセスメントの結果が誤用ないし悪用されることのないようにしなければならない。

4. アセスメント法を使わない選択

アセスメントの実施が, 対象者の心身に不当に負担をかけるおそれがある場合, またはそのアセスメントが事例や問題の解決に寄与しないとみなされる場合には実施を控えなければならない。

5. インフォームド・コンセント

臨床実践のなかで心理テスト等のアセスメント技法を用いる場合, アセスメントの目的と利用の仕方について, アセスメント対象者にわかるように十分な説明を行い, 理解されたかどうかを確認した上で, 原則として, 文書で同意を得なければならない。アセスメント対象者が, 幼児・児童, あるいは認知・言語能力上の問題があるため説明が十分理解できない場合は, 保護者や後見人などの代諾者に十分な説明を行い, 原則として, 文書で代諾者から同意を得なければならない。

6. 結果の伝達

アセスメントの結果は, 依頼者またはアセスメント対象者に対してできるだけすみやかに, かつ適切に伝達する。アセスメントを受けた者は, 基本的には結果を知る権利があるといえるが, 臨床場面, 教育への応用場面, 選抜や採用の場面などにおいて, アセスメントの結果を直接アセスメント対象者に伝えることが望ましくない場合があるので注意が必要である。

注：日本心理学会倫理委員会編（2011）では, アセスメントに関する倫理上の指針として, 前半ではアセスメント全般にわたって, 後半ではテスト（心理検査）に関わる問題について記している。この表ではこのうち前半を整理してあり, 後半のテストに関わる諸問題に関する項目は以下のとおりである。
　7. テストの開発　8. テスト得点の標準化　9. テストの質の評価　10. テストの手引　11. テストの改訂　12. 障害児・者に対する配慮　13. テストの採点と解釈　14. テスト結果の臨床実践的応用　15. テスト結果の保管　16. テストの公平性

に関わる問題に対する16の指針を記している。細かく項立てしており専門家となる前の学習者にもわかりやすい。職業人でなくとも心理的アセスメントに触れる際には心がけておきたい倫理指針として表3-3へ抜粋して示した。いずれの学会が述べていることも突き詰めれば同内容であるが，次節以降での学びの前提として参照していただきたい。

2．生物－心理－社会モデル

　心理的アセスメントには病理面の評価も含まれるが，1節で述べたとおり個人や集団の全体像に関するより広く多層的な「見立て」が要求される。病理面の考え方や見方については，第2章1節「心の病理性」に詳しく記されているので参照していただきたい。ここでは多元的視点で支援を要する人々（クライエント）を理解するための枠組みとして，生物－心理－社会（Bio-Psycho-Social：BPS）モデルを紹介する（図3-2）。これは，支援を要する人々が有する問題の核心となる事柄につながるような関係性を，多面的かつ多層的に見いだし理解するための有効なツールとなる（日本心理研修センター，2018）。

　個人の症状や問題を考える際には，まずは生物的（生理的）なシステムを考慮する必要がある。身体的な症状は表れていないか，病気に至ってはいないか，もともとの基礎疾患や病気への脆弱性があるのかどうかといった身体面についての生物的な視点での状態把握である。これを怠ると，重大な疾患を見落としたり，病気を悪化させたりしてしまう危険すらある。続いて，生物的な状態による影響も加味しながら，心理的システムのレベルについて考える。認知や行動が歪められていないか，もともとの性格や知的レベルはどうかなどの視点である。これらの生物・心理システムと，社会システムとしての個人が置かれた環境との相互作用も忘れてはならない。職場や学校，家庭など，個人の状態を生み出している環境要因の可能性やその強度，生物・心理システムでの症状や反応が社会システムにおける人間関係を悪化させている可能性などを考慮する。

　以上の生物システムから社会システムにかけての多層的な状態把握（狭義のアセスメント）を踏まえて，支援の方針まで（見立て＝広義のアセスメント）

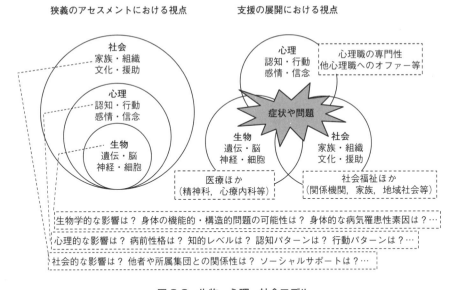

図 3-2　生物−心理−社会モデル
（田中・津田，2021 を改変：日本心理研修センター，2018 をもとに作成）

を決めることになる。この方針の決定や支援の展開にあたっては，医療・福祉など他の関係機関や地域社会，家族との連携と協働を重視するチームアプローチを基本とする。個人が有する症状や問題，悩みなどは，心だけでなく身体や社会的関係性といったさまざまなシステムから相互作用的に影響を受けつつ，また円環的にそれらのシステムに影響してもいる。

　心理システムにばかり目を向けることなく，心と身体を持った人間が社会という現実世界で生活していることを念頭に，生物−心理−社会モデルによって多元的にクライエントを理解する。そのうえで，各システムへ対応するのにもっとも相応しい諸機関及び他の専門職等との連携と協働を行いつつ多面的に支えることこそが，クライエントの心理的安定をはかることにつながる。

3.　心理面のアセスメントに活用する 4 つの水準

　心理的アセスメントにおいては，個人の心理面や行動面を多水準的に捉える

ことも重要である。言い換えれば，クライエントの心が生きている世界について，時間軸を超えてかつ表層から深層まで隈なく見つめようとする姿勢こそが，心理専門職者をその専門家たらしめているとすらいえる。これは臨床心理学の初学者にはわかりにくい表現かもしれない。一例として自分自身の心に当てはめて考えてみると，漠然とではあるもののイメージしやすくなると思われる。つまらない講義を受けている今を仮定したとき，自分の心はその物理的・客観的な授業場面に留まり続けているであろうか？

　当然のことながらその瞬間にその場（脳内）で動いている心ではある。しかし昨夜の楽しかった思い出や将来への不安に，心（意識）が向くことがある。またその瞬間の楽しさや不安，もとになったつまらなさは，漠然としてはっきり自覚（意識）できなかったりもする。科学的とは言い難い表現をしたが，このような時空と意識を超えがちな心の世界に目を向け続けることが，アセッサーとして求められる姿勢だと考えてほしい。岡堂（1993, 1998）は，生態システム論の視点で統合するに先んずる心理面・行動面に関する記述について，表層から深層までにわたる以下の4つの水準に分けて捉えることを推奨している。

①水準A：生活空間内の脈絡

　個人が客観的な現実世界で営んでいる生活の様子を捉える水準である。職場や学校，家庭や地域社会において，その個人が有する公然の立場や身分などの役割を記述する。その個人にとって重要な動植物や持ち物，より広く家屋敷や土地，居住地域やその地域の文化固有的特徴も，その者がどのように生きるかを決定づける文脈として必要であれば記すことになる。そういった生活空間内でのありようについて，その者自身がいかに捉えているかという視点も重要である。ときには，その個人の生きざまを知る親や教師，友人などといった重要な他者からの情報，そういった他者による本人の姿に対する評価と本人自身が捉えている姿との具体的な一致・不一致も大切な記述になる。

②水準B：生活史上のエピソード

　生育歴として記されることも多い。今現在の生活を営む個人であるが，その

現在時点での生きざまや認識などへは生まれてから今に至るまでの個人史が必ず影響している。個人史を理解するために家族や親類縁者の歴史へ目を向けるべき場合もあり得よう。個人を取り巻くこういった生活史での主要エピソードを把握することは，心理的アセスメントの有効な展開を促すことにつながることが多い。

　特に未解決の心理的課題が残留する固着点などに注目する精神力動論モデルでは，その依って立つ理論モデルがゆえに生活史を重視したアセスメントが行われる。岡堂（1993, 1998）は「その他（精神力動論以外）の理論モデルは，現在に力点を置くので，むしろ生活史に触れないほうがよいとの立場」と記しているが，これを精神力動論モデル以外に依って立つ場合には生活史上のエピソードを把握しないと解することは誤りだと思われる。あくまでもその情報の収集方法や支援への生かし方，注目する視点が異なるというのみである。

　たとえば，精神力動論モデルに従うとリビドー（性愛エネルギー）の固着点と関連づける特定の生活史上のエピソードを，行動論モデルでは不適応的な行動パターンを学習する経験のはじまりと見るかもしれない。このような行動論モデルで捉えると，そのエピソードについてアセッサーが尋ねることは不快な記憶のリハーサルとなり不健康的な状態を強化してしまうと捉えることもありえる。また，そのエピソードにまつわる記憶に対する今の捉え方や思考に焦点化して，認知修正を作業仮説として見立てることもある。要は心理的アセスメントの目的と倫理を忘れず，クライエントを傷つけない姿勢でこの水準Bを把握して記述することが重要ということである。

③水準 C：意識的な自己像

　フロイトの局所論を思い出してほしい（図3-3）。水準 C は，アセスメントを受ける者が自分自身で捉えている意識的な自己像である。その者自身が気づき知っている自分の心のありようともいえる。面接場面でのクライエント自身による自分はいかなる者なのかという自己像に関する語りから捉えて記述することになる。本章4節に詳述されるが，心理検査でいえば質問紙法による検査で主に把握される水準である。

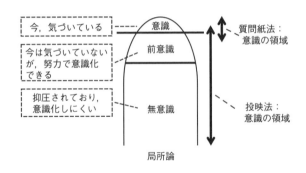

図 3-3　意識のレベルと心理検査の種類（田中，2017 を改変）

　この水準については，面接であれ検査であれ，クライエント自身は気づいているがそのままに表現しない自己像がある可能性もある。特にアセッサーとの十分に良好な関係性が構築されていない際には，社会的に望ましいとされたりクライエントが好ましいと感じたりしている自己像を表現するかもしれない。または心理的，経済的や社会的な支援を期待して，意識しているよりも病的であったり反社会的または非社会的であったりといった様相を示そうとするかもしれない。隠そうとする自己像もあり得る。

　意識的な自己像を歪めたり隠したりする表現に対して，それを単に正したり明らかにしたりすることは適切な対応とはいえない。そのように表現するクライエントにとっての意味を考えたり，アセッサーとの関係性を再考したりする姿勢が要求される。

④水準 D：私的象徴的なコミュニケーション

　クライエント自身が気づきに至っていない前意識から無意識にかけたレベルの心のありように関する情報である。面接内で，直接的に語られる自己像とは別に象徴化されたり身体化されたりして表現されることがある。言語情報とは矛盾する非言語情報として観察されることもある。心理検査では，投映法検査（検査といわず技法ということもある；次節参照）によって把握が可能とされる。

　特に精神力動論モデルに準拠するアセッサーは，この水準の情報を重視する。

他の理論モデルでは，この水準を心理的アセスメントに有用な情報と捉えないこともあるが，この私的象徴的な深層の心の状態を推測して記述したほうが理解または整理しやすいクライエントの状態像も多い。アセッサー自身及び連携・協働する他職種者や機関にとっての必要性も考慮しながら，把握・記述するのがよさそうである。

● おわりに

全人的にクライエントを見立てて適切な支援へと結ぶために必要な，心理的アセスメントに有用な情報の視点を記してきた。より具体的に印象や主訴などの情報をいかに統合しながら，どのように解釈したり報告するのかは，本章5節に詳述される。本節では，多面的・多水準的にアセスメントする必要性と視点を学習した。水準Bの箇所で若干触れたが，心理的アセスメントの目的と倫理を常に念頭に置く姿勢は，水準Aから水準Dまでの記述をする際にも重要である。もちろんのこと，生物，心理，社会のいずれを見るに際してもまた然りである。アセッサーとしての自分自身の力量と支援者としての力量とについて双方向的な視点を持ちながら常に見つめ続け，どこまで踏み込んだ情報収集を行うか論考することも必要であろう。この意識をしっかり持ったうえで，次節以降の諸手法等を学んでいただきたい。

3節　心理的アセスメントの諸手法

1. 構造化の観点で見た心理的アセスメントの諸手法

心理的アセスメントは個人を全人的に，もしくは集団を総体的に見立てることであるため，心理面接や観察，心理検査等，幅広い手法を通じて行われる営

みとなる。従来これらの手法はそれぞれに捉えられることが多く，このためその整理や分類も面接なら面接法のなかで，観察ならば観察法のなかでというようになされることが多かった。これでは面接，観察，検査といったそれぞれの諸手法の詳細を整理することは可能であるものの，心理的アセスメントを全体的に俯瞰することができない。

　丹野ら（2018）はさまざまなアセスメントの特徴とその各種技法をそれぞれに構造化の観点から分類し，心理的アセスメントの諸手法を総合的に把握することを可能にしている。構造化の程度，つまりアセッサーによる取り扱いやアセッシー（被査定者＝査定を受ける者）の反応の仕方に関する自由度のなさを，高い順に質問紙法，構造化面接法，半構造化面接法，非構造化面接法の４つに分類する捉え方である。表3-4に構造化の程度による特徴と上記４分類ごとの各種技法の代表例を統合して示した。横軸に構造化の程度を示し，心理的アセスメント諸手法の特徴と査定内容の諸側面を縦軸に表している。

　構造化の程度が高い手法ほど具体的かつ決められた刺激が提示されることとなり，マニュアルに沿って実施や解釈を進めることで初心のアセッサーにとっても用いやすい。査定結果（検査結果）の判定や解釈に査定する者の主観が入る余地が少なく（無く），客観性が高い。しかしながらこういった手法は個人に関する限定的な一面を把握できるに留まり，事前にどういった内容について査定（検査）する必要があるのかを想定したり，見立てに関する一定程度の仮説を立てたりしておく必要がある。またその手法（検査）で把握する事柄を被査定者が推測しやすく，意図的に反応が歪められたり警戒心を抱かれたりしやすいという特徴もある。

　他方で構造化の程度が低い手法ほど，その高い練度が必要になる。その実施にマニュアル化不可能な事柄が多くなり，アセッサーの技量とともに人間性や２節で記した倫理観までもが査定結果や解釈を左右することすらある。構造化されない手法ほど個人を全人的に把握しやすくなるが，その把握した内容の根底にアセッサーの主観が入り込んでいることを常に意識しておく必要がある。職人技的な要素もあり，客観性や科学的根拠への批判に曝されることも少なくない記し方ではあるが，熟練したアセッサーの直観やアセッシーとの関係性の

表 3-4　構造化の程度による心理的アセスメントの分類（丹野ら，2018 をもとに抜粋，統合して作成）

	非構造化面接法	半構造化面接法	構造化面接法	質問紙法
構造化の程度	低 ◄────────────────► 高			
特徴				
刺激	構造化されない刺激（インクしみ等）◄────►		具体的な刺激（言語的質問項目）	
査定の意図	見抜かれにくい ◄────►		見抜かれやすい	
反応方法	自由に被査定者の言葉で ◄────►		限られた選択肢（被査定者の自由度低）	
質問の用語・順序	査定者の自由 ◄────►		質問票に従う（査定者の自由度低）	
査定者の主観	主観が結果を左右 ◄────►		主観の入る余地少ない	
性格の把握法	全体的に把握 ◄────►		分解的に把握	
解釈の専門的訓練	熟練必要 ◄────►		熟練要せず	
情報量	豊富で幅広い ◄────►		質問以外の情報なし	
結果の客観性（信頼性）	高くない ◄────►		高い	
適合性	探索的研究（仮説の形成に向く）◄────►		確認的研究（仮説の検証に向く）	
機能	発見的機能 ◄────►		確認的機能	

査定内容別代表例				
精神症状	自由面接法	投影法（ロールシャッハ技法）（TAT，SCT，描画）	診断面接基準，症状評価尺度（BPRS，MMSE）	症状評価質問紙（MMPI）（MAS，BDI，EDI）
パーソナリティ障害			パーソナリティ障害面接基準（SCID-Ⅱ）	パーソナリティ障害質問紙（MCMI）
認知の偏り	自由観察法		自由再生法，実験法	認知の偏り質問紙（DAS）
行動特徴	査定的面接	探索的半構造化面接	行動観察法，評定尺度法（BOS）	行動特徴の質問紙
知的能力			個別式知能検査，作業検査	集団式知能検査
性格	診断的面接		面接による性格評価（AAI）	質問紙法性格検査（NEO-PI-R，YG）
その他			その他の面接法	その他の質問紙

注：TAT＝Thematic Apperception Test, SCT＝Sentence Completion Test, BPRS＝Brief Psychiatric Rating Scale, MMSE＝Mini-Mental State Examination, SCID-Ⅱ＝Structured Clinical Interview for DSM-Ⅳ Axis Ⅱ Personality Disorder, BOS＝Behavioral Observation Scales, AAI＝Adult Attachment Interview, MMPI＝Minnesota Multiphasic Personality Inventory, MAS＝Manifest Anxiety Scale, BDI＝The Beck Depression Inventory, EDI＝Eating Disorder Inventory, MCMI＝The Millon Clinical Multiaxial Inventory, DAS＝Dysfunctional Attitude Scale, NEO-PI-R＝Revised NEO Personality Inventory, YG＝ Yatabe-Guilford Personality Test.

なかで生じる主観的な情報は，全人的な見立てを行う際に有用だと考えられている。

　心理的アセスメントの諸手法を構造化の観点で分類しながら総合的に捉えておくことにより，アセッサー自身の能力やアセスメントの実施環境，そしてアセッシーへの負担などに応じて，どういった技法を適用するのがよいか考慮しやすくなる。また広義の心理的アセスメントと心理的支援における円環的な連続性のなかで，全人的に見立てるための探索的な段階なのか確認的な段階なのか，その両方を組み合わせるのがよい状況なのかを考える参考にもなる。さらに，確認的側面を重視するのであれば，どういった内容についてアセスメントすべきなのかや，その組み合わせ（テスト・バッテリー）を検討するうえでも，表3-4のような複合的な視点が役立つ。

2. 面接法

　心理的アセスメントと心理的支援との円環的連続性を考えれば（図3-1），支援の提供に用いられる面接がアセスメントにおいても最も多用される方法であることを理解できる。この一連の営みはクライエント（心理に関する支援を要する者）との出会いから終結まで継続的に行われるが，最もアセスメントという色合い（狭義のアセスメント；情報収集・情報の分析）が強いのは，インテーク面接やアセスメント面接の際であろう。

　インテーク面接では，クライエントが何に困っているのか，その困りごとはどこから生じているのか（前節の水準Aから水準D），その困りごとを何とかしたいという意欲はどの程度などか，などの情報を収集する。そのうえで，その情報を分析して支援者が勤務する機関でそのクライエントを支援することが可能であるか，可能だとしてもその機関で引き受けるのが真に適切であるのかといった判断をする。インテーク面接とほぼ同義に扱われるものとして，はじめての出会いという意味を強調した初回面接の語もある。いずれにせよ，必要な情報収集を行いつつクライエントとの信頼関係を構築するという，その後の心理的支援の方向性や成否を大きく左右する場面である。

　心理的支援を展開する実際の場では，初回のインテーク面接のみでその後の継続的支援に必要十分なすべての情報が得られないこともある。むしろクライエントとの関係性の構築を主として，言語的な情報収集は最低限にとどめるという判断もあり得よう（この場合にも次項に記す観察やクライエントの自由な語りから得られる情報の収集は怠らない）。

　心理的支援の実際の場で採用されることはまずないが，一例として，質問する事柄も回答の仕方（選択肢）も限定された構造化面接や，多少の自由度を持ちつつも聞くべき内容を時間内に尋ねようとする半構造化面接をインテーク面接の場へ導入したとする。これらの面接法であれば時間内に必要情報を網羅して尋ねることもできようが，信頼できる関係性を結ぶことは難しくなる。打ちひしがれて言葉を発することが難しかったり，強い混乱で伝え方がわからなかったり，逆に「とにかく聞いて！」と怒りや悲しみを途切れることなく伝えようとしていたり，というクライエントの様子は稀でない。このような際に，無理に話させようとしたり，何度も遮って面接者側が必要と考えることばかりを質問したりしたのでは，クライエントはその機関を二度と訪れないばかりか，心理的支援全般への誤解を生みそうである。

　上述の状況も含めたさまざまな事情により，継続的な支援の方向性を見いだすために，複数回のアセスメント面接（査定面接）を行うことがある。インテーク面接だけでは狭義のアセスメントが不十分という場合に，これが考慮される。ただしこれがあまりにも多回になることは，方針が不明瞭なままの面接が繰り返されることとなり，クライエントの心身や金銭的な負担を増やすことになってしまうことを忘れてはならない。面接を繰り返すことそのものが関係性の構築や支援の一端ともなり得るため，インテークを超えたアセスメント面接を経てその機関で引き受けることができないとなった場合には，「見捨てられた」というクライエントの思いを強めてしまうこともあり得よう。インテーク面接とアセスメント面接のいずれにしても，心理的支援の専門家には，情報収集と方針の決定及び信頼関係や来談意欲の醸成といった専門的な営みを同時的になすためのバランス感覚が強く求められることになる。

3. 面接内での観察の難しさ

　心理学全般もしくは心理学研究における観察法とは，文字どおり観察によって人間（または動物など）の行動を目で見て何かを明らかにしようとする営みである。客観性が重視され，見たことを適切な方法で記録・分析して，その結果としていえることを他者へ説得的に示すことが前提となる（小島，2017）。しかしながら心理的支援の実際では，この客観性を重視すればするほど見えなくなったり見えても役立つ支援につながらなくなったりすることがある。このことを理解するために，サリヴァン（Sullivan, H. S.）による「関与しながらの観察（participant observation）」の概念を取り上げる。

　関与しながらの観察は，あらゆる面接において面接者が行う仕事に関わっている（斎藤，2000）。つまり本来的にこの概念は，面接者のありよう，もしくは心理療法や精神医学における精神療法の方法論というべきものである。関与（介入や支援などの関わり）するからこそ十分な観察（相手の詳細を捉えて深く理解すること）が可能となり，その観察内容が関与のありようへ影響を与える。ここまでに記してきた心理的アセスメントと心理的支援との円環的連続性を，今ここでの面接のなかで即時同時的に展開する様相と捉えてよい。各回単回の面接が，ひいては心理的支援の全体が，有意味なものになるか否かが，この関与しながらの観察の機微にかかっているとすらいえる。

　この心理的支援（心理臨床的行為）の深みについて，本書で詳述することは難しい。そこで本項の目的に照らして，関与しながらの観察における観察対象は何かということに限定して記す。前述のとおり，心理的支援の実際においては，面接者（支援者）が被支援者との関係性のなかでいかに在り，何を為しているかということが（被支援者がいかに在り，何を為すかも含みながら）観察されるものを左右する。そこで面接者（支援者）は，目の前に存在する他者（支援を要する者）を観察しつつ，その観察を行っている自らがいかにその場に在るかを常に見つめている必要がある（図3-4）。また二者以上がその場に存在する限り，どちらか一方から他方への影響性が存在するだけということはあり得ず，相互の関係性も観察しなければならない。さらに観察している自らが純粋

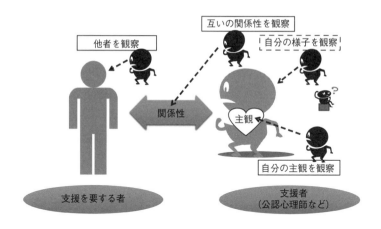

図 3-4　関与しながらの観察における観察対象のイメージ

かつ平等に捉えることが可能な心の状態にあるか，自らの主観を観察し続ける
ことも重要である。

　日常を例に取り，「友人が今日は冷たい」と感じたとしよう。友人が目を合
わせてくれない（その回数が少ない）や発する言葉が少ないなどは，他者を客
観的に観察する視点である。ただし，本当に「冷たい」のであろうか？ 自ら
に何らかの引け目があり，常日頃と同一の行動を示している友人を冷たいと感
じてしまってはいないだろうか（自分の主観を観察）。その引け目のせいで自
らの言動が普段と異なっており（自分のようすを観察），それゆえに互いに遠
慮し合うようなやり取りが生じていないだろうか（互いの関係性を観察）。こ
れらのすべてについて，第三者的に客観的な観察を行うことは不可能であろう。
さらにいえば，第三者的になろうとすればするほど，その場での友人と自分と
の関係性はぎこちないものになってしまうはずである。

　面接場面での二者関係を重視しながら第三者的な視点も持ち続けること，自
らの主観で感じる事柄を大切にしながらもその主観を客観的な視点を導入しつ
つ俯瞰し続けること，心理的支援の実際ではこの矛盾ですらある視野を持ちな
がらその場に在る姿勢が求められる。心理的アセスメントの意義ある展開のた
めに，次節に記される構造化の程度が高い諸手法の前提としても，この姿勢の

必要性を頭の片隅に留めておきたい。

4. 観察法

　観察法は，自然的観察と実験的観察に大別できる。自然的観察では，何の条件設定もせず，対象者の日常場面で起こる行動を記録する。言い換えれば，観察者は行動の発生に操作を加えない。他方，実験的観察では，対象者の環境をコントロールしながら観察する。観察者が捉えようとする行動が発生しやすい状況を設定し，状況と行動の因果関係を見いだそうとする。

　自然的観察であれば，自然な状況下での自発的な行動を観察対象とするため，生態学的妥当性は高くなる。しかしながら交絡変数の統制ができず，観察結果に基づく因果関係の言及は不可能であることや，同一状況を繰り返すことが困難であること，また観察していることを悟られて行動が消失してしまうことなどの問題もある。これらの問題に対して実験的観察では，観察者が統制した状況下での行動を観察することになるため，交絡変数の統制もある程度は可能になる。しかし対象者がその統制環境に不慣れな場合に，目的とする自然な行動が生じなくなったり，観察されていることを悟りやすくなり行動に影響するなどの問題がある。

　自然的観察と実験的観察とのいずれを採用するかについては，目的行動の種類や頻度，研究目的（支援の方向性），倫理などを考慮して決定する。たとえば行動療法における機能分析では，症状もしくは問題と目される行動を生起させたり維持させたりする環境（刺激）を検討したり，反対に行動が環境（刺激）に与える効果を見いだそうとしたりする。このとき，目的行動の種類（症状）が著しく心身への悪影響と直結する場合，その行動生起が予測される環境（刺激）を意図的に設定するような実験的観察は不適切であろう。目的行動の前後で何があったかを面接によって対象者（支援を要する者）から詳細に聞き取ることや，対象者の身近な人（支援を要する者の関係者）に機能分析への協力を求めて間接的な自然観察を考慮することが選択肢になりそうである。

　観察法については，観察者の対象者への関わりの程度の観点から参加（参

与）観察法と非参加（非参与）観察法に分類することもある。またどういった
タイミングで観て（観察方法），どのように記録するのか（記録方法），記録し
た行動をいかに分析するのか（分析方法）についても，さまざまな方法がある。
これらは心理学研究全般における方法論の枠組みで論じられることが多いため，
研究法などの別書で学びを深めていただきたい。

● おわりに

　心理的アセスメントと心理的支援における円環的な連続性，またその援助全
体への意義を忘れないためにも，表 3-4 に示した構造化の観点で見る心理的ア
セスメント全体の枠組みのイメージを有しておきたい。面接，観察，検査とい
った技術論に先んじて，査定者（支援者でもある）がどのようにその場に在り
ながら，何をどの水準まで把握しようとするのか，その把握した事柄を支援者
としていかに在り，為すことへとつなげるのか，こういった熟慮が重要である。
次節で学ぶ心理検査法は，面接や観察に比べると構造化の程度が高いものが多
く，技術習得の達成を企図する初学者が多くなりがちである。「検査者」では
なく，心理的支援の遂行を目的とした「心理的アセスメント」を行う心理専門
職者を目指す際には，本節での学びを振り返っていただきたい。

4 節　心理検査の種類

1. 心理検査の分類：なぜ分類を知る必要があるのか

　前節で記された観察法や面接法と並び，対象となるクライエントの福祉に資
するための心理的アセスメントの一翼を担うものとして心理検査法がある。こ
の心理検査とは，構造化がある程度なされた道具と環境のなかでの刺激に対し，

クライエントの反応を記述し整理することで，クライエントの心理について理解する過程を指す。各心理検査の実施法などの詳細は他書に譲り，本節では心理検査の分類を見ていくことにする。

　心理検査にはさまざまなものがあるが，その分類法もいろいろである。クライエントへの適切な援助のために心理検査を実施するとき，手もとにある複数の心理検査のなかから目的に適ったものを選ばなければならない。そのためには，それぞれの心理検査について熟知する必要があるだけでなく，他の心理検査との共通点と相違点を理解しておく必要もある。たとえば，それぞれの発達検査が，発達のどのような側面を検査しているのかを知らなければ，目的とする点を検査できる発達検査を選ぶことができない。また，その発達検査の適用年齢範囲を知ることで，長期的間欠的に発達検査の実施が予定されていたり，経時的な比較を予定していたりする場合に，適用年齢範囲の広い検査を選ぶほうがよいかもしれないといった判断ができる。

　このようにクライエントの理解のために最適な心理検査を選ぶためには，各心理検査について精通するのみならず，さまざまな心理検査の特徴をある程度相対的に理解しておくことが重要である。以降でいくつかの視点から分類方法を示しつつ，その分類に基づく各心理検査の特徴を整理する。

2．測定方法による分類

まずは心理検査の検査方法（刺激の提示方法や回答方法）による分類がある。

①質問紙法：質問項目に「はい」「いいえ」などで答え，集計により検査結果を導き出す。
②投映法：ある刺激に対し，連想したり，ある枠組みに則って想像したり，物語や文章の空白を想像して埋めたり，好き・嫌いなどに分けたり，ごくわずかな刺激で表現したりすることで，その人のパーソナリティを検査する。
③作業検査法：何かの作業を行うことで，その過程や結果からパーソナリテ

ィを検査する。

　一般的に質問紙法は回答を選択することで検査が終了することが多く，クライエントにとって心理的負担は軽減されているが，回答の自由度は限られている。それに対し，投映法や作業検査法は回答や反応の自由度は増すが，どこまで自由にするかはクライエントに委ねられ，自由に回答できるという体験になる人もいれば，不安や負担に感じる人もいる。

　刺激提示の方法の違いを熟知することは，自由度と負担感の他に，自我の統制や体調などを考慮するときに役立つ。質問紙法は，その多くが質問意図をクライエントが意識しやすく，回答に際して，内省し，自我が行為を判断し選択，統制している。投映法や作業検査法も同じく自我が回答という行為を判断し選択しているが，自我の関与の度合いや関与のプロセスも分析・解釈の対象となることが多い。作業を伴う検査法の場合，他の検査法以上に体調や身体的な制限の影響を受ける。質問紙法の場合は，読字などの言語による影響も大きい。

3.　測定内容による分類

　心理検査で，心のどの側面を測定するのかによって大別すると，①発達・知能検査，②パーソナリティ検査，③神経心理学的検査，④特定の心理状態に関する検査，の4つがある。

(1)　発達の状態や知能の側面を検査する発達検査・知能検査

　表3-5に代表的な発達検査と知能検査，及び各検査の特徴を表すキーワードを示した。それぞれの発達・知能検査は，それぞれの研究者や開発者によって「発達」もしくは「知能」が定義され，その概念に従って測定するように作られている。たとえば，日本版KABC-IIは，継時／同時処理や計画，学習といった側面と習得といった側面，及び長期・短期記憶や視覚処理，知識，読み書き，流動性知能と結晶性知能といった発達・知能のモデルに応じ検査項目が整えられている。新版K式発達検査は，さまざまな発達・知能検査の問題点を

表 3-5 主な発達・知能検査とそのキーワード

心理検査名	キーワード
・日本版 KABC-II（Kaufman Assessment Battery for Children Second Edition）	認知処理過程，学習能力，計画能力
・新版 K 式発達検査	姿勢・運動，認知・適応，言語・社会
・WAIS-IV: ウェクスラー式成人知能検査（Wechsler Adult Intelligence Scale-Fourth Edition） ・WISC-IV: ウェクスラー式児童知能検査（Wechsler Intelligence Scale for Children-Fourth Edition）	15 の下位検査，全検査 IQ，言語理解指標，知覚推理指標，ワーキングメモリー指標，処理速度指標
・グッドイナフ人物画知能検査（Draw a Man test：DAM）	人物画
・津守・稲毛式乳幼児精神発達診断法や遠城寺式乳幼児精神発達検査	養育者に聴取
・コース立方体組み合わせテスト（Kohs Block Design Test） ・日本版レーヴン色彩マトリックス検査（Japanese Raven's Coloured Progressive Matrices）	文字を極力介さない

改善することを通して作成された検査であり，幼児の姿勢・運動を観察する項目など一部身体の発達と心の発達との関連をみる発達観を用いている。クライエントの発達・知能をそのまま測定しているのではなく，各心理検査によって規定された発達や知能を検査していることを忘れてはならない。

(2) 対人関係や思考過程，自我状態などを検査するパーソナリティ検査

　パーソナリティの心理検査も発達・知能検査と同様に，パーソナリティをどのように考え，どのような部分を検査するのか，心理検査の開発者によって規定され，測定される。クライエントの主訴なり，心理検査依頼者側のニーズなりを考慮し，パーソナリティのどの側面をアセスメントするのかにより使用する心理検査は変わってくる。主なパーソナリティ検査について，表3-6を参照してほしい。

　新版 TEG-3 は交流分析の理論に基づいており，主要5因子性格検査はビック・ファイブのモデルをもとに作成され，P-F スタディはフラストレーション場面

表3-6　主なパーソナリティ検査とそのキーワード

心理検査名	キーワード	刺激や方法
質問紙法		
・新版 TEG-3 東大式エゴグラム（Tokyo University Egogram-New Ver.3）	交流分析 5つの自我状態	短文項目 複数選択肢
・主要5因子性格検査	ビック・ファイブ	短文項目 複数選択肢
投映法		
・主題統覚検査（Thematic Apperception Test：TAT）	構成	刺激図版，物語作成
・風景構成法	構成	項目（アイテム），風景画
・ロールシャッハ法	連想	あいまいな図版 知覚の過程
・言語連想法	連想	言語的刺激，連想
・SCT（精研式 文章完成法テスト：sentence-completion test）	完成	未完成の文
・絵画欲求不満テスト（Picture Frustration Study：P-Fスタディ）	フラストレーション	吹き出しに書き込む
・ソンディ・テスト（Szondi Test）	選択・配列	数枚の人物の写真，好き・嫌いに分別
・バウム・テスト（Baum Test）	表現	描画過程と結果
作業検査法		
・内田クレペリン検査	数字を用いた用紙 作業過程と結果	

における反応を攻撃性の方向と型で分類し，パーソナリティを捉えようとする。このように，それぞれのパーソナリティ検査は捉えようとしている側面やパーソナリティ観・理論が異なっている。また，同じ心理検査を用いても，仮定する理論によって解釈の過程でパーソナリティの捉え方が変わる場合もある。ロールシャッハ法では，精神分析的な理論を背景に自我機能を解釈することもあれば，研究のメタ分析によるデータを基盤においたり，知覚の体験過程に重きをおいたりする解釈方法もある。このようにパーソナリティを心理検査によって測定しようとする際に，各心理検査の背景や捉えようとするパーソナリティについて理解し，検査法を選択することが大切である。

(3) 主に大脳など中枢神経と行動上の関連を検査する神経心理学的検査

　大脳などの中枢神経と行動の関連から，思考・理解，計算，見当識，運動スキル・情報処理速度，学習や記憶，注意や作業記憶，遂行機能，視空間認知，言語機能（聞く，話す，読む，書く）などを検査する神経心理学的検査がある（表3-7）。神経心理学的検査では，加齢や，頭部外傷，先天的な脳・中枢神経系の疾患などで生じる心理状態のなかで，特に認知機能に関連する側面を検査する。知能検査のところで紹介した検査は，中枢神経系との関連もあり，WAIS-IVなどは神経心理学的検査として用いられることもある。

　特定の神経心理を測定する各神経心理学的検査について，その内容を熟知するべきである。それとともに，神経心理学的な問題は，そのほとんどが高次脳機能といわれるように測定項目のみを測定しているとは言い難く，他の心理検査法との差異のみならず，関連についても学習が求められる。

(4) 特定の心理状態の検査

　抑うつ状態や不安，気分，失語症，職業適性など，特定の心理状態を検査するものがある（表3-8）。上述の心理検査に比べ，特定の心理状態に焦点を絞っているため，使用目的からこの特定の心理状態を把握するための心理検査を選

表3-7　主な神経心理学的検査とそのキーワード

心理検査名	キーワード
・精神状態短時間検査−日本版（MMSE-J：Mini-mental State Examination-Japanese）	全般的，認知症
・前頭葉機能検査（評価バッテリー）（Frontal Assessment Battery：FAB）	前頭葉機能
・リバーミード行動記憶検査（Rivermead Behavioural Memory Test：RMBT）	記憶
・ウェクスラー記憶検査（Wecheler Memory Scale-Reviced：WMS-R）	一般的記憶と注意／集中力
・TMT-J（Trail Making Test 日本版）	注意や精神運動速度
・標準注意検査法（CAT）・標準意欲評価法（CAS）	注意，意欲，CD-ROM 使用

表 3-8　主な特定の心理状態の検査とそのキーワード

心理検査名	キーワード
・ うつ病（抑うつ状態）自己評価尺度（The Center for Epidemiologic Studies Depression Scale）	
・ 自己評価尺度うつ性（Self-rating Depression Scale）	抑うつ状態
・ 日本版 BDI-II ベック抑うつ質問票（Beck Depression Inventory-Second Edition）	
・ 新版 STAI 状態 - 特性不安検査（State-Trait Anxiety Inventory-JYZ）	不安
・ 顕在性不安尺度（Manifest Anxiety Scale：MAS）	
・ POMS2 日本語版（Profile of Mood States 2nd Edition：POMS2）	気分
・ SLTA 標準失語症検査（Standard Language Test of Aphasia）	失語症
・ WAB 失語症検査日本版（Western Aphasia Battery）	

　ぶことは容易である。しかし，心理的アセスメントの目的が十分に検討され明確になっていない場合は，特定の心理状態の把握とともに他の影響を考慮できるような心理検査と組み合わせて用いることも必要であろう。

　上述した分類方法の他に，医療領域では診療報酬の分類として，発達及び知能検査，人格検査，認知機能検査その他の心理検査に分類される。それぞれに，心理検査及び結果の処理に概ね 40 分以上を要する操作が容易なもの，概ね 1 時間以上を要する操作が複雑なもの，1 時間 30 分以上要する操作と処理が極めて複雑なものという分類もある。

4.　心理検査実施にまつわる留意事項

(1)　心理検査状況

　刺激に対する反応を記述して整理するという点では，どの心理検査も被検者の人となりやありようを見ているといえる。心理検査では，検査者も含む環境が刺激であり，その反応である結果は，おのずと検査状況に左右される点に留意する必要がある。よって，心理検査実施前や実施中には，各心理検査法に精通することに加えて，実施時や実施所要時間，実施場所などの環境，検査者と

しての態度などをどのように整えるか，目的と対象に応じて考える必要がある。また，心理検査の結果には，そのような検査状況が影響していることを考慮することも必要である。

(2) テスト・バッテリー

　いろいろな側面を持つ心について，それぞれの心理検査は心のどこかに焦点を当てている。単一の心理検査を実施することで目的を達成することもあるが，多くの場合，包括的な心理的アセスメントのために，複数の側面を検査することが求められる。このような際に，いくつかの心理検査を組み合わせて実施することを，テスト・バッテリーを組むという。

　目的に応じて心理検査を組み合わせる場合，いくつか気をつける点がある。まず，クライエントにとって時間的に負担になっていないか，疲れたりしないかなど，被検者サイドに立った配慮が必要である。また，心理検査を組み合わせるとき，一つの心理検査では足りない側面を他の心理検査で補うといった心理検査の特性についての理解が必要である。前述のように何を測定しているのか，どのような方法で測定しているのかといった両面から各心理検査を理解し，組み合わせを考えることが一般的である。

　次に，テスト・バッテリーを組んだ際には，それぞれの心理検査結果をただつなぎ合わせればよいわけではない。各心理検査は，妥当性や整合性，信頼性などを検証されたものであるが，その結果を総合的に所見としてまとめる作業には，心理検査を行う者の力量が問われる。各心理検査が妥当性，信頼性を担保していても，テスト・バッテリーを組んだ場合，その結果の解釈過程には，心理検査を行った者によって信頼性や妥当性を維持したり，損なったりする可能性が生じる。

(3) 習得・研修

　心理検査ではある程度標準化された道具を用いるが，その基盤には面接法や観察法がある。コーチン（Korchin, 1976）は，臨床心理学を「臨床的態度，つまり心理的に苦しんでいる個人を理解し援助することへの関心によって，最

もはっきり定義される」とし，「そもそもアセスメントと治療を区別すること自体が人為的なものであり，両者が，基本的に同一の基本的関係のなかで生起し，かつ本質的に同一のコミュニケーションと理解の過程を含む援助過程の継続的諸段階であることを示している」と述べている。つまり本章の1節から記されているとおり，心理検査も心理的な援助と同一の援助過程であることを忘れてはならない。それぞれの心理検査結果を心のさまざまな側面を捉えたものとして記述するだけでなく，一個の生きた人間の心をダイナミックに記述できるよう，心理検査結果を総合的，論理的に構成する知識が必要である。

　よって心理検査の研修には，心理検査の手法に加え観察法や面接法の訓練も含まれることに留意されたい。心理検査も援助課程の一環である以上，心理療法やカウンセリングと同様に，学習と訓練が必要である。それぞれの心理検査の実施法を学ぶのみならず，利用方法や結果のまとめ方，直接的・間接的に伝える方法などクライエントの援助の一環として，研修とスーパーヴィジョンが大切である。

● おわりに

　心理検査は，観察法，面接法と並び，心理的アセスメントの一つであり，心理的支援と同一のコミュニケーションと理解の過程を含む援助過程の一つである。心理検査ですべてが理解できるものではない。しかし，何を測定するのか，どのような方法で測定するのかなどの分類を理解しながら，それぞれの心理検査について知識と訓練を積むことで，より多面的，総合的なクライエント理解を行えることにつながる。

5節　心理的アセスメントにおける包括的な解釈と報告

1. 実施前の準備

　心理的アセスメントは，クライエント（ときに組織などの集団）について，何らかの介入や対処などの判断を下す際に，必要な情報を得るプロセスである。その情報は，日常的・インフォーマルな方法や，臨床的な面接，心理検査などフォーマルな方法によって集められる。包括的な解釈と適切な報告をするためには，心理的アセスメントの依頼者がいる場合，依頼者の意図や動機を確認し，心理的アセスメントの目的をある程度明確にしておく必要がある。依頼者が心理的アセスメントを受ける人の場合であっても他の職種であっても，依頼者の意図を十分に理解し，心理的アセスメントの是非や方法を選んではじめて適切な報告ができるのである。また対象となるクライエントへの説明や同意について誰が行うのかなどの打ち合わせも必要であろう。意図の確認，説明と同意，アセスメント方法の選定，そして実施を適切に行ってはじめて臨床心理学的な解釈を行える。

2. 解釈の過程

(1) 心理的アセスメントの情報と実施者の体験

　心理的アセスメントの過程で得られた観察と面接のデータ，心理検査データを，実際的・臨床的な判断のための情報に生成していく過程が解釈と報告である。心理的アセスメントのなかで心理検査は，統計的もしくは事例を集積した経験的な信頼性と妥当性が担保されているが，解釈や報告を行う実施者がその作業を正確かつ誠実に行わなければ心理検査自体の信頼性や妥当性が意味をなさなくなる。ただし心理検査を含む心理的アセスメントは，実施者の主観をまったく排除する営為ではない。心理的アセスメントで得られたデータと実施者

Column ⑤

臨床心理学における統計学の重要性・必要性

　初学者のなかには，なぜ心理学に統計学が必要なのか不思議に思う人も多い。しかし，たとえば日本心理学会が認定する「認定心理士」においても，基礎科目に位置づけられているように，統計学は心理学を深く理解するための基礎として理解される。

　「心の科学」といわれる心理学が扱っている「心」とは，目に見えないものである。だからこそ，「心」の理解や解釈をするにあたり，主観的な（ひとりよがりな）判断に陥らないことが求められる。たとえば体調が悪いときには「体温計」という道具で熱を測定するように，また，体重を測るために「体重計」という道具を使うように，心理学の世界では，実験や調査等で得られたデータに対して統計学という手法（道具）を用いることで，可能な限り客観的に心を理解しようとする。

　臨床心理学の領域でも，「科学的根拠を持った」というエビデンス・ベイスト（evidence based）という言葉が定着して久しい。人を査定する心理検査や，心理状態を改善する心理療法等でエビデンスを重視することは，改善効果の高い療法を適用することができ，クライエントの安全性や有益性を高めることにつながる。しかし，エビデンスが重要と言いつつも，たとえば何らかの心理療法の効果等に対して，主観的な評価に基づいて議論されることも散見される。あるいは治療に関する知見においても，一事例のケーススタディでの検討に偏っており，エビデンスのレベルとしては低いという批判もされている。

　もちろん，エビデンスに乏しいことが，無価値・無意味ということではない。臨床心理学の分野では，心理療法家による「アート」の部分が必要になることも多々あろう。また，臨床の現場で繰り広げられている現象と，科学研究で得られた結果の一般化には大きく乖離もあり，それを埋めるためには，実践的な臨床の知も必要であろう。ただし，こうした臨床現場での知は，あくまでも応用領域であり，応用を学ぶ前段階として，まずはしっかりと心理学の基礎を修得する必要があろう。最終的には基礎と応用，アートと科学のそれぞれの特長を理解し，双方の視点を涵養していくことが重要といえる。

の主観的な体験の双方向の交流のなかで解釈の過程は進められていく。

　解釈の過程を実施者側の体験の流れに沿って以降で確認していくことにする。本節では，心理検査のローデータのみならず，観察や面接で得られた情報も含めて，ローデータと呼ぶ。また，アセスメントを受ける者を被検者という場合もあるがクライエントで統一し，アセスメントを行う者を実施者と記述する。

(2) 第一印象

　心理検査では，集計した結果により自動的に解釈ができあがるものがある。しかし検査の最終結果が同じであっても，個々の下位尺度の結果などは違っている場合がある。さらに，テスト・バッテリーを組んだそれぞれの結果や，臨床的な観察などを合わせた心理的アセスメントの場合には，集計することで自動的に一つの解釈にたどり着くものではない。

　ローデータを前にして，実施者はさまざまな印象を持つ。人によってはよく似たプロトコルを示した他の事例を思い浮かべたり，感情的な反応が呼び起こされたり，直感的に心理的アセスメント結果がひらめく場合もあるであろう。また，実際に対面したクライエント像との齟齬を感じたり腑に落ちたりする場合もある。そのような第一印象は排除されるのではなく，十分に自覚をし，されど，その印象から自由になりつつ，後に続く解釈の過程を進めていく必要がある。クライエントもしくは検査結果や心理的アセスメントのどのようなところから印象を得たのか認識し，反証となる観察データや結果を排除して偏った解釈にならないよう注意が必要である。

(3) 共感的理解や経験的な理解

　クライエントの観察や心理検査の実施・結果は，実施者からすると外界に存在するある意味客観的なデータではあるが，同時に，そのデータが刺激となり，実施者のなかに反応を生じさせる。上述の第一印象もその一つである。その他，実施者は，クライエントの行為を内的に追体験し，実施者自身の身体感覚・思考パターンなどとクライエントの行為との一致・不一致，想定できる・できないなどといったことも体験する。そのような体験は共感的理解や違和感となる。

それも一つの情報であり，第一印象と同じく排除するものではなく自覚するものである。このように，一つひとつのローデータや実施者の体験，そこからの仮説を体系的な知識と照合し，各関連を考え，最終的に解釈が導き出される。実施者の第一印象や共感的・経験的理解がローデータの解釈の前に実施者のなかに存在することを十分に認めることで，適切な解釈を行える。

（4）ローデータごとの仮の解釈

　次の段階ではローデータそれぞれに仮の解釈を想定していくことになる。質問紙法による各質問に対する回答や下位尺度，描画の一筆ごと，着席の仕方，氏名・日時の記載内容や記載の仕方など，心理的アセスメントで得られる情報が対象となる。たとえば，第一問の回答の際に，困惑した表情を見せ，回答するまでに時間がかかり，回答欄への「はい」への丸の付け方が乱雑で筆圧が濃いなどの場合，それぞれがローデータであり，各ローデータに対して思いつく限りの仮の解釈をあげていく。ローデータごとの仮の解釈の想定は，理論や体系化された知識によって導き出すように努めなければならない。初学者の場合は，ローデータごとに仮の解釈の一覧を書き上げることから始めるとよいであろう。

　その際，上記の第一印象などによって取り上げるローデータや導き出す仮の解釈に偏りが出ないよう留意し，相反する仮の解釈が導き出されても，性急にまとめたりせず，一覧にそのまま記述することが誠実で正確な解釈の第一歩となる。

（5）仮の解釈の関連を考える

　次の作業としては，ローデータを心理的アセスメントの「項目」ごとに集め，その集まりから次の解釈を導き出す。心理検査の場合はその構成概念が「項目」の集まりに該当する。そして，一つの集まりのなかで，仮の解釈が一致しているのか，不一致や相反する仮の解釈があるのかを見ていく。一致している場合は仮の解釈がそのまま支持されるが，不一致の場合は何に由来するのかなど，他の集まりとの関連を検討する。つまり，この段階での解釈は，仮の解釈同士

の関係性を想定したり，ある仮の解釈を条件・誘因として他の仮の解釈をその反応として仮定したり，標準と比べての差や傾向などを検討したりして，一般的な結果から個性を持つ個々人のパーソナリティの仮説を導き出していくことになる。

　たとえば，とまどいを示すかもしれない「項目」のローデータを集め，そのなかで一致しているのか，その強さ，時間経過での変化，他の仮の解釈との関連などを検討していく。心理検査への回答を続けていくうちに反応への時間が早まれば，新しい場面にはとまどいは生じるが，時間の経過や場面に慣れてくると，とまどいはおさまるという仮説が考えられる。

　このように，仮の解釈内や仮の解釈間の検討は，実施者の体系化された知識や理論をもとになされる。そのとき，実施者個人の持っている敏感になりやすい点や比較的無視されやすい点などの偏りは，体系化された知識や理論によって修正し検討していくことが大切である。同じデータや数値であるにもかかわらず，厳しく／甘く解釈してしまうことがときに生じる。そのような実施者個人内で生じるばらつきは，他でもない目の前のクライエントの存在やローデータが刺激となり生じた反応である。したがって，実施者内でのばらついた反応は，厳しく／甘くしたくなるような他のローデータによる不適応／適応といった面が見過ごされていないかなど，改めて解釈を捉え直す重要な手がかりとなる。

(6) 個性のある人物像の仮説としての解釈

　ローデータから単純に導き出される仮の解釈，そしてそれぞれの仮の解釈内・間の関連の解釈をもとに，人物像の仮説を導き出す（図3-5）。その際，実施者が導き出す心理的アセスメントの結果を文章に書き出してみると，論理的な飛躍が生じていることがある。その場合ローデータに戻り，解釈に無理がないか，見逃しているローデータはないかを検討する。

　また，論理的に飛躍している結果が何に影響され生じたものなのか改めて検討することは，クライエント像の理解により近づく作業でもある。個性のある人物像へとまとめる作業は，心理的アセスメントのローデータと実施者の体験

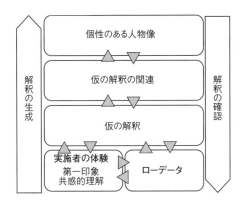

図 3-5　解釈における双方向の検討過程

をもとにローデータから解釈へ，そして解釈からローデータへと，双方向の検討過程をたどることで，臨床的な判断に必要な情報に仕上がっていく。

(7) まとめることと保留にすること

　コーチン（Korchin, 1976）は，「臨床家に課せられている本質的な課題とは，さまざまな種類の，ときによっては断片的になってしまっている情報を，一個の筋の通った人物像へとまとめあげることである」と述べ，加えて，相矛盾する情報があり，まとめられない場合は率直に明示すべきであることも併記している。まとめあげることを一方で指向しながらも難しい場合には誠実にその難しさを明示することは，そのクライエントの心の状態を示す大切な情報となり得る。

　また，解釈をまとめあげる際に「一個の筋の通った人物像」にまとめることにあまりにも気を取られすぎると，ローデータから得られた情報からかけ離れた解釈になることがある。たとえば，多くの情報をまとめあげるときにワンパターンの解釈になったり，単純化しすぎたりすることはその一つである。ワンパターン化すると，個別性からも離れた解釈になる。誰にでも当てはまる解釈から個人の状態を示す解釈にするためには，その個人の「特性の強さや程度」，「特性に関連する要因や条件」，「他者との関係のなかで現れる傾向」などを加えて検討するとよい。

─── Column ⑥ ───

ライフスタイルを見直すために：健康心理学的アセスメント

　あなたにとって健康とは何であろうか？　健康とは，世界保健機構（WHO）憲章（1948 年発効）によれば「病気ではないもしくは衰弱していない状態をいうのではなく，肉体的，精神的，そして社会的にすべてが満たされた状態」である。健康心理学における介入では健康の維持や増進を目的としているが，健康の定義からも想像できるように，ただ病気から快復することを目指すのではなく，本人がより楽しく，いきいきと過ごすことが焦点となってくる。つまり，不適応に陥ったり，病気を患ったりした人だけではなく，すべての人が健康心理学の介入の対象となる。こうしたことから，そのアセスメントにおいても心だけではなく，対象者の生活全般を対象としている。

　具体的には，疾病，精神的な健康やウェルビーイングと関連した感情状態について聞くだけではなく，心拍や血液検査などを含んだ生理的指標を測定したり，その人の認知機能の状態を確認したり，考え方の癖や環境，行動をみたりする。ある健康問題に焦点を当てていたとしても，その健康問題に対処するだけではなく，その人がどうやって生きたいのか，何を価値としていくのか，対象者にとってより健康で豊かな生活を送るためにはどうすればよいのかを考える。そのため，身の回りの環境や社会的・経済的状態について確認することもアセスメントにおいて不可欠となる。

　このように，健康心理学では，対象者の現在の環境や習慣を適切なテスト・バッテリーでアセスメントすることでより良いライフスタイルを提案し，介入を行っていく。個人にとってより良いライフスタイルを作るためには行動を変容させていくことも必要である。そうなると，行動を変えるのに重要なのは環境である。よって，環境もアセスメントの対象となるし，対象者にとっての充足感につながるようにその環境設定の援護もしていくことになる。

　より良く生きるためのライフスタイルを提案し，個人の健康維持増進を促すための指標を得るために，健康心理学的アセスメントもおすすめしたい。

　その他，ローデータのなかで同じ解釈仮説を示すものが多く存在するとその解釈の確実性は増すが，少ない場合は十分な根拠が少ないことを踏まえた解釈にすべきであろう。解釈された内容と観察された行為や他者の見解などとの関連を示すと，解釈の妥当性を示すことになる。それと同時に，心理学になじみのない他職種者など他者にとって目にすることができるクライエントの行為から心理的アセスメント結果を推定しやすくし，心理的アセスメント結果を理解してもらいやすくなる。

　さらに，特徴的な点や不適応・病理的側面を強調するあまり，その個人の持っている健康度や適応的な側面を軽視した表現になったり，不適応や病理が持つ個人を守る側面を見落としたりすることも起こり得る。たとえば，防衛機制や対処機能，自我機能などは適応的な側面と不適応的な側面を持ち合わせることが多いため，その両面を解釈し，表現することも重要である。そして，過度に心理学的に見過ぎず，身体的な状況や文化などの影響もあり得ることを想定し，"心理的アセスメントのなかでは……"という限定を設け，その旨を明記した解釈になるよう心がけたい。

3. 報告

(1) 包括的な解釈と報告

　一個の個性のある人物像に解釈をまとめあげることは，身体反応や行為，社会的な活動や状況，環境といった関連のなかで，心の動きを捉えることである。オルポート（Allport, 1961）は，「もし私たちが，ある人を真に理解したいと思うなら，その人の性格検査の得点を知ったり，その人の過去を知ったり，面接してその人がいうことを知ったりしても十分とはいえない。その人を理解するためには，その人を，その住む世界における独自な存在として全体的に捉えることが必要とされる」と述べている。報告書を仕上げることは，対象となるクライエントの全存在に配慮しつつ行われるものであるが，完全に行えるものでもないことは想像に難くない。よって，全存在に可能な限り配慮しつつも，ときには援助をともに行う教師や医療・福祉スタッフなどによるアセスメント

も含めてクライエントを総合的に捉えていく視点も必要である。

　しかし，一つの人物像にまとめあげるといっても完全に個々独自に見ようとするのではなく，ある程度の視点を持っておくと便利である。多くの場合，①クライエントの知覚の側面（現実との接触や把握の仕方など），②知的側面（知能や思考過程の特徴，判断力など），③情緒的側面（情緒の強さ，統制，内容や性質など），④行為・行動的側面（葛藤状況に対する対処行動，言語，態度など），⑤自己イメージや問題となっていることをどのように感じ，認識しているのか，といった5つの側面の特徴や過不足，及び健康的な面も含めた理解に努める。

　そして，それらを一個のパーソナリティとして総合的に捉えつつ，⑥日常生活や人生にどのような影響を与えているのか，⑦今後どのようなことが予測されるのか，⑧どのような援助・介入が考えられるのか，などを捉えて人物像をまとめる。身体疾患や精神医学的病理は心の状態に影響を与えるため，クライエントのパーソナリティの状態から疾患を推測することもあり得る。しかしながら，心理的アセスメントにおいては，疾患の同定や生活上の障害など現実適応の観点のみならず，人生をいかに生きていくかといった観点からクライエントの心を理解していく過程が基本である。

(2) 伝達の目的と表現方法

　報告書の目的は，実施者が他者に心理的アセスメントの結果を伝えることである。それに加え，実施者が行う解釈の思考の過程を整理し，解釈のもとになっているローデータと解釈結果を文字にすることで客体化し論理的に間違いがないか確認するために必要な作業でもある。

　クライエントの心理的アセスメントは，心理的アセスメントが，①誰のために，②何の目的のために，③どのように活かされるのか，をクライエントに対しても実施者にとっても明らかにして行われるものでなければならない。

　また，依頼者の意図と同時に，すぐには言語化されない無意図的な動機が存在することもある。たとえば，関わりが困難で疲弊していたり，他者への不満を感じていたりするなどが背景にあったりする。その点を依頼者と話し合える

場合は十分に話し合うと，過不足のない心理的アセスメントが行えるようになる。

　以上のような前段階を経て，報告書は，誰に，何を，どのように伝えるかが決まってくる。伝達する対象がクライエントなのか，他の専門職なのか，他機関の心理職なのかにより，ローデータの記載や専門用語の記載は考慮されなければならない。心理職への伝達における専門用語やローデータの記載は判断を共有するために有効な場合が多いが，その他の者への伝達の場合は，ローデータや専門用語の使用は控える。コーチン（Korchin, 1976）は「報告は，教育を受けた素人的な言葉で書かれるのが望ましい」と述べ，専門用語が無知を覆い隠すことがないよう，注意を促しており，心に留めておくべきであろう。

(3)　報告書の必要項目

　報告書には，概ね実施日時や場所，実施した心理的アセスメント，実施・報告者等を記載し，観察された行動や検査の結果とそこからの解釈，そして総合的な見解を記載することが望ましい。膨大な量を必要とするのではなく，伝達することが目的である以上，読み手が困惑するような量と内容にならないように注意すべきである。また，解釈の過程と根拠，その確信の程度を示すことも大切である。特に，「やや／とても」や「退行」などといったあいまいな程度の表現や，「良い／悪い」といった価値判断を示す言葉は，どの程度か推定できるようにその根拠を示すことで，個別性のあるクライエント理解につながる報告となる。

　また，心理的アセスメントの結果を他の専門職やクライエントにフィードバックするときには，すべての現象は心が原因だという認識を与えたり，その結果として他職種の人たちが自分は関係ないと思い，クライエントとの心理的関係を切ってしまわないように留意する必要がある。心理的アセスメント報告を利用して，他職種が関わりの糸口をつかめるような報告書であることが望ましい。

● おわりに

　心理的アセスメントとは，その結果を踏まえて，実施者や依頼者の援助が展開する援助過程の一環である。心理的アセスメントの実施と解釈の過程は，実施者とクライエントとの相互作用のなかで成り立っている。よって，心理的アセスメントの最終的な決定は常に「保留」（黒丸・大段，1982；神田橋，1984）され，心理的支援（心理臨床）の過程内で修正し，より良い心理的アセスメントや援助を実践していくよう努めることが援助のなかの心理的アセスメントである。

学習チェックリスト ◀◀◀◀◀◀◀◀◀◀◀◀◀◀◀◀◀◀◀◀◀◀◀◀◀◀◀◀

☐ 心理的アセスメントについて，心理学全体及び臨床心理学の枠組みの双方で概説できるようになった。

☐ 心理に関する支援を行うに際して，心理的アセスメントの目的と倫理を理解した。

☐ 臨床心理学の枠組みを中心に据えながらの心理学全体の発展に沿った心理的アセスメントの4つの理論モデルを把握した。

☐ 心理的アセスメントと診断的評価の違いを理解した。

☐ 心理に関する支援を行うに際して，生物ー心理ー社会モデルで状態を捉えることが必要であることを理解した。

☐ 表層から深層にかけた臨床心理査定における4つの水準と，心理的アセスメントに有用な情報とはどのようなものかを把握した。

☐ 心理的アセスメントに用いられる諸手法，及び心理に関する支援を行うに際して，関与しながらの観察とは何かを概説できるようになった。

☐ 心理検査のさまざまな分類法やその分類に基づく特徴の概略，及び回答方法に基づく種別ごとの大まかな長所と短所を理解した。

☐ テスト・バッテリーや，心理的アセスメントに有用な情報を包括しながらの心理的アセスメントについて理解した。

☐ 他職種者への報告や支援を受ける者などへのフィードバックも含めて，心理的アセスメントの記録や報告のポイントを把握した。

第 **4** 章

心理的支援の実践に向けて

　何らかの心の問題をかかえて，その軽減や解決を望むとき，人は臨床心理学など心理学に関する専門的知識と技術を有する心理的支援の専門家のもとを訪れる。その扉を開いて迎え入れる専門家には，どのような人であることが望まれるであろうか。

　人によって異なるものの，自分の心の問題について相談できる機関にアクセスすることを決心するまでには相当悩むことが多い。悩み考えてようやく決心をして，相談機関に電話やインターネットで予約する。しかし最近では相談を求める人が多くなっているため，予約をしても実際に相談できる日は数週間後になることがほとんどである。そのような物理的にも，それ以上に心理的にも長いときを経て，心理的支援の専門家とはじめて出逢うのである。

　本章では，心理的支援の実践において必要な理論や知識を学びつつ，心理的支援を行う際の心構えや態度についても学ぶ。

1 節　代表的な技法

　本節では，心理的支援の実践を支えるさまざまな技法論のうち，代表的なものを示す。第 1 章 2 節に記された臨床心理学の起源とも呼べる諸理論と照らし合わせつつ，その理論に基づく技法を概観してほしい。

1. 精神分析・精神力動的セラピー

(1) 精神分析の基本的な治療論

　自分ではまったく思ってもいなかった言い間違いを不意にしてしまうことがあるように，人間には自分自身では意識することができない " 何か " の作用を前提にしないと説明できないことがある。こうして仮定される心の領域をフロイト（Freud, S.）は「無意識」として定式化した。フロイトは，自分が意識してしまうと不快感を生じたり，矛盾を抱えたりするような心のなかの内容を無意識の領域に封印してしまうことがあり，それらをコントロールしきれなくなったときに何らかの症状として封印した事柄が現れると考えた。代表例としてフロイトは，幼少期に受けた性的虐待の結果として症状が起こるという病因論を示しているが，これは，現在のトラウマ（心的外傷）概念の元祖といえるものである。

　フロイトが始めた自由連想法は，治療者が患者にある言葉を与え，患者がそこから心に浮かぶままの自由な考えを連想し話していく方法である。自由連想法を頻繁に施すことにより，患者はすべてを思い出すことができると考え，この治療法を精神分析と名づけた。患者が無意識に封印した内容を症状として表出する代わりに，回想し言語化する。つまり自分で意識することができるようになれば，症状は消失するというのが精神分析の治療論である。

(2) 精神力動的セラピーのプロセス

　人間の感情は，そのとき 1 回限りで起こるものではなく，それぞれの人が長い間,それぞれの人生のなかで培ってきたものをベースにしている。支援者(セラピスト）は対象者（クライエント）から強い感情をぶつけられることがあるが，その感情は実はセラピストへ向けられたものというよりも，クライエントが過去に出会った重要な他者に向けられているということもある。このような重要な他者との対人関係のなかで体験された感情が，いま目の前にいる人物に対して向けられることを「転移」と呼ぶ。好意など，肯定的な感情として表れることもあるが，怒りなどの否定的な感情をぶつけられることもある。前者を「陽性転移」，後者を「陰性転移」と呼ぶ。また，面接を進めていくうちに，クライエントは，自らが変容していく作業の妨げになるような，沈黙や面接のキャンセルなどをすることがあり，これらは「抵抗」と呼ばれる。

　精神力動的セラピーのプロセスでは，こうした転移や抵抗などを，クライエントの内面を理解し変容させるための手がかりとして使う。これまでクライエントが気づいていなかった無意識的な動きについて，セラピストが指摘したり説明したりする「解釈」によって内面の「洞察」を促し，クライエントの変容につなげていくのが，精神力動的セラピーの特徴である。

2. 認知行動療法

　認知行動療法とは，行動科学や認知科学を，クライエントの問題解決に応用するさまざまな技法の総称である。問題を具体的な行動（思考や情緒も含む）として捉え，どのような状況においてどのような行動が生じるかを分析したうえで，問題となる行動の変容を目指す。行動療法として発展した各種技法と認知療法や論理療法に位置づく技法とが統合され，現代では，認知行動療法と称されることが多い。

(1) 行動療法の例

①嫌悪療法（レスポンデント条件づけ〈古典的条件づけ〉の応用）

　アルコールなど依存症の治療に用いられることが多い。アルコールの場合，抗酒剤と呼ばれる少量の飲酒でも頭痛や吐き気のする薬を服用させる。薬剤と酒飲料との対提示によるレスポンデント反応としての不快を利用して，飲酒自体を避けるように仕向けていく。

②系統的脱感作法（レスポンデント条件づけの応用）

　ウォルピ（Wolpe, J.）によって創始された行動療法の代表的技法である。不安や恐怖を感じる場面をあらかじめリストアップして，それに不安や恐怖を感じる度合いで順位づけしておく。並行して，筋弛緩法などのリラックスする方法を習得させる。順位の低い（弱い）不安場面から順に，リラックスしながら不安場面を体験するという条件づけを行う。この方法は，治療者のサポートのもとで，不安を感じる場面を体験し（曝露），その場面からの回避行動をさせない（反応妨害）ことで，実際には不安に思っていたような状況にはならないことを学ぶ，曝露反応妨害法へと発展した。

③バイオフィードバック法（オペラント条件づけ〈道具的条件づけ〉の応用）

　人体の生理機能を電気信号として記録し，その記録を本人に還元（フィードバック）することで，症状に関係する特定の自律神経の調節能力（セルフコントロール能力）を身につける。たとえば，このように呼吸すれば自分はリラックスできるというような学習を行う。

④トークンエコノミー法（オペラント条件づけの応用）

　適切な反応に対してトークン（代用貨幣）という報酬を与え，目的行動の生起頻度を高める。授業中席に座っていられた子どもにシールを与えるなどが一例である。本人にとって容易な行動（例：授業はじめの挨拶のときだけでも自席の前に立つ）から目的とする行動（例：授業中はずっと座り続ける）までの細かい段階（スモールステップ）を設定して，各段階の行動が条件づけられて

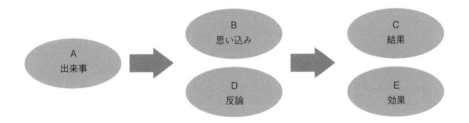

A：Activating event（起きたこと）
　　恋人が友人との約束を優先して自分と会ってくれなかった
B：Belief（思い込み）
　　「愛があるなら第一に優先すべき」と考えていると
C：Consequence（結果）
　　「自分は愛されていないのではないか」と不安になる
D：Dispute（反論）
　　「大切なつきあいは恋人以外にもある」と思ってBを消去
E：Effect（効果）不安にならなくてもすむ

図4-1　論理療法の流れ

から次の段階の行動へ進むという方法をとることが多い。

(2) 論理療法

　エリス（Ellis, A.）が創始した，ABC 理論とも呼ばれるパーソナリティ理論をベースとしたアプローチで，近年は，理性感情行動療法とも呼ばれている。人は，ある出来事に遭遇して，不安などの感情が生じると，出来事と感情が直結しているかのように認知してしまうことが多い。しかし，実はその間に思い込みが挟まっている（図4-1）。その思い込みは，しばしば不合理であり（irrational belief：不合理な信念），その不合理さに気づいて，自分で反論することができれば，合理的な信念（rational belief）への変容が起こり，不安な感情が軽減するという効果をもたらすことになる。

(3) 認知療法

　認知療法の基礎は，ベック（Beck, A. T.）が発表した認知の歪み理論（cognitive theory of depression）である。この理論によれば，出来事をどう認知する（捉

える）かによって，そこに生じる感情が異なる。つまり認知が歪むことによって，抑うつ（落ち込む）などのネガティブな感情が生じる。このため，そのような認知の歪みを修正していけば，抑うつ感情の軽減につながると考える。抑うつなどの否定的な感情を引き起こしがちな認知の歪みとして，自動思考と推論の誤りについて例記する。

①自動思考

　自動思考とは，対人関係などのストレスを感じたときに，自分の意思とは関係なくひとりでに浮かび上がってくる考えやイメージのことである。自動思考には，その人の考え方のくせ（スキーマ）が反映されており，否定的な方向へ自動思考が偏ることで，負の感情を引き起こしやすい歪んだ認知に陥ってしまう。

②推論の誤り

　否定的な自動思考を引き起こす推論の誤りには，いくつかの種類がある。認知療法では，これらさまざまな推論の誤りの存在を自覚して，自動思考をより適応的な考え方に修正する練習を繰り返す。自動思考とその思考に対する反論をノートにつけるなどのホームワークが，セラピストから課せられる。推論の誤りについて，代表的なものを以下にあげる。

- ・二者択一的（全か無か）思考
　人に生じるほとんどの問題は，白か黒かのどちらかに決めることはできず，事実はそれらの中間にある。にもかかわらず，物事を見るとき「白か黒か」という二者択一的な見方をしてしまう。
- ・過度の一般化
　ある良くない出来事が起こったときに，「いつも決まってこうだ」「うまくいったためしがない」などと考えてしまう。このように，否定的な出来事に対する普遍性を思い込んでしまう。

Column ⑦

実験的行動分析学の必要性

　行動分析学は，恐怖症や適応障害の治療，社会的スキル獲得の訓練や薬物依存に対する援助などさまざまな場面において有効な心理的支援の方法を提供してきた。このような社会における問題解決を理論的に行う行動分析の領域は，応用行動分析学と呼ばれる。これに対して，その理論をヒトや動物を対象とする実験から導き出し，行動の法則を明らかにする領域は実験的行動分析学と呼ばれる。とはいえ，ネズミやハトでの動物実験が臨床心理学とどのようにつながるかを理解するには少し時間がかかるかもしれない。

　そこで，日常生活を振り返ってみる。私たちは自分や周囲の人々の悩みに直面し，それを解決しようとするとき，「なぜ？」という問いをしていることに気づく。"なぜ"人前でうまく話すことができないのか，"なぜ"親友と喧嘩してしまったのかなどである。これと同様に，行動分析学の「分析」も，行動の原因を探す作業から始まる。「なぜ，A君は宿題をしてこないのか」という問いに対して，A君は勉強が嫌いだから，A君はずぼらな性格だからという理由を考えるかもしれない。しかし，このような説明は行動を改善させることには役立たない。「なぜ，スキナー箱でネズミはレバーを押すのか」という問いに対して，ネズミが熱心な動物だからだと説明しても，レバー押し行動の頻度を変えることができないのと同じである。レバーを押すと，報酬が出てくるという環境の変化が，レバー押し行動を作るのである。行動を変化させるためには，原因を生体の内部ではなく，環境に求める必要がある。他者の内面は操作できないが，環境を変えることはできるという発想である。実験的行動分析学は，どのように環境を変化させると，どのように行動が変化するのかについて多くの知見を提供してきた。行動の原因を見つけることは，行動が環境を変化させるためにどのような機能を持っているかということの分析である。そして行動の機能が明らかになれば，問題解決までの道はそれほど遠くないだろう。

- 心のフィルター

  一つの良くないことにこだわってくよくよ考え，他のことをすべて無視する状態に陥ってしまう。一滴のインクがコップ全体の水を黒くしてしまうような心の状態である。

- 誇大視と過小評価

  自分の短所や失敗を大げさに考え，逆に長所や成功したことをあまり評価しない。「双眼鏡のトリック」ともいう。

- 自己関連づけ

  何か良くないことが起こったときに，自分には責任がない場合でも，自分のせいでその出来事が起こったと思い込んでしまう。

3. パーソンセンタードセラピー

(1) 非指示的セラピーからクライエントセンタードセラピーへ

　ロジャーズ（Rogers, C. R.）は，当時隆盛だった精神分析的な技法に疑問を抱き，医学モデルを援用して「患者」あるいは「被分析者」と呼ばれていた人をはじめて「クライエント（来談者）」と呼んだ。ロジャーズによれば，クライエントとは，セラピストと対等な立場で，自らの力で成長していく人である。

　ロジャーズの人間観によれば，人間もすべての有機体と同じように，自分自身をより良い方向に向かわせる力を備えている。したがってセラピストは，問題の原因を指摘したり解決法を提供したりするのではなく，クライエントが自分の問題に自分で取り組めるようにするべきであると考えた。ロジャーズのいう本当の治療的変化とは，セラピストが提供する人間関係のなかで，人間が本来持っているこうした自己実現傾向が開花していくことである。

　ロジャーズは当初，自分の技法を非指示的セラピーと名づけ，クライエントの言葉を繰り返す等の介入方法を提唱した。しかし，クライエントの言葉を単にオウム返しすればよいといった誤解が生まれたため，クライエントセンタードセラピー（来談者中心療法）と改め，以下のようなカウンセラーの態度を強調するようになった。

①無条件の肯定的配慮（肯定的受容）

セラピストの期待や価値観に沿ったクライエントの言動のみを認めるのではなく，クライエントのあらゆる側面をいっさいの価値判断なくそのまま受け入れ，尊重することである。たとえ，セラピストの価値観を揺るがすような感情表出や行動があっても，それを含めたクライエントの全体を受容しようとする態度である。

②共感的理解

セラピストは，クライエントの心の中の世界を，あたかも自分のものであるかのように体験しようと努力する必要がある。これにより，クライエントが自分自身や世界をどのように見ているかについて，クライエントの感情も含めて正確に把握しようとする。

③自己一致（純粋性）

セラピストの心には，クライエントの話を聴いている間にさまざまな動きが生じる。セラピスト自身に生まれる感情や態度を否定したり歪曲したりせず，自分に対して常に敏感に十分に意識して「自分に正直」でいることが必要である。その正直な心の動きをクライエントに隠し立てせず，かつそのすべてを不用意にクライエントにぶちまけないことも求められる。

ロジャーズはその後，こうした理論と方法を，集団に適応し，メンバーの心理的成長やコミュニケーション改善を目指すエンカウンターグループなどに力を入れた。その際，自らの立場をパーソンセンタードアプローチと位置づけた。ロジャーズ以降もこの分野は，精神分析や行動主義が人間を機械論的・決定論的に捉えてしまいがちなことに対抗する心理学の第三勢力「人間性心理学」として発展している（図1-3参照）。

(2) 心理的支援者に共通する基本的な態度

現在はパーソンセンタードセラピーとも呼ばれるロジャーズの態度・技法は，

精神力動的な方法や認知行動療法，その他の技法を実践する支援者にとっても，心理的支援を実践する際の基本的な態度として必須のものといえよう。セラピストとクライエントとの関係に権威的な要素やストレスフルな要素が含まれるようでは，支援はうまくいかないからである。

　具体的には，親和的でリラックスした雰囲気の関係「ラポール」を形成して，クライエントが語りやすくする。そのうえで，受容的な受け答えを心がけ，クライエントの語りのポイントを押さえながら繰り返したり，気持ちを共感的に伝え返したり，十分に意識されていない感情を明確にしたりする。さらに，クライエントが語りたいと思われることを質問し，語りの内容を要約して返すなどする。このように，実際の支援場面のやり取りのなかで活用できることが数多い。

4. その他の技法

(1) プレイセラピー（遊戯療法）

　面接における言葉の代わりに，遊びを通じて支援するのがプレイセラピーである。対象となるのは，言語表現よりも遊びでの表現のほうが自然な幼児から小学生くらいが中心で，登園しぶりや不登校，クラスなどの集団への不適応，虐待，反社会的行動，発達の遅れ等さまざまな問題を持つ子どもである。通常，専用のプレイルームで行われる。活動的な子どもの場合は 40 〜 50㎡，絵を描いたりするには 15 〜 20㎡で，遊具は，子どもの興味を引くもの，セラピストとの関係性を深めるもの，子どもの攻撃性を発散させるもの，表現活動を促進するもの，精神的な活動を促進するものなどが用意される。子どもの表現を促し，それを受け止めるセラピストがそこにいることが重要となる。ロジャーズの流れを汲むアクスライン（Axline, V. M.）の理論をベースとする手法や，精神分析の流れを汲むクライン（Klein, M.）の対象関係論をベースとする手法がある。

(2) アートセラピー（芸術療法・表現療法）

　種々の芸術活動，創作活動を通じて治療的効果を狙う方法の総称である。制作行為自体が治療的な意味を持つという考え方やセラピストとクライエントの関係を重視する考え方がある。さまざまな対象に実施されている。

①絵画療法・コラージュ療法

　絵画やコラージュの作品を制作すること，あるいは鑑賞することによって治療的効果を狙うものである。クライエントの内面が表現されることを重視する立場，制作活動そのものを重視する立場などがある。

②箱庭療法

　セラピストが見守りながら，砂の入った箱のなかに，あらゆるミニチュアを使ってクライエントの作りたい世界を作るものである（図4-2）。ユング（Jung, C. G.）の理論を取り入れたカルフ（Kalff, D.）が子ども向けに考案したが，後に成人にも適用可能であるとされた。セラピストとの信頼関係のなかで，言葉では表し切れないクライエントの内面を表現し，セラピストがそれを受けとめることが重要とされる。

図4-2　箱庭療法

③音楽療法

音楽を活用するセラピーである。鑑賞することによって治療的効果を狙うものと，自分が実際に演奏したり歌ったりするものがある。身体の動きと組み合わせる場合もあり，ダンスムーブメントセラピーへの発展も見られる。

(3) 家族療法

家族を対象とするセラピーの総称で，さまざまな学派がある。家族を個人の集まりとして考えるのではなく，お互いに影響し合う一つのシステムとして捉え，家族間のコミュニケーションを重視することに特徴がある。支援者側もチームで介入を行うのが原則である。

家族療法においては，問題行動や症状を呈している人物のことを IP (Identified Patient：患者とみなされる人) と呼ぶ。IP が抱えている問題は，家族システムが十分に機能していないために生じていると捉える。また，原因と結果が一方向に結びつく直線的因果律ではなく，結果は結果であると同時に原因でもあるとする円環的因果律によって捉える。たとえば，思春期の子どもが夜遅くまで帰宅しないから親がきつく叱る，と同時に親がきつく叱るから子どもが夜遅くまで帰宅しない，とも捉える。

(4) ブリーフ・セラピー

短期間で効果的に問題解決を目指す技法である。代表的な解決焦点型アプローチでは，奇跡が起きてすぐに解決した状況を想像してもらう「ミラクルクエスチョン」や，これまでうまくいった自分の行動パターンを思い出させる「サバイバルクエスチョン」，問題が生じるはずなのに例外的に生じなかった状況を探す「例外探し」などを用いて介入する。

● おわりに

心理的支援には，さまざまな理論に基づく数多くの技法が存在し，ここで紹介できたのはごく一部にすぎない。まずは，ここにあげた技法に関する基本的

な事項について理解しておいてほしい。実際に支援を行う際に，どの技法を用いるかについては，今後の指導者との出会いや，トレーニングによって決まってくるものであろう。こうした技法を使えるようになるまでには，この先に机上のものだけではない，終わりなき学びが必要となることはいうまでもない。

2節　支援者に必要とされる基本的な態度

1．クライエントとカウンセラー

通常，クライエント（client）とは，何らかの援助を受ける者として広く「来談者」と訳される。肌の調子があまりよくないので美顔エステで相談を受ける，髪の毛が抜け始めたことを気にして発毛，増毛の相談に訪れる，また裁判を起こすことになって弁護士事務所の戸をたたく場合なども，その相談者はクライエントと称される。

カウンセラー（counselor）という言葉も同様に，広く「援助専門家」ないし簡単に「援助者」を指す語として用いられることが多い。しかし狭義には，心の問題についての相談を受ける人を指し，たとえば気持ちが重い感じがして何もする気が起きないなどといった人に，対話を通じて少しはましになってもらえるように援助するような仕事をする人と考えてよい。

おそらく昨今，広く世に知られているカウンセラーとは，この心の問題を対話によって解消ないし軽減する営みを行う者を指すと著者は同定する。その資格については現在，国家資格として「公認心理師」，民間資格としては日本臨床心理士資格認定協会の定める「臨床心理士」などが存在する。本節ではカウンセリングを行う者としてこの両資格に共通して求められる「資質」ないし「基本的な態度」について説明する。

臨床心理士で精神科医師でもある成田（2003）は，治療者の役割について以

下のように述べている。ただし，臨床心理学では，成田のいう「治療者」はカウンセラーを指す。

①患者の依頼に応え得る知識と技術を持つ（と想定される）専門家として患者の依頼を受け入れる。

②治療構造を設定し維持する。

③患者に傾聴し理解する。

④理解したところを患者に言葉で伝達する。それによって患者の問題（不安や葛藤）を今一度患者のなかに差し戻す。

⑤面接のなかでの治療者の役割をできるだけ小さくするように努める。つまり治療者でなくなるよう努める。

この「カウンセラー（治療者）の役割」について少し考えてみたい。「専門家として」患者を受け入れることはそう生易しいものではない。そのための知識や技術を長い経験と研鑽によって培って，はじめて「患者を受け入れる」ことができるようになる。だがここでは，その心理学的知識や具体的な研鑽方法を述べるのではなく，カウンセラーの仕事に触れる前の基本条件として「専門家である必要がある」ということを知っておいてもらいたい。

治療構造という言葉は耳慣れないかもしれないが，これもカウンセリングを進めるうえでの前提条件である。いつ（日内のどの時間帯？ どのくらいの時間？），どこで（個人のオフィス？ 相談所の一室？），どのくらいのペースで（1週間に1度？ 1か月に1度？）などの物理的構造が設定されていることの重要性を紙面で理解することは相当難しいことと思う。ただ，仮に自分がカウンセリングを受けることになったときを想像してもらえれば，少しはわかりやすいかもしれない。ずいぶん憂鬱な感じが続き，夜も眠れずたまりかねてすがりついたカウンセラーに，「じゃあ，地下鉄の構内にいい喫茶店があるからそこで聴こうか。次いつ合えるかは保証できないけど」などといわれたら，どのように感じるだろうか。少なくとも「専門家に受け入れてもらった」気分にはなれないことは，想像に難くない。

　「傾聴する」「理解する」という言葉に加え，カウンセリングを少し知りはじめたような人がよく口にする言葉に「共感する」というものがある。簡単な日常語ではあるが，ことカウンセリングにおけるこれらの言葉が意味する「心の営み」は，専門家自身が常にそれを行っているかを問い続けているような難しい課題である。相手の言葉に耳を傾けているつもりでも，その内容によっては自らの過去の経験と重なり，あたかも自分のことのように「自他の区別」なく聴いてしまうという体験は，初学者のみならずある程度臨床に携わった者でも陥りやすいことである。しかしながらこの状況は，話した側，つまりクライエントには「理解」されるどころか「誤解」された，ひどいときには「大きなお世話」と感じられるのである。ましてや「共感」しているつもりが単なる「同情」の域を越えないとすれば，面接は深まらないどころかクライエントの心を深く傷つけてしまう可能性も大きい。

　「理解すること」の難しさと同時に，理解した内容をクライエントに返す（応答する）という作業なくしてカウンセリングは語れないという困難もある。ただ傾聴することだけに専念していて，気がついたらクライエントの状態が悪化していたというエピソードは，専門家の間でも時々耳にする。もちろん，俗にいう「聞き上手」な人にただ黙って聴いてもらうだけで気持ちがずいぶん楽になるというケースはよくあることだが，その人の人柄も含めた「居合わせ方」それ自体，厳密にいえば「応答」していることになる。つまり，聴いてくれている人のうなずき方，視線の位置，体の動きのどれ一つとっても話し手は多かれ少なかれ気になるもので，それらのミクロな応答に助けられている「聞き上手」が多い。

　しかし，言葉を用いた応答となると，相当な技量が問われる。日常生活においても，黙って聴いてくれる人に対し，「わかってもらえている」という実感が徐々に増し，かなり深い話をしたのち，その人から一言返された言葉がまったく自分の気持ちの流れに沿っていない，といったことは起こり得る。そんなときに「信用してたのに，話すんじゃなかった」などと感じた経験のある人ならば，言葉の応答の難しさが少しはわかるかもしれない。その相手がカウンセラーならば傷つき体験はなお深い。つまり成田（2003）の「理解したところを

言葉で返す」という行為はクライエントが言いたいことをよほど正確に「理解」していないとできないことなのである。加えて，クライエントの「問題」を聞き手が勝手に同定し，「あなたの問題はこういうことだから考えてみれば」と返したことで，クライエントが本来考える必要のないことまで考えざるを得なくなってしまう。これにより余計に大変になる可能性を考えると，言語的応答の難しさがより理解できるだろう。

　クライエントの心を正確に理解し，必要なところで必要な言葉を返し，クライエントが自分の「問題」と正確に向き合い，新たな「気づき」とともにより建設的ないし生産的な心理的過程が展開してはじめて，カウンセラーは「治療者の役割をできるだけ小さく」することができるのである。

2. カウンセリングにおける区別することへの留意

(1)「事実」と「想像」の区別

　クライエントは「あのとき，あそこに」いるのでなければ，「いつか，どこかに」いるわけでもない。カウンセリングの最中，カウンセラーの目の前に「いま，ここ」で生身の人間として心の病を抱えて存在しているのである。カウンセラーは，その学派と方法によって違いはあるものの，多かれ少なかれ目の前にいるクライエントの過去，未来を含めて想像をめぐらす。そのような場合，ときとしてその「想像」によって，今ここにいる「ありのままの」クライエント像にフィルターをかけて見てしまうことがある。つまり「想像」によって「事実」が歪められてクライエント理解をしてしまうことの危険性を，ここでは指摘しておきたい。

　「あなたはこういう性格だから」というカウンセラーの決めつけが，クライエントの心を長い間窮屈にし，不健康な傷つき体験になる可能性はいつなんどきでも起こり得る。特に面接初期には「なんとかしてほしい」という「藁をもつかむ」思いで，カウンセラーに対してかなり依存的になっているクライエントも多い。そんなときこそ「決めつけ」の有害性を意識した慎重な関わりが求められる。

　カウンセラーのトレーニングのなかにＩ（わたくし）–message法というものがある。この方法ないし心得は上記のような有害性をかなり抑える働きをする。「あなたは〜だ」という自分の想像によって決めつける言い方ではなく，「私にはどうもあなたが〜のように思えてならないがどうだろうか」と表現することによって，その指摘はあくまでもカウンセラーの側の主観でしかないことを強調する。クライエントは違った感じを抱いていたときに「違う」と言い返せる，あるいはいわれてみてどうなんだろうと自分の心を振り返ってみることができるだけの「心理的空間」を確保することができる。

(2)　「自」と「他」の区別

　クライエントの沈黙という現象を一つとっても，「何が言いたいのかわからない」のかもしれないし，「伝えたいことがうまく伝えられない」というもどかしさの表現かもしれない。もしくは「言葉にすると自分自身がバラバラになってしまうような恐怖感」による沈黙ということもありえる。そのどれ一つとっても，カウンセラーの「勝手な思い込み」や誤った「想像」を押しつけられたり，決めつけられたりすると，クライエントの心に「わかってもらえてない」という「不信感」が生じてくるものである。

　たとえば「もしもあなたが今あまり話したくない気分だとしたら無理に話す必要はないし，あるいは何か言いたいことがあるんだけどどうにもうまく言葉にしにくいようだったらゆっくり時間をかけてもいい。少なくとも私はここにいるから，この時間をあなたなりにそこそこ納得のいくように使ってね」といった言葉かけによって，クライエント自らぽつりぽつりと話しはじめるようなケースは数多い。ここでは「事実」と「想像」の区別と同時に，「私」と「あなた」，「自」と「他」の区別を意識した関わりが要求されている。

3.　カウンセリングにおける落とし穴への注目

(1)　相互性ということ

　カウンセラーになってすぐの，比較的責任感の強い人が陥りやすい危険性の

一つに,「自分が何とかしてあげなければ」という傲慢な発想に基づいた関わりがあげられる。当たり前のことだが,そもそもカウンセラーは万能ではない。フロイトやユングの著書を多く読んだからといって,人の心がわかったようなつもりになるとしたら大きな間違いである。それどころか,人の心がわかるという思い込みにこそ大きな落とし穴が潜んでいる。

「わからないからわかろうとする」という素朴な心の営みのために,常に「私」と「あなた」の「対話」を続けることが重要である。上記の危険性とは,「あなた」が「私」の一部となり,カウンセラーがクライエントを「思いどおり」に操作してしまうことであり,そこには互いの心を尊重した「相互性」が存在しない。「わからなければ聞いてみる」というごく当たり前の関係を維持し続けることが大変重要になる。

(2) 好奇心の様相

多くの専門書に触れ,心の構造を学ぶと,クライエントの抱える問題を知識に照合して半ば強引に当てはめるという落とし穴もまた,カウンセラーの陥りやすい危険性の一つであろう。そこにはカウンセラーが抱くさまざまな「好奇心」の様相が見え隠れする。

男性のカウンセラーがフロイトの「性欲論」に興味を持ち,女性のクライエントが抱える問題を考えていたとしよう。その過程でかなりバイアスのかかった性的ファンタジーから,明らかにクライエントの心的プロセスに沿っていない好奇心を抱いてしまうという現象は,控えめにいっても非治療的である。

「なぜ」という質問は多くの場合クライエントの心を窮屈にする。同時にその質問がカウンセラーの偏った好奇心によるものだとすれば,心理的仮説を検証するというカウンセラーの興味を満たすものでしかない。「その感じはどんなふうか」という質問のほうが,比較的クライエントは自由に語れることが多い。そこに上記の「わからないからわかろうとする」「わからなければ聞いてみる」という人間的な心の営みが存在し,相互的対話を通じてクライエントの心の風通しがよくなるのである。

─── Column ⑧ ───

リスクテイキングとしてのよそおい

　生活のなかには，多少なりとも健康を脅かすようなことがさまざまに潜んでいる。喫煙や飲酒，薬物使用，性交渉など列挙するときりがない。化粧や身体装飾など，外見を変化させる「よそおい行動」もその一つである。よそおい行動は，生理的効用（体の保護等）だけではなく，心理社会的効用（自身の気分向上，他者からの評価向上等）を生じさせることが一般的にも知られており，多くの人がこれらの効果を期待して「よそおい」を楽しんでいる。一方で，過度なダイエットや美容整形，タトゥー（入れ墨）などのよそおい行動には，身体健康上の危険性も指摘され，問題視されている。なぜ，健康などを危険にさらす可能性のある行動（リスクテイキング）をしてしまうのだろうか。

　ルードリッジ（Routledge et al., 2004）は，日焼けした肌を肯定的な自己イメージの一部と捉える女子大学生を対象とした研究を報告している。まず自身の死について考えてもらい（別の条件群では歯の痛みについて考えてもらった），その後複数の日焼け止めクリーム製品の購買意思について評価してもらった。その結果，死について考えた群は，歯の痛みを考えた群よりも日焼け防止効果が強い日焼け止めクリームの購買意思が低くなっていた。つまり，自分がいつか死んでしまう運命だと強く意識すると，自身の肯定的な側面を強化しようとすることが示唆された。この解釈は，死の恐怖から逃れるために，自身の集団で共有されている価値観を信頼してその基準に合う行動をとり，自尊感情を高めるという存在脅威管理理論（Terror Management Theory; Solomon et al., 1991）がもととなっている。

　たとえば，痩身が美しさの基準であるという信念を持つ人は，死の恐怖が喚起されるとその恐怖から逃れるために過度なダイエットを行い，自尊感情を高めるという可能性が考えられる。一見，矛盾しているようであるが，リスクテイキングなよそおいをすることで精神的な健康を得ているということかもしれない。

4. カウンセリングの「光」と「影」

　これまでいくつかの視点からカウンセリングという行為の有害性，副作用について述べてきた。本来当たり前のことだが，カウンセラーはクライエントの「お役に立つ」ものでなければならない。2020 年度 3 月時点の公認心理師登録者の数は，34,934 人であり，2021 年現在の臨床心理士の数は 38,397 人にのぼる。それだけ心の専門家が世に必要とされていることも事実であり，実際に役に立っているから存在しているともいえるだろう。

　中年期に差しかかった管理職の男性が，仕事の責任の重圧から抑うつ状態になり，ときには自殺願望まで抱き，たまりかねてカウンセラーのもとを訪れ，数回ないし数十回のカウンセリングを受けて復職できたケースも，カウンセリングが役立ったと考えてよいだろう。学校でいじめを苦に不登校となり，スクールカウンセラーの援助で再び登校できるようになったケースも，同様にその行動ないし客観的事実だけに焦点を当てればカウンセリングの「光」の部分である。しかし，「復職」「登校」へ向けた援助が，社会通念上「よし」とされる圧倒的な多勢の「力」であり，カウンセラーもまたその「力」に順応することでカウンセリング目標を掲げるとすれば，それは「影」の力である。復職なり登校が彼らの心にとって本当に健康的なあり方だったのか，今一度振り返る必要がある。

　もっとも心の大半を占めていた抑うつ気分がほぼ消失し，外的な要因のみならず，それまでの自分自身の窮屈な生き方を生産的に見つめ直すことができたうえでの復職や登校であれば，本当に「お役に立てた」といえるだろう。しかし，そこにカウンセラー自身の「影」の力に対する常なる目配りがあるからこそできた真の援助ともいえるかもしれない。虐待を受けた子どもを物理的に親から離すことが必要という援助が「光」ならば，「私のほうが実の親よりも親らしい」と思い込み，実の親をひどく批難するのは，あきらかに「影」の力である。カウンセラーが被虐待児の実の親に対抗し，親としての力勝負をしているのであり，実の親から受けた傷は，実の親によって癒される臨床的事実を見落としている可能性がある。

カウンセラーがその「影」の力に突き動かされてクライエントを「仕立て上げてしまう」危険性は，「光」があれば必ず「影」があるのと同じで，役に立とうとする「光」の力が強いほど常にその援助しようとする心につきまとう。クライエントが自らの過去の成育史に原因を同定することで，自分なりにより収まりのよい人生の「物語」が紡がれるかもしれない。同様に，「きっと神様が自分に大切な試練を与えてくれたんだ」という発想がクライエントらしい「物語」かもしれないし，面接当初抱えていた苦慮感との距離をうまく測れるようになったことが，その人らしいその後の人生を提供してくれるのかもしれない。

● おわりに

100人のクライエントには100通りの「物語」があり，それらはかけがえのない「臨床的個別性」である。しかし同時に精神分析であれ，人間性心理学であれ，学問としての臨床心理学を成立させるために，その説明概念としてどうしても「論理的普遍性」がつきまとう。また，それを学び続けることはカウンセラーであるために必要不可欠なものであるに違いない。しかし，改めてカウンセリングという心の営みを振り返ったとき，「臨床的個別性」を重視して「役に立つ」という「逆説的」ともいえる難題を抱え続ける。言い換えれば，クライエント本来の「物語」を，カウンセラーが「論理的普遍性」に基づいて「紡いでしまう」危険と向き合い続けることが必要であることを指摘しておきたい。

3節　秘密保持の必要性と意義

1. 医の倫理と臨床心理の倫理

本節では，心理的支援において重要な秘密保持について述べる。その秘密保

持について考えるための基本として，倫理的な知識を押さえておくことが大切であるため，まず医の倫理と臨床心理の倫理について説明する。

　医学の世界では，古代ギリシャの「ヒポクラテスの誓い」に始まって以来，「医の倫理」が問われ続けてきた。その後さまざまな議論を経て，現代の医学領域ではビーチャム（Beauchamp, T. L.）とチルドレス（Childress, J. F.）による「医療倫理の基本四原則」が用いられることが多い（水野，2017）。臨床心理学は医学とは異なる学問領域であるが，人への支援を人が行うという点は一致している。心理的支援を行う専門職にも職業倫理や研究倫理を遵守することが求められているのである。医療倫理は，心理的支援の実践にもつながる重要な指針を示しているので，その代表的なものである「医療倫理の基本四原則」について説明する。

　医療倫理の基本四原則は，「自律的な患者の意思決定を尊重せよという自律尊重原則」「患者に危害を及ぼすのを避けよという無危害原則」「患者に利益をもたらせという善行原則」「利益と負担を公平に配分せよという正義原則」からなる（水野，2017）。また，原則というのは「ほかの多くの道徳的規準及び判断の基礎となる根本的な行動基準である」と説明されている。したがって，医療の場における問題については，この 4 つの原則を用いて考え，行動することにより，規範的で倫理的に対応した，と判断される。

　自律尊重原則は，医療者による真実告知，個人情報保護や守秘義務，インフォームド・コンセントに関連している（瀧本，2016）。インフォームド・コンセントとは，医師の十分な説明を受けたうえで，患者自身が診療方針を選択する際の十分な説明に基づく同意であり，「説明と同意」と訳される（津川・本永，2017）。医療者は，医学的判断，治療方法とそのリスクなどについて丁寧に説明し，善行原則に基づいて適切で患者に利益が多い治療行為を行うとともに患者の危険を回避するように努めること，無危害原則によって患者の痛みや苦痛に配慮すること，正義原則に基づいて医療資源を公正に配分することが求められる（瀧本，2016）。では，このような「医療倫理の基本四原則」は臨床心理における倫理にどのように通じているのであろうか。

　心理的支援に関わる者の職能団体の一つである日本臨床心理士会が定める

「日本臨床心理士会倫理綱領」（以下，倫理綱領）には，クライエントの人権を守り，プライバシーを尊重し，秘密を守ること，インフォームド・コンセントを行い，自己決定権を尊重することなどが定められている。これらは，「医療倫理の基本四原則」の自律尊重原則に通じているといえる。心理的支援においても心理的支援を行う者とクライエントとの間で，インフォームド・コンセントを行うことが求められる。心理的支援を行う際には，クライエントに対して，行う支援の内容・方法・枠組み，場所・時間・費用・予約やキャンセルなどの規定，秘密保持の約束と秘密保持の例外，心理的支援中止の権利などの説明を行い，クライエントが自身の自由な意思で同意したり拒否したりする権利を保障する。

　また，この倫理綱領の職能的資質の向上と自覚の条文には「自分自身の専門家としての知識・技術の範囲と限界について深い理解と自覚を持ち，その範囲内のみにおいて専門的活動を行うこと」とある。これは無危害原則や善行原則に沿っている。ここにある「範囲内のみにおいて」という箇所はとても重要である。これは，心理的支援を行う者が責任を持って対応することが困難なケースについては，むやみに抱え込むことが禁物であると指摘している。自分では対応が困難であると判断した場合には，できるだけ早く他の適切な専門家や専門機関に紹介するなどの手立てが必要である。そのために普段より自分の力量を正確に理解しておくことが求められる。

　特に初学者の時期は，十分な技術を身につけていないことを恥ずかしく思うことがある。そのために責任を持って対応できないにもかかわらず抱え込んでしまい，クライエントの症状が悪化することがある。これは，善行原則や無危害原則に反する行為である。「医療倫理の基本四原則」に基づいて考えると，最もクライエントにとって利益が大きい心理的支援に努め，クライエントに苦痛を与えないように配慮することが求められる。熟練した心理職の人であっても，自身の力量では対応困難であると考えるクライエントに出会うことがある。そのときに，自分の力量を正しく判断して適切な専門家や専門機関に紹介することは少しも恥ずかしいことではない。

　このように心理的支援を行う者は，「医療倫理の基本四原則」をはじめとし

た倫理に関する知識を身につけ，職業倫理についての自己研鑽に努め，細心の注意を払って患者やクライエントに専門的な支援を行っていく必要がある。

2．心理職に求められる秘密保持

（1）秘密保持の重要性

　心理的支援においては，クライエントの個人情報やカウンセリングの内容などについて，その秘密を守ることは厳守しなければならない。しかしながら，例外とされることがらもあるので，秘密保持が重要な理由を理解したうえで，例外となる状況について判断できるようになる必要がある。

　先に示した倫理綱領では，秘密保持について「〔秘密保持〕業務上知り得た対象者及び関係者の個人情報及び相談内容については，その内容が自他に危害を加える恐れがある場合又は法による定めがある場合を除き，守秘義務を第一とすること」「〔情報開示〕個人情報及び相談内容は対象者の同意なしで他者に開示してはならないが，開示せざるを得ない場合については，その条件等を事前に対象者と話し合うよう努めなければならない。また，個人情報及び相談内容が不用意に漏洩されることのないよう，記録の管理保管には最大限の注意を払うこと」とされている。すなわち，相談の内容については秘密保持が原則であるが，自殺などの自傷行為や他者に危害を加えるような行為の危険性がうかがわれる場合は例外であり，他機関への紹介や多職種連携を行うときに，情報を共有する必要がある場合は，対象者に対して事前に，どこに（誰に），どのような理由で，どのような情報を提供する必要があるのかについて話し，情報開示の許可を得ておくようにすることが求められる。

　一方，2015年に成立した公認心理師法では，第40条に「公認心理師は，公認心理師の信用を傷つけるような行為をしてはならない。」と信用失墜行為の禁止が示されている。また，第41条に「公認心理師は，正当な理由がなく，その業務に関して知り得た人の秘密を漏らしてはならない。公認心理師でなくなった後においても，同様とする」とあり，秘密保持義務が課せられている。第32条には，公認心理師の登録を取り消すなどの処分が規定されている

が，この第 40 条，第 41 条に違反したときは，登録取り消しの対象になる。また，第 41 条の義務に違反すると 1 年以下の懲役または 30 万円以下の罰金という刑罰が科せられる（第 46 条）。このように，公認心理師においては，信用失墜行為や秘密保持違反行為は，資格の登録が取り消されたり刑罰が科せられたりなどの厳しい処分の対象となる行為であることを忘れてはならない。

(2) 秘密保持の意味

　以上のように，心理的支援の専門家には厳密な守秘義務が科せられている。ここで，この理由について考えてみたい。心理臨床のどの領域においても，クライエントは，心理的支援の専門家に対して，悩みごとや困りごとを相談する。それは何年も悩み続けてきたことで，誰にも話せなかったことであったが，心理的支援の専門家に勇気を出して会ってみたら信頼できる人だとわかって，初めて他人に話したことかもしれない。人づてに広がってしまうことを恐れて身近な人には相談できずにいたことでも，専門家であれば秘密を守ってくれると信頼して話したことであるかもしれない。このように考えてみると，クライエントが心理的支援の専門家に悩みを打ち明け，心の内の深い部分にある感情を吐露することは，その専門家に対して絶大なる信頼をおいているからこそできることだと理解できる。金沢 (2018) は，「秘密保持ということがらの根幹は『秘密を守る』ことではなく，人やクライエントが心理師に対して絶対的な信頼を寄せることであるということを忘れてはならない」と述べている。まさしくそのとおりであり，秘密を守る意義は，ここでいうところの信頼に通じ，その信頼なくして心理的支援は成り立たないことを肝に銘じておくべきであろう。

3. 秘密保持と連携

(1) 条件的（限定的）秘密保持

　心理職には秘密保持が求められる一方で，公認心理師法第 42 条に「公認心理師は，その業務を行うに当たっては，その担当する者に対し，保健医療，福祉，教育等が密接な連携の下で総合的かつ適切に提供されるよう，これらを提

供する者その他の関係者等との連携を保たなければならない」とある。秘密を守らなくてはならない義務がありつつ、関係者との連携をとらなくてはならない。このように相反する義務にどう対応するべきであろうか。患者やクライエントを他職種のチームで支えることが主流になっている今日においては、条件的（限定的）秘密保持という考え方が支持される。

　金沢（2018）は秘密保持の例外状況について、以下の 8 点をあげている。

①明確で差し迫った生命の危険があり、攻撃される相手が特定されている場合
②自殺など、自分自身に対して深刻な危害を加えるおそれのある緊急事態
③虐待が疑われる場合
④そのクライエントのケアなどに直接関わっている専門家同士で話し合う場合（相談室内のケース・カンファレンスなど）
⑤法による定めがある場合
⑥医療保険による支払いが行われる場合
⑦クライエントが、自分自身の精神状態や心理的な問題に関連する訴えを裁判などによって提起した場合
⑧クライエントによる明示的な意思表示がある場合

「明確で差し迫った生命の危険があり、攻撃される相手が特定されている場合」には、犠牲者となる可能性がある人への保護義務がある。これは犠牲者となり得る人がいる場合だけではなく、本人に自殺の危険性がある場合にも適用される。保護義務の判断のポイントとして、金沢（2018）は、「当事者間に特別の信頼に裏付けられた関係が存在する」「明確で切迫した危険が存在する」「その危険が予測できる」の 3 点をあげている。心理職は、危険が差し迫っていると判断した場合には、保護義務を履行する。自殺の危険性がある人には、保護義務を履行するだけでなく、家族に連絡したり、医師と連携したりする。

　虐待については、2000（平成 12）年に「児童虐待の防止等に関する法律（児童虐待防止法）」が制定されたことにより、守秘義務に関する例外性がいっそ

う明確化された。従来の児童福祉法にも児童虐待には通告の義務があったが，児童虐待防止法では，「通告義務の優位性」が明示された。そしてこの法律は，2004（平成16）年，2007（平成19）年の改正を経て，虐待かどうか判断がつきにくいケースを通告して，それが間違いであったとしても責任は問われないことも明示された。通告の窓口は，児童相談所と市区町村である。子どもの安否確認のために児童相談所は立ち入り調査が可能で，保護者が同意しない場合は，警察の協力を得て強制的に立ち入り調査を行えるようになった。

　クライエントのケアなどに関わっている専門家同士の情報共有は，クライエントの回復を支援するために頻繁に行われてきた。その際は「チーム内守秘義務」という守秘の扱いがされてきた。このことについて金沢（2018）は，援助チームはさまざまな職種の人で構成され，「法律上秘密保持が定められた職種の専門家だけではなく職業倫理や守秘義務に関する法律が設けられていない職種や場合によっては一般の人がチームに加わることがある。またひとくちに法律上の秘密保持を定められている職種といっても，各職種の教育訓練内容の違いや個々人のとらえかたの違いなどによって，クライエントの秘密をどのように扱うか，違いがあることも事実である。このような状況もあり，いわゆるチーム内守秘義務については法律上課題がある」と指摘している。

　実際に，クライエントへの対応を他職種の専門家で検討するケース会議は，教育領域や福祉領域をはじめとした多彩な場で行われている。その場には秘密保持を義務とする専門職だけでなく，家事支援を行う人やクライエントが住まう地域の篤志家など一般の人が参加することもある。先に述べたように，クライエントに関する情報の提供においては，クライエント本人に許可を得た内容にとどめること，情報を共有することがクライエントの回復を支援するために明らかに必要な人にのみ開示することが重要である。また参加したメンバーには，毎回丁寧に情報を漏洩しないように説明しておく必要もある。可能な場合に限ってだが，こうした情報共有の場にクライエントや家族など当事者の方に参加してもらうことも一案であろう。

(2) 秘密保持に配慮した連携の例

　たとえば，不登校を主訴に児童精神科に通院中の中学3年生女子（Aさん）が少しずつ学校に行くようになってきた，という状況を想像してみよう。この生徒が以下のような訴えを児童精神科の心理職にしたとする。

　　クラスに長くいると気分が悪くなる日もあり，保健室に行くことがある。しかし，保健室の先生はわたしのこれまでの経緯については知らないので，学校のルールだから，と1日1時間だけしか保健室の使用を認めてくれない。英語や数学の授業を聞いていてもまったく理解できず，授業を聞いていると苦しくなってきてつらい。担任の先生には「高校に進学したいから学校には行きたい」と話したが，他の先生は私のことをわかっていないようで，授業中に順番に発表させられたりすることもあって困っている。また学校に行けなくなるかもしれない。

　このとき，あなたはどのような支援が必要で，学校とどのように連携することが必要だと考えるだろうか。また，秘密保持や情報の提供については，どのように考えるだろうか。たとえば，学校と連携をとって，休憩するために保健室をもう少し長く使わせてもらえないか，教科の学習について支援の手立てはないか，担任だけではなく，教科を担当する先生にAさんの現状を共有して安心して登校できるような配慮をお願いできないか，など学校と連携して一緒に考えることが支援に必要だと考えないだろうか。

　このような支援や連携の方向性を考えたとき，本人や保護者に秘密で学校に連絡することは適切ではない。「あなたが頑張りたいと思う気持ちを支えるために，校長先生，特別支援コーディネーターの先生，学年主任，担任，保健室の先生と連絡をとってみたいのだけれど，どうでしょうか。相談する内容は，保健室にもう少し自由に長く居させてもらえないかということと，欠席していたことでわからなくなっている学習について何か対応策はないかということ，教科を担当する先生に配慮をお願いすることです。Aさんのお考えはいかがですか」と本人や家族に話し，きちんと同意を得てから学校との連携を開始する

ことが必要である。ここでは，学校と連携することが必要であること，そして
その目的は登校を再開したＡさんのストレスを緩和するためであること，具
体的に学校側へ伝える内容と伝える相手，クライエントの同意なく伝えること
はしないことなどを説明し，Ａさんが自由意思で同意したり拒否したりする
権利を保障している。

このように，必要な場合に必要な関係者と連携をとることが必要であるが，
あくまでもクライエントの同意を得てから連携を行うことが重要である。そし
て，連携を行う者は，知り得た情報の秘密保持を厳守することが大切である。

● おわりに

心理職には，職業倫理を遵守してその専門性を発揮することが求められる。
秘密保持の原則を守りながら，関係者と連携するためには，まず，クライエン
トとの信頼関係をしっかりと築くことが重要である。そして，クライエントの
自主性を尊重したうえで，インフォームド・コンセントをしっかり行ったのち
に関係者との連携を行う。連携においては必要な人（または機関）と必要な情
報を共有すること，共有した情報については共有者全員が秘密保持に細心の注
意を払うことを確認すること，などに気をつける。ただし秘密保持の例外状況
もあるので，クライエントの症状や置かれている状況について，客観的に的確
な判断ができるようになることも必要である。

4節　心理的支援の適応と限界

本節では心理的支援の適応と限界について考える。心理的支援について，河
合（1992）は「心理療法とは，悩みや問題の解決のために来談した人に対して，
専門的な訓練を受けた者が，主として心理的な接近法によって，可能な限り来

談者の全存在に対する配慮をもちつつ，来談者が人生の過程を発見的に歩むのを援助すること」と述べている。身体的な病気の治療において疾患を治療することが目指されるのと同様に，心理療法でもうつや不登校といった具体的な症状や問題の解決が主要な目標になると考えられるかもしれない。しかし，実際には心理的支援ではその人の生き方や，周囲の人との関係のようなさまざまな話題が悩みとして話されることも少なくない。そのため心理的支援のなかには具体的な症状の解消のみならず，そのクライエントの人格的な変容や生き方の再考なども含まれていると考えられる。

1. 心理的支援の持つ 3 つの側面について

では，そもそも心理的支援とはどういったことなのだろうか。ここでは例となる面接場面を取り上げながら，考えてみたい。

(1) 事例に見る心理的支援が持つ 3 つの側面

クライエントの B は 14 歳の中学 2 年生の女子。対人関係が苦手で，小学校の頃から教室内では一人で過ごすことが多かった。中学校に入ってできた友人とのちょっとしたいさかいをきっかけにして登校しにくくなり，中学 1 年の 2 学期ごろからほとんど学校に行っていなかった。自治体の総合教育センターでのカウンセリングに親に連れられて相談に来た B は，はじめのうちは気分が落ち込んだ様子で，あまり学校の話などはせず，好きなアニメや声優の話をカウンセラーとしていることが多かった。カウンセラーは，好きなアニメのなかで人間関係に葛藤しながら成長する主人公の話や，仲間の声優たちと楽しげに作品を作り上げている声優についての語りのなかに，B 自身の葛藤や心のゆれ動きが表れているように感じていた。しだいに B は友人との関係について話をするようになり，3 年生になる頃から保健室を利用しながら学校に登校するようになった。

　このように一例を見ると，心理的支援のあり方にいくつかの側面があること
に気づく。1つ目は，相談に来ることになった直接の理由である①具体的な症
状や問題を解決しようという側面である。センターに連れてきた親とB本人
が最も困っていたのは気分が落ち込むことと，それに伴う不登校という状態で
あり，それらを変化させることが相談に来た主な目的だといえるだろう。心理
的支援はそうした問題を解決する役割を担っている。

　2つ目が②ソーシャルサポート的な側面である。Bは不登校状態にあり，日
常的に他者と接する機会が少なかったことから，好きなものや興味のあるもの
について話すことができる場所や話せる人があまりいなかったと考えられる。
カウンセラーと出会うことによって，クライエントの好きなものについて興味
や関心を共有して話をすることができるようになったといえる。そうした日常
的な会話のなかで作られた信頼関係を基礎にしながら，友人関係などの悩みを
話すこともできるようになっていったと考えられる。つまり，一見症状や問題
とは無関係に思えるかもしれないが，日常的な話をできること自体，ソーシャ
ルサポートという意味で大きな役割を果たしていることになる。

　さらに3つ目として，カウンセラーがアニメや声優の話を聞きながら，そ
こにBの葛藤や心の変化が表れていると感じていた，という点が重要である。
つまり，症状や行動の具体的な変化だけでなく，クライエント自身がいかに生
きるかといったクライエントの人生そのものを考える，あるいは対人関係につ
いて見直すといった，③内面的な成長や人格的な変容を目指すという側面であ
る。この例のアニメや声優の話のように，クライエントが好きだったり興味を
持ったりしていることについて聞いていくと，その「クライエントらしさ」が
見えてくることや，クライエント自身が感じている葛藤や心の成長が表れてい
ると感じられることがある。一見すると日常的な話をしているようであっても，
内容を丁寧に聞いていくと，心理的な悩みや葛藤がその話題のなかに表れてい
ることがあり，そうしたさまざまな形で表現されるクライエントの人格的な変
化に目を向け，それを支えていくこともまた心理的支援にとって重要である。

(2)　心理的支援の 3 つの側面における適応と限界

では，それぞれの側面にはどのような適応と限界があるだろうか。

①具体的な症状や問題を解決しようという側面においては，対象となる症状
　など技法上の限界について意識しておくことが必要となる。たとえば本章
　1 節で触れられている精神分析は，現在の心理臨床の基礎を築いた技法で
　あるが，もともとはヒステリーという症状の治療のために考え出された方
　法であった。また，支援者がクライエントとともに主題となる問題点や症
　状を共有して解決を目指す認知行動療法は，うつや強迫といった具体的な
　症状や問題の解消に強調点があるといえる。具体的な症状の変化を目指す
　ために重要となるのは，症状や問題点についてのアセスメントをしたうえ
　で，その症状や問題に応じた方針を立て，それらをクライエントときちん
　と共有することである。

②ソーシャルサポート的な側面においては，対象者や内容について限界があ
　るわけではない。しかし，友人や家族といった日常的な関係性と共通して
　いるため，それのみでは精神疾患など，専門的な支援を必要とするような
　内容には不十分である。ただ，対人援助においてラポールという相互の信
　頼関係が重要視されるように，専門的な支援の基礎として，こうしたソー
　シャルサポート的な側面が重要な役割を担っていることは強調されるべき
　だろう。さらに，専門家によるソーシャルサポートにおいて良い経験をす
　ることが，クライエント自身が日常生活のなかで他の人と良い関係を築き，
　さまざまなソーシャルサポートの機会を見いだすことにもつながっていく
　と考えられる。

③内面的な成長や人格的な変容を目指すという側面についても，限界がある
　という考え自体がなじまない。人格の成長や変容とは，その人がどのよう
　な人になり，どのように生きていくのかということだからである。あらゆ
　る人の生き方に「良い」「悪い」といった評価ができないのと同様に，ど
　のように変化するのがよいのかということをひと言ではいえない。あえて
　いうならば，その人自身が自分の人生を引き受け，主体的に生きていくこ

とができるようになることが大切なのかもしれない。ここで重要な点は，症状や問題によっては，その人の生き方や過去の経験の影響が症状という形で表れていることがあるという点である。つまり，人格的な変容に主眼を置いた対象者への関わり方自体が，症状そのものの変化につながることもある。

　心理的支援について3つの側面の適応と限界について見てきたが，3つが互いに独立しているわけではないことは強調されるべきだろう。前述のように，一見ソーシャルサポート的な関わりをするなかで人格的な成長が生まれたり，生き方について考えるなかで症状が気にならなくなったりすることがある。また，心理的支援には本章1節にあるようにさまざまな考え方があるが，それぞれの考え方においてこの3つの側面のなかで強調される側面が異なっている。特に，認知の働きや行動的な変化に主眼を置いた認知行動療法などは具体的な症状に焦点を当て，精神分析的な基礎を持つ深層心理学などは人格的な成長や変容により大きな関心がある。それぞれの考え方で3つの側面についての強調点が異なっていることから，クライエントに必要なことが何かを意識しながら支援を行うことが望ましい。

2.　限界設定とカウンセリングの内容的な限界

　ここまでは，心理的支援のあり方について3つの側面に分けながら適応と限界について考えてきた。ここからはもう少し具体的に，心理的支援の実践における限界や，内容的な適応と限界について見ていきたい。

（1）限界設定とは

　苦しんでいるクライエントに対して心理的な支援をしようと思うと，自分がすべてを解決したい，あるいはしなくてはならないのではないかという気持ちになることがある。クライエントとしても，苦しんでいるときに支援をしてくれる人がいると，際限なくあらゆる支援を求めようとしてしまうこともある。

しかし，心理的支援においては面接時間，面接場所，料金という３つの限界が強調されており，これを限界設定と呼ぶ。面接時間については，同じ曜日，同じ時間以外には面接はせず，多くの場合は50分などの面接時間が決まっていて，それ以上には延長も短縮もしないというのが通例である。また，面接を行う場所については，他の人が入らない決められた面接室において一対一で行い，それ以外の場所では会わないようにすることも通例とされている。料金も，クライエントが決められた料金を毎回支払うことが基本とされる。

　こうした限界設定は，心理的支援を行う者にとってその時間や内容に集中することを促す。また，クライエントにとってもその時間を特別な時間として日常生活から切り離し，普段はできない話をすることができるようになるという意味で重要な役割を担う。つまり，面接関係において限界を設定することは，支援をする側と受ける側との双方にとって安心して日常のなかではできない話を可能にする空間を作り，その関係を継続していくための守りにもなっている。また，クライエントの生命が関わる場合などでは，その限界を破る必要が出てくるときがあるが，そうした対応をせざるを得ないときにも，それが特別であることが自然と強調され，介入の影響が強く表れるという効果もある。

(2) カウンセリングの内容としての限界について

　カウンセリングにおいては，できないことがいくつかある。その一つが診断や投薬などの医行為である。医師法17条に規定されているように，医師でない場合，心理的支援を行う者は医行為を行うことはできない。心理的支援を行う者も，専門家として心理学的観点からクライエントの状態像について見立て，一定の理解を説明することはあるが，それはあくまで心理学的観点からの理解であり，医学的診断とは異なっている（第３章１節参照）。また，投薬治療もできないので，クライエントに対するアセスメントを行うなかで，投薬治療が適切だと考えられる場合には精神科医などを紹介したり，通院を促したうえで，医師と連携，協働したりすることが必要である。

　カウンセリングにおいてクライエントの話を聞いていると，支援者自身が日常生活に深く関わったほうがよいのではないかという思いにかられることもあ

るかもしれない。たとえば，クライエントの人生において重要な決定事項（結婚，離婚，離職など）を代わりに決定したり，クライエント自身が実行に抵抗を感じること（他者との交渉など）を代わりに行ったりする，ということである。しかし，心理的支援の目的があくまでクライエント自身の変化であることを考えるならば，それらを代理して行うことはむしろクライエントの自己決定を阻害し，クライエント自身の人生を歩むことを邪魔することにつながっているとも考えられる。また，心理的支援を行う者が，クライエントと日常生活場面で関係を持つことは「多重関係」と呼ばれ，禁止されている。たとえば，支援者がそのまま同僚として働くことや，友人，恋人や家族になることであり，支援者は自らのためにクライエントを利用してはならない。同様に，支援者自身の同僚や家族，友人などの日常的に関係がある人に対してカウンセリングを行うべきでないともされている。それは，クライエントが日常から離れて自由にどんなことでも話すことができるという前提を守ることができなくなってしまうからである。

3.　心理的支援における倫理的な態度について

　ここまで見てきたことは，心理的支援の対象者への関わり方，もしくはその内容的な限界についてであった。ここからは倫理的な態度について見ていく。

(1)　クライエントの人格を尊重する

　心理的支援において最も重要なことは，それが「クライエントにとって支援になる」ということである。しかし，心理的支援の難しさはそこにこそあるともいえる。医学領域においてもインフォームドコンセントという患者自身の意思が強調されているように，心理的支援は人の心に関わるからこそ，クライエント自身の人格が最も大切なものとして強調されるべきである。フロイト（Freud, 1910）が「『乱暴な』分析」という言葉で，クライエント自身が抑圧している心的な内容に接近する準備ができる前にそれを分析・解釈することを戒めているように，誤った支援はむしろ害になることすらあるためである。

　第三者的に考えると問題の本質は明らかであるかのように思われたとしても，それらは本人が知る，感じる，理解することが怖く，不安であるために意識されないままになって（抑圧されて）いるものかもしれない。クライエントの準備ができる前にそれに強引に直面化させることは，そのクライエントの心の安寧を破壊するだけでなく，心的外傷を繰り返させ，クライエントを深く傷つけることにもつながりかねない。また，共感は大切だが，安易にクライエントの苦しみを「わかった」と思うこともクライエントにとっては傷つきとなることがある。人の苦しみの全容など完全にはわかり得ないし，安易に「理解」してしまわずに，複雑な思いをそのまま感じることが何よりもクライエントの心を大切に扱うことになることも多い。

(2)　ひとりよがりな支援となっていないか気をつける

　人に対して何かしてあげたいと思う人が心理的支援の方法を学ぶことはとても大切ではあるが，それはときに自分は良いことをしているという思い込みにつながることがある。心理的支援は常に「良い」ことなのだろうか。クライエントのなかには，本当は相談になんて行きたくないけれど仕方なく相談に来ているという人もいる。カウンセリングに通っていることを知られると，あたかも精神的に弱く，他の人にはない問題を抱えた人であるかのように思われるのではないかと，不安に思うクライエントもいるだろう。それは，多くの人が日常的な人間関係のなかで，あるいはその人自身の力で解決できていることが自分にはできず，専門的な支援を必要とするような状態になっていると思ってしまうからである。カウンセラーなどの心理職は，人生のなかで「可能なら会いたくない」存在ともいえるかもしれない。「良い」ことをしていると信じて疑わないでいると，こうしたクライエントの思いを受け取りそこなってしまう。

　震災や水害などの大災害が起こった際にも，心のケアが行われることがあるが，災害時における支援について「1回だけボランティアに行くという場合には，必要以上に傷つけてはいけない。また回復する人を過剰に病気扱いしてはいけない」，「そして実際に相手側が困っている，たとえば安心が得られないとか，衣食住とか生活の必需品を提供することが最優先」（埼玉県立精神保健福

祉センター，2012）とされている。このように，災害の際に求められることは，必ずしも「心のケア」を前面に出したような対応ではない。「心のケア」をしようと意気込んで行った人が避けられ，自分は支援をしようと思っているのにと憤慨することは，被害にあった人のためにはならない。むしろそのような態度は人の心を傷つけ，不必要な二次災害を与えてしまうかもしれない。必要となる物資を運ぶ，衛生を保つ，身体のケアをするなどの行動こそが本質的にその場において求められている心のケアにつながることがあるということを意識すべきだろう。そうした本質的なケアをする人に接して初めて，人は心を開くことができるようになっていくのではないだろうか。

● おわりに

　本節では心理的支援の適応と限界について考えてきた。これは，私たちに心理的支援の本質とは何か，ということを突きつける問題である。心理的支援をしようと考えるときに，「自分は支援のいらない強者」であり，「相手は支援を必要とする弱者」だというような価値づけをすることは避けるべきである。自分を「支援する強者」であると意識するとき，そこにあるのは上から目線の善意の押しつけであり，「弱者」に対する本質的な共感は起こらない。そうではなくて，本質的にクライエントと自分が同質であり，同じように苦しみ，悲しみや喜びを感じながら，ともに生きる存在だということを意識するとき初めて，クライエントへの共感に一歩近づくことができる。

　クライエント自身の力で，あるいは周囲の人の力を借りても解決できない問題について，支援者一人の力で簡単に解決することができないことは当たり前である。そうであるならば，一人の人間にはどうすることもできない現実や過去，あるいは強大な自然のエネルギーやときに困難な人間の歴史の渦のなかで呆然と立ち尽くす人のそばに立ち，人間の無力さや限界を感じながら，同時にそこに何らかの変化が起こってくるという希望を失わずに寄り添い続けることこそが，本質的な心理的支援につながるのではないだろうか。

5節　臨床心理学的地域支援

1.　地域支援における「地域」とは

　「地域に根差した○○」や「○○による地域の活性化」などという「地域」という文言の使い方が世間にあふれている。辞書的意味での「地域」とは，①区切られた範囲の土地，②政治，経済，文化のうえで一定の特徴を持った空間の領域，である（三省堂『大辞林』）。つまり，物理的な意味合いと，そこにある特徴によって線引きされるという意味合いの2つの内容が「地域」に包括されている。

　類似する語に「地方」という言葉がある。この語の反対語は「中央」であるから，仮に「臨床心理学的"地方"支援」というと地方都市で働く心理職の支援のあり方に関する話になってしまいそうである。しかしながら，ここに「地方」＝「ローカル（local）」という英語を当ててみると，むしろ本節で紹介する内容の方向性が見えてくる。「ローカル」には，その場所の特質や，その場所で効果的な事柄について，より具体的に方向づけられた意味合いが含まれるように思われる。

　本節で述べる「臨床心理学的地域支援」における「地域」は，①物理的に限定される地域と，②その領域の特徴において規定される地域である。その両方の意味を含む地域において，臨床心理的支援を有効かつ効率的に行うために何が必要なのかを考えていく。つまり，本節でいう「地域」の意味は，心理職が働く職場がある地理的な地域を指す場合もあれば，心理職が置かれた職域を指す場合もある。たとえば具体的に「児童相談所」を例にあげるならば，ある地方都市の児童相談所が抱える管轄区域のこと，及びその区域における地域性や独自性を踏まえた「地域」について考えていく。同時に，「児童相談所」という職域における動向や，方向性，時代性なども加味される。

　ところで「公認心理師」や「臨床心理士」が働く職場は，第5章で紹介され

るように大きく分けて5領域（医療，教育，産業，福祉，司法）にわたる。先ほどからなぞらえているように，この5領域も「地域」といえるし，そこに拠って立つ心理職には，各々の地域でいかに効果的に自分の仕事をするかという動向などを踏まえた目標がある。このような「地域」を意識して働くことが，利用者（クライエント）のニーズに応えることにもつながる。

2. 地域支援への貢献

(1) 連携のベクトル

　心理職が地域で効果的に動けるためのキーワードに「連携」がある。この「連携」については公認心理師法にも規定されており，同業，他職を含めた多職種連携の重要性がうたわれている（表4-1 参照）。

　心理職の連携にはいくつかのベクトルがある。例をあげれば，①治療的な意味も含めた「利用者」との連携，②職場内の「多職種」との連携，③職場外の「多職種」との連携等である。どれも支援の成否に関わる重要な要因だが，①の利用者との連携は最重要でかつ困難なものと考えられがちである。しかし，②③の多職種連携のほうが難しく感じることもあることは，経験のある心理職なら肯けるはずである。①には治療的な立場（流派やオリエンテーション）や，その立場による見方，スキルがあり，ひと昔前のように表立って自分の立場を主張しなくても，その諸々を活用しながら利用者との関係づくりを行う。英語でいう「リレーション」の意味での関係である。関係づくりのために「傾聴」「受

表4-1　公認心理師法第42条

第1項
公認心理師は，その業務を行うに当たっては，その担当する者に対し，保健医療，福祉，教育等が密接な連携の下で総合的かつ適切に提供されるよう，これらを提供する者その他の関係者等との連携を保たなければならない。
第2項
公認心理師は，その業務を行うに当たって心理に関する支援を要する者に当該支援に係る主治の医師があるときは，その指示を受けなければならない。

容的な態度」「ジョイニング（家族療法でいうところの"仲間に入れてもらう"）」
を行うことが，治療的な立場を超えて成功の前提となる（川畑，2012）。

　他方②③は「コラボレーション」であり，お互いの目の前の利用者のために
協力，協働する意味の連携である。この難しさの所以には，まず，専門家間の
言語の違いがある。同じ専門領域なら黙って肯けることが，いちいちわからな
かったり，引っかかったりする。また，専門家であるという自負が邪魔をして，
ここは医療の領域であるとか教育の場であるとか，主導権を主張したくなる。
専門とする職種や領域ごとに所属する組織があるため，他職種や他領域とのや
りとりにおいて自らの組織を背負っているという余計な責任感が生まれて連携
の邪魔をする場合もある。やや誇張的に書いたが，こうした利用者を両方から
引き合うようなはっきりと見えにくい意地の張り合いによって，利用者に悪影
響を及ぼしてしまうこともある。

(2) 他職種への理解

　公認心理師法など，自身の専門領域に関する法律を知っておくことは，専門
家として当然である。同時に，自分の足もと（職場，関係機関，日常生活のコ
ミュニティ）の理解も必要となる。「公認心理師」の法令を知るように，自身
の職場を司る法律，関係省庁からの通達にも敏感になるべきである。一例とし
て「児童相談所」についていえば，その存在は「児童福祉法」に規定されてお
り，関係省庁は「厚生労働省」である。厚生労働省のホームページには児童相
談所の運営指針（運営に関するマニュアル）が掲載されており，いつでも閲覧
できる。また，スクールカウンセラーなら，関係省庁は「文部科学省」であり，
その選定についての「実施要領」（選考の仕方）が文部科学省のホームページ
に示されている。

　心理職として地域で有効に働くために，自分の足もとにある地域（職場，関
係機関，日常生活のコミュニティ）の情報について，パブリックとプライベー
トの両面において敏感でいることが大切である。すべてに精通することは不可
能であるが，自分の専門領域のことしか知らず，他には興味を向けないという
のでは，地域支援は行えない。バランスを保ちつつ地域に立つ姿勢が重要とい

うことになろう。

　地域において，臨床心理学を有効に役立て，心理職として効果的に機能するための目指すべき状態として，「スペシャリスト（心理職としての専門性の担保）であり，かつジェネラリスト（職業人としての総合性の担保）であれ！」という格言がある。しかし，これもスペシャリストかジェネラリストかという偏り方の問題であり，前出のバランスにいかに注意を払えるかということに集約される。最近では公認心理師にも関連づけられて，「チーム医療」「チームとしての学校」という言い回しが盛んになった。公認心理師の心理的支援や心理臨床における専門性を掲げながらも，チームの一員であるという考え方である。

(3)　チームの一員であることの重要性

　公認心理師法第42条第2項の文言（表4-1）は，単に医師の指示を仰ぐようにということではない。医師のもとに多種多様なスタッフが集い，各々の専門性を前提として，目的と情報を共有し，業務を分担するとともに，互いに連携・補完し合い，患者の状況に的確に対応した支援を提供するようにという意図が強く感じられる。

　専門のみに偏っていては，地域での機能性は望めない。実際の連携の具体的な場面として，医療や福祉の現場で行われる「ケースカンファレンス」を想起してみる。精神科病院で心理職から見た患者の状態を伝えるときに，知能検査で得られた数字をそのまま伝えたところで，あまり意味がない。その数字が生活内での能力を表す意味を言及するような言い方（たとえば「一度にいくつかの病棟内での約束事を伝えても，その場では理解したように見えても，忘れてしまう。その都度繰り返し伝えることで定着させる力は持っている」といった数値の意味を解説する文言）に言い換えることが必要である。これは，研究や営業における質の高いプレゼンテーションと共通している。

　たとえば，ある児童福祉施設では，昭和50年代あたりまで，入所児童の心理治療に当たる心理職は，自分が担当する子どもと廊下ですれ違うときなど，できるだけ目を合わせないように，触れ合わないように，心がけていたそうである。心理治療以外は患者と関係を持たないという治療的な配慮のためとのこ

とである。もちろん，現在の心理職は，施設内の生活領域の専門職である保育士・指導員，教育領域の専門家である教師との連携が重要とされており，施設という同じコミュニティ（地域）で，利用者（子ども）を育てていくという立場にある。その立場上，心の専門に限定した子どもへのこうした接し方は無意味な配慮・姿勢であり，ときに有害であるとすらいえる。

3.「連携」におけるスキルとアウトリーチ

「地域」での連携を促進する手段として，アウトリーチがいわれるようになって久しい。アウトリーチとは，簡単にいえば，心理職が利用者（クライエント）のもとに出向いて，相談を受け，支援することである。これは，従来の臨床心理学から考えると，あり得ない働きかけであった。精神分析であれ，認知行動療法であれ，心理療法及び心理的支援を施す基本的な場は自分の病院であり，相談室であり，利用者を迎え入れる形で行う。これにより心理職は利用者を自分の見知った場所に迎え入れることになり，慌てず対峙できる。心理職が純粋性を保ちながら，かつ守秘を担保するためにも，有効な方法である。利用者側からしても，自分から訪れるため，一定の動機づけの確認になるし，来所するだけで治療的に進んだことになる。

アウトリーチは，来所できない利用者のために最初はやむを得ずはじまったアプローチだと思われる。このため利用者のもとに出向く心理職は勝手がわからず動揺するなどといったデメリットも想像できる。このことが治療的関係に大きく影響するかもしれない。利用者は，来てもらえるぶん，ありがたいと感謝してくれる場合もあろうが，自分が来所して相談をしようと思うほどの動機は高まらないかもしれない。むしろ，連携の促進のために，アウトリーチを選ぶのは心理職の方であり，「（家に来るのは）あなたの勝手（都合）」であると捉えられてしまう可能性も高い。

アウトリーチを行う心理職は，福祉領域で働いていることが多い。たとえば，児童相談所などの心理職なら，福祉司とともに家庭訪問を行ったり，管区の区役所の面接室まで自らも赴きながら利用者に来てもらって面接したりする。ア

ウトリーチの実施では，利用者側の利便性を考慮するというよりは，心理職の所属する機関側が利用者を“捨て置けない”という理由が大きい。特に「虐待」に関わる事案などで，その比重が高くなる。

　しかし，アウトリーチは心理職にとってマイナスばかりではない。相手の懐に飛び込むには勇気がいる。ただし，そこを乗り越え関係を結び，利用者とともに考える協働関係を築ければ，とても強固な関係性になる。家庭訪問の場合，相手の生活領域を見られるため，利用者が実行可能な支援か否かを具体的に判断できる。視覚的情報は，支援の材料としても活かせる。利用者もより生の自分を見せることになるため，面接室のようなごまかしがきかない。もちろん，アウトリーチでの心理的支援には経験が必要であるし，従来の心理療法の枠組みからよい意味で自由になることも必要である。いずれにせよ，アウトリーチは「臨床心理学的地域支援」には欠かせないアプローチの一つである。

● おわりに

　アウトリーチは，心理職の所属する組織によっては，行わざるを得ないアプローチであるが，やみくもに相手のもとへ出かけていけば支援が成功するということではない。利用者の日常に踏み込むため，侵襲性が高く失敗する可能性もある。アウトリーチに限らず，臨床心理学的地域支援における連携を成功させるためには，何より「わかりやすい言葉で，丁寧に伝えるよう心がける」という態度が必要である。専門用語をできるだけわかりやすく翻訳して，噛み砕いて伝えるということである。同業者内では使い勝手のよい専門用語でも，利用者や他職種間では垣根となりやすい。面倒であったり時間がかかったりもするが，わかりやすく伝えようとする姿勢は，相手からの理解とともに，支援者が歩み寄ろうとする姿勢を見せる機会にもなる。福祉現場では，利用者に「それは聞いてなかった」といわれて，「そんなことはないはず」と歯がゆい思いをすることもあるが，「伝わらなかった」ことは「言ってなかった」に等しいと肝に銘じることも「臨床心理学的地域支援」における常識と捉えたい。

学習チェックリスト ◀◀◀◀◀◀◀◀◀◀◀◀◀◀◀◀◀◀◀◀◀◀◀◀◀◀◀◀

☐ 精神分析・精神力動的セラピーについて，その理論とプロセスを理解した。

☐ 行動療法について，それぞれの理論・技法における行動変容について概説できるようになった。

☐ 認知療法について，その理論と認知の歪みにはどのようなものがあるのかを理解した。

☐ クライエントセンタードセラピーに至るロジャーズの理論の変遷と，カウンセラーに必要な態度について概説できるようになった。

☐ 論理療法，プレイセラピー，箱庭療法，音楽療法，ブリーフセラピーについて，その概要を説明できるようになった。

☐ クライエントとカウンセラーについて説明ができ，カウンセラーの治療的役割について理解した。

☐ 「治療構造」について理解した。

☐ クライエントが自分の「問題」と正確に向き合い，新たな「気づき」とともにより建設的ないし生産的な心理的過程が展開されるためには，どのようなことが必要なのかを把握した。

☐ カウンセリングにおける留意点について学び，「個別性」の重要性を理解した。

☐ 心理職における秘密保持の重要性と法的根拠について理解した。

☐ 心理的支援における，秘密保持の例外状況について概説できるようになった。

☐ 心理的支援におけるインフォームド・コンセントの重要性と，臨床場面でどのように実践するのかを理解した。

☐ 心理療法やカウンセリグによるアプローチの 3 つの側面を理解し，その適応と限界について把握した。

☐ 心理的支援における「限界設定」について概説できるようになった。

☐ 臨床心理学的地域支援における「地域」の意味を理解し，効果的な連携とはどのようなことであるのか理解した。

☐ 臨床心理学的地域支援における「アウトリーチ」とはどのようなことで，なぜ必要であるのか理解した。

第 5 章

臨床心理学を応用する専門職の実際

　長年にわたるさまざまな議論を経て，臨床心理学や心理学を応用する国家資格として公認心理師が誕生した。その是非や社会的貢献の今後のありようについて現段階で述べることは難しい。しかし，わが国における臨床心理学的援助（心理的支援）のあり方についてさらなる議論を重ねていく過程において，私たちは今，まぎれもなく大きな転機に遭遇している。心理臨床家（心理的支援の実践家）は，どのような社会的アイデンティティを持つにせよ，そしてそれをどのような資格により担保して表明するにせよ，自己研鑽を探求し続ける責務がある。各領域で働くさまざまな心の専門家がどのような仕事をしているのか，本章で一例を紹介する。

1 節　臨床心理士と公認心理師

1．心理専門職資格の誕生とその業務概要

　心の問題や人々の心の悩みは人類誕生時から存在していたはずである。それに対する援助者も必ず同時に存在したであろう。人類は悩みのなかで成長し，また，宗教家や哲学者や教師や政治家や医師，地域の長老や大人たちと，さまざまな人々が互いに助け合うなかで悩む力を育み，悩みを乗り越えることで社会を成長させてきたはずである。悩む力とはすなわち，現実的に葛藤する力である。古くはプラトン（Platon）の時代から，思考と情熱と基本欲求の3つの魂の狭間でパーソナリティは発達するものと考えられ，近代ではエリクソン（Erikson, E. H.）が，人生は危機に出会い葛藤するなかで発達することを理論化した。このように，人は悩みのなかで成長し，社会には文化を，個人にはパーソナリティを発達させる。

　そんな長い歴史のなかで，日本において心理専門職の資格が求められ始めたのは，最近のことである。それまで心理専門職資格が不要であったのは，悩む力や葛藤保持の力，それをサポートする風土や社会が，日本文化のなかに自然に内在していたからなのかもしれない。

　日本における心理専門職資格としては，1988 年に誕生した臨床心理士という民間資格が代表的なものであり，大きな貢献をしてきた。そして 2019 年に，初の国家資格として公認心理師資格を有する専門家が誕生した。民間資格と国家資格という違いや，養成カリキュラムの違い，資格更新制の有無，資格試験の構成など，さまざまな相違があるものの，心理職としての業務を社会的に信頼ある形で遂行していくうえで基盤となる資格であることに変わりはない。

　本章のはじめに，それぞれの資格に示される業務内容を確認しておくことにする。まず「臨床心理士」とは，臨床心理学に基づく知識や技術を用いて，人間の心の問題にアプローチする「心の専門家」であり，以下の4つが専門行為

に必要な能力として定められている。

①種々の心理テスト等を用いての心理査定技法や面接査定に精通していること。

②一定の水準で臨床心理学的にかかわる面接援助技法を適用して，その的確な対応・処置能力を持っていること。

③地域の心の健康活動にかかわる人的援助システムのコーディネーティングやコンサルテーションにかかわる能力を保持していること。

④自らの援助技法や査定技法を含めた多様な心理臨床実践に関する研究・調査とその発表等についての資質の涵養が要請されること。

　また，こうした4種の業務について，さらなる自らの心理臨床能力の向上と，高邁な人格性の維持，研鑽に精進するために，「臨床心理士倫理綱領」の遵守，5年ごとの資格更新制度などが定められている。

（公益財団法人日本臨床心理士資格認定協会　ホームページより）

　一方，公認心理師は，「公認心理師登録簿への登録を受け，公認心理師の名称を用いて，保健医療，福祉，教育その他の分野において，心理学に関する専門的知識及び技術をもって，次に掲げる行為を行うことを業とする者」とされている。その業務として，以下の4項目が定められている。

①心理に関する支援を要する者の心理状態の観察，その結果の分析

②心理に関する支援を要する者に対する，その心理に関する相談及び助言，指導その他の援助

③心理に関する支援を要する者の関係者に対する相談及び助言，指導その他の援助

④心の健康に関する知識の普及を図るための教育及び情報の提供

（厚生労働省「公認心理師法」）

　公認心理師法の条文をここで詳述することは避けるが，国家資格として心理職にある者はその詳細まで熟知していなければならない。

2．公認心理師の法的義務

　臨床心理士と公認心理師の両資格ともに，職業倫理的に重大な義務と責任を負うことはもちろんである。ただし，国家資格としての公認心理師については特に，法の上に義務を置いていることを重々意識しなければならない。

　公認心理師の法的義務としては，公認心理師法第 4 章「義務等」に，①信用失墜行為の禁止（第 40 条），②秘密保持義務（第 41 条），③連携等（第 42 条），④資質向上の責務（第 43 条）が示されている。これらのうち②の秘密保持義務については，「一年以下の懲役又は三十万円以下の罰金（第 46 条）」として罰則規定もある。これらは職業倫理としても当然のものだが，国家資格化されたことにより，高い倫理性を保有すべき専門職としての心理職の自覚が改めて社会的に明示されたといえる。

3．心理専門職の職業倫理

　法的義務はあくまで法の定める範囲のものであり，いうなれば最も順守されなければならない最低限の義務の明文化である。一方，職業倫理というのは，最低限の基準に従って行動することを指す「命令倫理」に留まらず，専門家として目指す最高の行動規範を指す「理想追求倫理」にも則る。すなわち，心理業務そのものに限らず，自身のあり方が人々の人生に重大な影響を与え得るという自覚を必要とするほどに厳しい倫理である。公認心理師の倫理綱領としては，各地域の職能団体により作成されているが，基本的には臨床心理士の倫理規定に重なる。臨床心理士の倫理綱領としては，①責任，②技能，③秘密保持，④査定技法，⑤援助・介入技法，⑥専門職との関係，⑦研究，⑧公開，⑨倫理の遵守という 9 条が設けられている（日本臨床心理士資格認定協会，2013）。また，1892 年に結成されたアメリカ心理学会によって作成されて

いる倫理綱領には，A. 善行と非行，B. 忠誠と責任，C. 品格，D. 公正，E. 人権と尊厳への敬意という5項目が定められている（the Ethics Code; American Psychological Association, 2002）。それぞれの倫理綱領に関する詳述は避けるが，ここで職業倫理の厳しさへの理解を深めるために，秘密保持と守秘義務について取り上げる。本書第4章3節を振り返りつつ，改めて確認してほしい。

臨床心理士倫理綱領の第3条として「臨床業務従事中に知り得た事項に関しては，専門家としての判断のもとに必要と認めた以外の内容を他に漏らしてはならない。また，事例や研究の公表に際して特定個人の資料を用いる場合には，来談者の秘密を保護する責任をもたなくてなはならない。」とされている。一方で，公認心理師法に定められている秘密保持義務は，「公認心理師は，正当な理由がなく，その業務に関して知り得た人の秘密を漏らしてはならない。公認心理師でなくなった後においても，同様とする（第41条）」となっている。臨床心理士倫理綱領では「……知り得た事項に関して……漏らしてはならない」となっているのに対し，公認心理師法では，「秘密を漏らしてはならない」と記載されている。法令用語研究会（2012）による定義では，秘密とは「一般に知られていない事実であって，かつ知られていないことにつき利益があると客観的に認められるもの」とされており，法令文では「漏らさない」ことに力点が置かれているが，倫理綱領としては「信頼する関係においては語られたことを両者の関係において内密にし，大事に守る」ことに力点が置かれていることがわかる。結果的に行為として遵守すべきことは同様であるが，職業倫理は，専門家が目指すべき姿をより厳しく示しているといえよう。

4. 科学者－実践家モデル

心理職が国家資格化した今，改めて心理職のあるべき姿について，心理職を生業とする者，これから目指す者，心理職を育てる者それぞれが議論を重ねていく必要がある。

心理職育成モデルの一つとして，科学者－実践家モデル（scientist-practitioner model）がある。これは，主にアメリカの心理療法家資格の一つの到達点とさ

れているモデルである。1949年，アメリカにおいて臨床心理学の専門家養成に関わる国家レベルの会議が開催され，科学者としての研究能力と臨床実践力の両方を同等に調和させて訓練させるという方針が定められた。この会議がボールダーの地で開かれたことにより，ボールダー・モデル（Boulder Model）とも呼ばれる。公認心理師養成においてもたびたび耳にする言葉である。

科学者－実践家モデルに基づくならば，心理職の訓練課程においては，科学としての基礎心理学の十分な教育，実践的な知識の習得と実習，科学的な研究方法を自分のものとして使えること，現場でのインターンシップ，科学論文を書けるに十分な研究者としての能力のいずれもが必須である。しかしながら，それら一つひとつの訓練の蓄積が必要なだけでなく，私たち心理職は，心理職としての心理臨床業務の実践そのものが研究過程であり，その蓄積こそが生涯を通じての科学者－実践家としての訓練過程であることを知るべきである。

共有された目標のために心理療法面接をすること，アセスメントをすること，その知見を社会の財産として使えるものとしていくこと，それらの仕事を厳密に，着実に実践すること自体が，科学者－実践家としての姿の体現である。心理職の仕事はどの現場においても，絶えず誠実な観察を行いながら，無数にある変数を統制しつつ，刺激と反応の関連性を特定化し，その微分的なメカニズムの仮説検証を繰り返していくことで，目標に近づいていく。そしてそのプロセスは，十分な知識力と論理性，職人的な技術，全人格的な感性，人間関係を築く能力に基づいて行われる。このモデルの追求こそ，真にアカウンタビリティー（説明責任）を果たす心理職の姿であることに他ならない。

ただし，アメリカの科学者－実践家モデルは博士の学位を想定するモデルであり，それに比較すると日本の組織的な訓練システムの期間は短い。心理職はその職にある限り，その訓練に終わりがない。終わりのない訓練過程に主体的に居続けられること，そのなかで常に心理職としての自己課題を見いだし，追求できること，スーパービジョンや事例検討会，学会発表など，常に他者とともに検討できる幅広い機会を持つこと，この3点が心理職有資格者には求められる。

● おわりに

　心理職が，社会に対して，目前のクライエントに対しても自身に対しても，安全感と安心感をもって信頼に足る職責を果たしていくにあたり，資格制度は重要なものである。しかし，それ以上に重要なことは，一人ひとりの心理職者が専門職，すなわちプロフェッショナルな職業人として自らの能力を磨き続ける誇りを持つことであろう。かつて，精神分析の歴史のなかでは，資格制度化によって訓練生の継続的訓練への主体性や動機づけをそぐということが問題になった時代があった。私たちは，常に自分を磨き続け，高め続けなければならない。それこそがプロフェッショナルとしての姿であり，そうしようとするなかでこそ，自己課題が見えてくる。臨床心理士であれ公認心理師であれ，資格の取得は自身のプロフェッショナリティ探究の道の出発点にすぎない。自身が心理職として働く限り，私たちは生涯を通じて自己研鑽を続けることを楽しめなければならない。

2節　医療領域の心理専門職

　本章では，さまざまな領域でどのように臨床心理学が応用されているかについて述べられる。本節では医療領域の特性を知り，そこでどのように臨床心理学がその専門性を発揮しているのかを記す。

1. 医療領域の理解

（1）医療領域で働く心理職
　日本臨床心理士会が，2015年度に会員を対象に実施した「第7回臨床心理士の動向調査」によると，就業形態にかかわらず領域ごとの勤務人数を見た結

果，最も多かったのは医療・保健領域で，回答者の41.9％を占めた。この調査では，医療・保健領域の職場として，病院・診療所，精神保健福祉センター・保健所，リハビリテーションセンター，老人保健施設，自治体からの派遣（HIVカウンセラー等）などを対象としていた。このうち，この調査で臨床心理士が最も多く勤務している機関は病院・診療所で，全回答者数の34.7％であった。このように医療領域では，多くの心理職が活躍し患者やクライエントへの支援を行っている。

(2) 医療法による定義

　病院・診療所は，医療法で定められた「医療提供施設」である。医療提供施設は，医療施設や医療人員などの医療提供体制を定めた医療法によって，表5-1のように分類されている。医療施設には，調剤薬局，訪問看護ステーション，介護老人保健施設などもあるが，これらは医療法以外の法律を根拠として設置されている。医療法は，「医療を受ける者の利益の保護及び良質かつ適切な医療を効率的に提供する体制の確保を図り，もって国民の健康の保持に寄与すること」（第1条）を目的に制定されている。この医療法によれば，「病院とは，医師又は歯科医師が，公衆又は特定多数人のため医業又は歯科医業を行う場所であって，二十人以上の患者を入院させるための施設を有するものをいう。病院や診療所は，傷病者が科学的でかつ適正な診療を受けることができる便宜を与えることを主たる目的として組織され，かつ，運営されるものでなければならない」。本節では，この医療法でいうところの医療提供施設を超えた幅広い医療施設を念頭に置いて論を展開するために，医療機関の語を用いて記すことにする。

表5-1　医療法における医療提供施設の分類

病院	20床以上
地域医療支援病院	200床以上
特定機能病院	400床以上
臨床研究中核病院	400床以上
診療所	0〜9床
助産所	10人以上の入所施設を有さない

2. 医療領域における心理職の役割

(1) 多職種連携

　2015 年に成立した公認心理師法第 4 章「義務等」第 42 条 1 項には，「公認
心理師は，その業務を行うに当たっては，その担当する者に対し，保健医療，
福祉，教育等が密接な連携のもとで総合的かつ適切に提供されるよう，これら
を提供する者その他の関係者等との連携を保たなければならない」とある。ま
た 42 条 2 項には「公認心理師は，その業務を行うに当たって心理に関する支
援を要する者に当該支援に係る主治の医師があるときは，その指示を受けなけ
ればならない」とある。医療領域で活躍する心理職は，これまでもチームの一
員として医師の指示を仰ぎ他の専門職と連携して支援を行ってきたが，公認心
理師法によって多職種との連携や主治の医師の指示を仰ぐことが義務とされた。
したがって心理職を目指す人は，わが国の医療システム，チーム医療を構成す
る他職種の役割，チーム医療において心理職に求められる専門的知識や技術な
どについてよく理解することが必要である。そのうえで多職種との連携を行い，
「多職種連携」できるようになることが求められる。「チーム医療」については
詳細を含めて後述する。

(2) 心理職が所属する診療科・診療支援部門の業務

　医療領域では，単科の精神科病院，総合病院，診療所などの医療機関において，
心の問題で不適応に陥っている人，病気やけがなどを負っている人など，何ら
かの疾患を抱えている人とその関係者を対象として心理的支援を行う。日本臨
床心理士会が 2015 年に行った「医療・保健領域に関わる会員を対象としたウ
ェブ調査概要」によると，心理職が所属する診療科・診療支援部門では精神科
が 63.7％と最も多く，次いで心療内科，小児科，内科をはじめとしつつ，多岐
にわたる（図 5-1）。また業務内容については，入院・外来ともに「個人面接，
親子・夫婦・家族面接等」や「心理検査」を行う者が多かった。

　医療領域において心理的支援の対象となる人は，周産期から老年期に至る
までの人生のさまざまな段階にある人であり，「メンタルケアを求める患者の

ニーズは，精神疾患に限らず身体疾患においても非常に高まっている」（鈴木，2016）。医療の目覚ましい進歩により，多くの命が救命され，かつては治癒が期待されなかった病状から回復する人が増えてきた一方で，治療を受ける人の精神的・身体的負担，多額の医療費などの経済的問題，治療方法の選択における意思決定などの医療者とのコミュニケーションの問題など，さまざまな問題が新たに生じている。したがって，「医療領域で働く心理職は，医学概論，精神科診断学，精神薬理学，医療保険制度，医療・保健関連法規などの医療システムに関連する知識などを修得することが前提」（下山，2015）であり，患者やクライエントへの支援に最善が尽くせるように知識や技能をブラッシュアップし続けることが必要である。

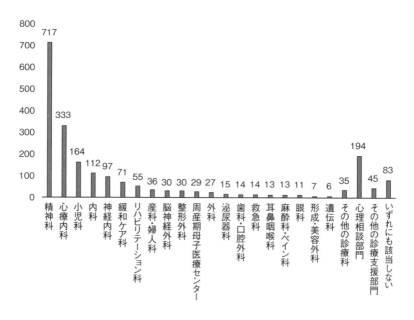

図5-1　医療機関における勤務先診療科・診療支援部門

（日本臨床心理士会，2017を参照して作図）

3. わが国の医療

(1) 増える精神疾患

　厚生労働省のホームページ「知ることからはじめようみんなのメンタルヘルス」によると，精神疾患により医療機関にかかっている患者の数は近年大幅に増加している。厚生労働省が行っている「患者調査」の結果のうち「精神疾患を有する総患者数の推移」を疾病別に示したものが図 5-2 である。これは医療機関を受診している（入院・外来を含む）患者数を示したものであるが，総患者数の合計は，2002（平成 14）年には 258.4 万人であったものが，2017（平成 29）年には 419.3 万人と，15 年間の間に 1.6 倍になっている。

　2017 年のデータによる疾病別患者数を見ると，気分（感情）障害が最も多く 127.6 万人，神経症性障害・ストレス関連障害及び身体表現性障害が 83.3 万人，統合失調症・統合失調症型障害及び妄想性障害が 79.2 万人，認知症（ア

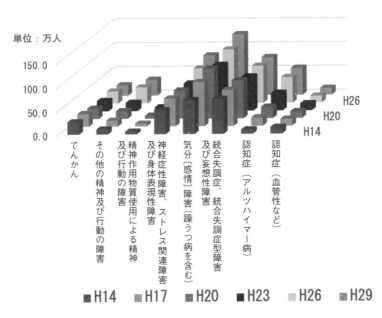

図 5-2　精神疾患を有する総患者数の推移

（厚生労働省「知ることからはじめようみんなのメンタルヘルス：患者調査」を参考に作図）

ルツハイマー病）が56.2万人という順である。これらを比較すると，気分（感情）障害は約1.8倍，神経症性障害・ストレス関連障害及び身体表現性障害は約1.7倍，認知症（アルツハイマー病）は約6.3倍に増加した。統合失調症・統合失調症型障害及び妄想性障害は，約1.08倍で増加の傾向は見られない。これらの変化には，社会全体でストレスレベルが高まっていることや，高齢化が反映されていると考えられる。一方，統合失調症の有病率は古くから約1%とされており，社会情勢などの影響を受けて変化するものではないと考えられる。

(2) 生物−心理−社会モデル

　精神疾患には，生物−心理−社会（bio-psycho-social：BPS）モデルに基づくアセスメントと治療が必要であり，多職種連携のチーム支援システムのなかに心理支援を適切に位置づけていくことが課題となる（袴田，2016）。BPSは，1977年にアメリカの精神科医エンゲル（Engel, G.）によって提唱されたモデルであり，人の疾患や障害について理解するうえで，生物学的・心理学的・社会学的要因のすべてが重要であることを示している（第3章2節参照）。医療領域における支援においては，生物的側面は医師などの医療職と，社会学的な側面は社会福祉士などの福祉職と，協働して総合的な介入を行う必要がある。

(3) 公的保険制度と診療報酬

　医療領域で働く心理職は，医療関連の法規について知る必要がある。先に述べた医療法など医療提供に関連する法律，医療保険や年金保険などに関する法律，疾病予防・健康増進に関する法律など多岐にわたる。特に医療機関で働く心理職は，診療報酬制度についても知っておくことが必要である。

　医療機関を受診する際には，公的医療保険制度の加入者証，すなわち保険証を持参する。わが国の医療保険制度では1961年から国民皆保険となり，誰もが被保険者として医療を受けられる。公的保険医療制度には，大きく分けると「国民健康保険」「被用者保険」「後期高齢者医療制度」がある。患者は保健医療機関で医療サービスを受け，診療報酬に規定される医療費の自己負担分を支払うが，医療機関で支払う医療費の一部負担金の割合は，被保険者の年齢や所

得によって定められている。

　診療報酬というのは，患者が保険証を提示して医師などから受ける医療行為に対して，保険制度から支払われる料金のことである。診療報酬は医療の進歩や世の中の経済状況とかけ離れないよう，通常2年に一度改定される。厚生労働大臣は政府が決めた改定率をもとに中央社会保険医療協議会（中医協）に意見を求め，中医協が個々の医療サービスの内容を審議し，その結果に基づいて同大臣が決めた公の価格が診療報酬である。

(4)　公認心理師と保険医療制度

　2018（平成30）年度の診療報酬改定には，「公認心理師の評価」という項目が新たに設けられ，表5-2のように示された。この改訂以前は，「臨床心理技術者に関連する診療報酬上の評価」が用いられていた。この改定で「臨床心理技術者」が「公認心理師」に置き換わったことは，とても大きな変化である。これまでは「精神科リエゾンチーム加算」「摂食障害入院医療管理加算」「児童・思春期精神科入院医療管理料」「通院・在宅精神療法の児童・思春期精神科専門管理加算」の算定基準に「臨床心理技術者」がチームに加わっていることが記されていた。2018(平成30)年の改定では「ハイリスク妊産婦連携指導料1・2」が新設された。これは「精神疾患を合併した妊産婦（ハイリスク妊産婦）に対して，産科，精神科及び自治体の多職種が連携して患者の外来診療を行う場合

表5-2　2018（平成30）年の診療報酬改定における公認心理師の評価

第1　基本的な考え方
公認心理師に関する国家試験が開始されることを踏まえ，診療報酬上評価する心理職については，経過措置を設けた上で，公認心理師に統一する。
第2　具体的な内容
1．平成30年4月以降，原則として，診療報酬上評価する心理職の範囲を公認心理師に統一する。
2．最初の国家試験が行われる平成30年度については，従来の臨床心理技術者に該当する者を，公認心理師とみなす。
3．平成31年度以降，当面の間，以下に該当する者を公認心理師とみなす。
(1)　平成31年3月末まで保険医療機関で従事していた臨床心理技術者
(2)　平成31年4月以降新たに臨床心理技術者として従事する者のうち公認心理師の受験資格を有する者

の評価を新設する」ことを基本的な考え方としているが，この指導料の算定要件となるカンファレンスに参加するメンバーとして公認心理師が明記された。

2020（令和 2）年度診療報酬改定（厚生労働省「令和 2 年度診療報酬改定の概要」）では，「公認心理師による小児特定疾患カウンセリング料」が新設された。これにより心理職が行う心理カウンセリングが，診療報酬上初めて規定された。これは医師の指示のもとに気分障害，ストレス関連障害，心理的発達の障害（自閉症を含む）の他，登校拒否の者及び家族又は同居者から虐待を受けている，またはその疑いがある者を含む小児に対して行うとされている。また，精神科外来における他職種による相談支援・指導への評価の目的で，「通院・在宅精神療法療養生活環境整備指導加算」も新設された。精神科外来において他職種による支援及び指導等を行った場合に算定でき，他職種が協働して 3 月に 1 回の頻度でカンファレンスを実施することが求められる。そのカンファレンスに参加する職種のなかに公認心理師が含まれている。

このように，診療報酬上評価する心理職の範囲が「公認心理師」に統一され，診療報酬の対象となる業務の範囲も年々広がっている。医療領域における心理職の活躍はますます広がっていくであろう。なお，診療報酬改定は頻繁に行われるため，最新の情報を収集していくように努めていただきたい。

4.　チーム医療

(1)　チーム医療とは

チーム医療とは，厚生労働省の定義（2010）によると「医療に従事する多種多様な医療スタッフが，各々の高い専門性を前提に，目的と情報を共有し，業務を分担しつつも互いに連携・補完し合い，患者の状況に的確に対応した医療を提供すること」である。この定義にある心理職の高い専門性について花村（2016）は，医療における心理職の役割として「病を持ちつつ生きる人を，その人らしく生きられるように支えること」であり，その家族を支えることも大切であるとした。病を抱えながら生活している人や支える家族にはさまざまな苦悩がある。疾患や障害を抱える人へのケアでは，「患者の苦悩の背景を重層

的に捉え，それぞれに適切な対応を医療チームの各専門職が役割分担しながら多面的にケアしていくことが重要である」（鈴木，2016）。心理職がチームの一員としてアセスメントや心のケアを担う必要性は，今後ますます高まっていくであろう。

　ところで，実際にチーム医療のなかで心理職が連携・協働する専門職にはどのようなものがあるだろうか。たとえば精神科領域について記せば，精神科医師，看護師・保健師，精神保健福祉士，薬剤師，作業療法士，管理栄養士などがある（福田・坂本，2013）。医療機関ではこの他に，一般診療科医師，歯科医師，診療放射線技師，理学療法士，言語聴覚士，臨床工学技士，歯科衛生士など，多くの専門職との連携・協働を行うことが心理職に求められる。このため，それぞれの職種についての定義や役割を確認・把握しておくべきであろう。

(2) 精神科チーム医療における心理職の専門性

　先に述べたように心理職が最も多く勤務しているのは精神科領域である。この領域の職場は，精神科医・児童精神科医をはじめとした多種の精神的ケア専門職によって構成されている。このため，「心理師は臨床心理学に基づいた心理的支援を業とするが，重なり合う業務の中で心理師がほかの職種の業務を理解し，尊重しあって互いに支援にあたることが重要である」（花村，2016）。つまり心理職は，他職種の専門領域に関心を持ち，ある程度の知識を習得することが必要である。また，カンファレンスなどでは心理学的な専門用語を用いて説明するだけでなく，他職種のスタッフによく理解してもらえるように平易な言葉を用いて説明することも大切である。心理学的な視点を強調するばかりではなく，他職種の専門性を尊重し，患者に対するさまざまな支援が良好に機能するように協働することが重要である。

　精神科医療において心理職が果たす役割は多岐にわたる。まず臨床心理学的な視点から行うアセスメントがあげられる。アセスメントの一つとしての心理検査の実施では，心理職ならではの専門性が大いに発揮できる。心理検査は非常に多くの種類があるので，どのような場合にどのような検査を用いるのかについて知り，検査手技や報告書の書き方について研鑽する必要がある。また，

カウンセリング，プレイセラピー，家族面接など，個人を対象とした臨床心理的面接を行うことも多い。さまざまな技法を知り，クライエントの回復を支援するための最善が尽くされることが求められる。グループで実施する集団心理療法の実施においても心理職の専門性が期待される。うつ病の人を対象とした集団認知行動療法，社会復帰に向けて行うソーシャルスキル・トレーニング，特定の依存症の人を対象とした集団心理療法などをはじめ，数々の集団心理療法が実施されている。この他にも地域と連携をはかりながら行う地域援助活動や，医療機関内の教育活動，研究活動，職員へのメンタルヘルス支援などを行っている。

(3) 一般診療科チーム医療における心理職の専門性

　次に一般医療領域で求められる心理職の役割について触れる。一般医療の場においても精神科領域と同様に，臨床心理（心理的）アセスメントと臨床心理面接の業務が基本である。一般医療における心理職の関与へのニーズは高まりと広がりを見せており，このことを理解するためにまず，診療報酬制度の項で示した「精神科リエゾンチーム」について概説する。

　リエゾンというのは，フランス語で連携・連絡を意味する言葉である。2012年に診療報酬上に「精神科リエゾンチーム加算」が設けられた。これは，精神科医師，専門または認定看護師（リエゾン精神看護専門看護師など），薬剤師，精神保健福祉士，作業療法士，心理職などの専門職から構成されるチームによって，一般診療科の担当医や病棟スタッフと連携を取りつつ一般病棟の入院患者に対する精神科的コンサルテーションを行うものである。心理職は，アセスメントやカウンセリングを行うこと，患者についての心理学的な判断を説明するといった役割を担う。

　他にも，すでに周産期母子医療センター・新生児集中治療室（NICU）などに勤務する心理職は，産婦人科医師，新生児科医師，看護師などとの連携のもとに，病気や障害を抱えて生まれてきた子どもを有したり子どもを亡くしたりした母親へのケアなどを行っている。また婦人科領域では，不妊治療を受ける人への心理的支援なども行っている。ハイリスク妊産婦連携指導料が新設され，

精神疾患を合併した妊産婦（ハイリスク妊産婦）への支援に医師，保健師，助産師又は看護師，市町村等の担当者及び精神保健福祉士と協働してあたることにもなった。精神疾患を抱えながら妊娠・出産を経験する人，産褥期に精神疾患を発症する人，周産期におけるさまざまなストレッサーにより精神的不調に陥る人などに対する心理的支援は，今後ますます重要になっていくであろう。

　ここで診療報酬算定が可能で心理職が加わることが多いチームとして，「緩和ケアチーム」と「認知症ケアチーム」にも触れる。がんなど生命が脅かされる疾患を抱える患者とその家族の QOL（人生や生活の質）の改善や遺族の支援を行うのが「緩和ケアチーム」である。「認知症ケアチーム」は，認知症や認知機能の低下をきたしている入院患者とその家族への支援と退院後の生活への橋渡しを行う。これら以外にも，小児科領域における重篤な疾患，発達障害，先天性障害，不登校などを抱える子どもとその親への心理的支援，救急医療領域における患者とその家族への心理的支援，生活習慣病など慢性疾患患者への心理的支援や心理教育などが行われている。さらに，リハビリテーション領域，移植医療，遺伝性疾患，HIV 治療など，一般診療科領域における心理職の活躍の場は広がりを見せている。

● おわりに

　医療領域における臨床心理学的（心理的）支援の専門職が知っておくべき，わが国の医療システムや，チーム医療を構成する他職種の役割，チーム医療において心理職に求められる専門性について述べてきた。医療領域は，医療提供施設の種類や規模，診療科・診療支援部門，対象とする発達段階や病態などが多岐にわたる。また本節では触れなかったが，医療費の負担軽減制度，精神障害や発達障害の支援に関わる医療・福祉制度などに関する知識も必要となる。

　心理職として医療領域で勤務することになった場合には，必要な情報を積極的に収集し，「病を持ちつつ生きる人」とその家族への支援を，医療チームの一員として精一杯取り組むことを願いたい。患者への支援を中心に据えたチームでの協働を適切に行うためには，専門的知識や特定の技術に長けている「ス

ペシャリスト」になるだけでなく，常識的な判断力や他者への思いやりなどといった人間性も重要である。豊かな人間性をも兼ね備えた「ジェネラリスト」として，チームへ寄与できるように自己研鑽を重ねていただきたい。

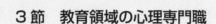

3節　教育領域の心理専門職

　本節では，教育領域に関わる心理的支援について見ていく。教育現場は，児童・生徒の健全な教育を行うという目的を持った場である。このため，教育現場における心理的支援もその目的に沿って，以下のような，いくつかの特徴的な側面を持つ。

　A.子どもの健全な教育など，学校教育そのものにつながる支援
　B.学校や教室になじめない，学校に通うことが難しいなど，学校に不適応を
　　感じる児童・生徒の支援
　C.心身の病気や家族関係の問題など，必ずしも学校生活に原因があるわけで
　　はないクライエントの精神的な悩みの支援

　こうした3つの側面を念頭に置きながら，さまざまな教育現場で心理的支援がどのように行われているかを記していく。

1．小・中・高等学校

　小・中・高等学校での専門的な心理的支援の役割は，主としてスクールカウンセラーによって担われている。また実際には，スクール・ソーシャルワーカーや心理学を専門に学ぶ大学院生などの実習生，学生などのボランティアも含めて，さまざまな立場の人によっても行われている。そして，上述したAか

らCの側面が，複雑に入り混じりながら支援が展開される点が特徴である。

（1）スクールカウンセラー

　学校内での心理的支援において主要な役割を担うのが，スクールカウンセラー（以下SC）である。1995（平成7）年に試験事業として始まったSC制度は，その後全国規模で配置が広げられ（表5-3），学校現場にいる日常的な存在として定着している。SCの日常的な役割は，児童・生徒や保護者に対するカウンセリング業務だけではなく，教職員に対するコンサルテーション，教育相談部会の会議に出席すること，教室での授業観察など多岐にわたる。そこで，ここでは支援の対象ごとにSCの仕事を概説する。

①児童・生徒とのカウンセリング

　SCにとって，児童・生徒とのカウンセリングは主要な業務の一つである。学校で児童・生徒と出会う場は，学校や児童・生徒個人の特徴によってさまざまである。

相談室：一つ目の出会いの場として，相談室をあげる。相談室には学校や家庭
　の問題，友人関係の悩みの他，自らの身体やアイデンティティに関わる問い
　など，さまざまな悩みを持った児童・生徒が訪れる。その際，保護者や教員

表5-3　スクールカウンセラー等配置箇所数，予算額の推移（文部科学省，2020）

年度 / 区分	H7	H8	H9	H10	H11	H12	H13	H14	H15	H16	H17	H18	H19	H20
派遣校（箇所）数	154	553	1,065	1,661	2,015	2,250	4,406	6,572	6,941	8,485	9,547	10,158	11,460	12,263
予算額（百万円）	307	1,100	2,174	3,274	3,378	3,552	4,006	4,495	3,994	4,200	4,217	4,217	5,051	3,365

年度	H21	H22	H23	H24	H25	H26	H27	H28	H29	H30	R1	R2（計画）
派遣校（箇所）数	15,461	16,012	15,476	17,621	20,310	22,013	24,254	24,661	26,337	26,160	29,411	30,550
予算額（百万円）	14,261の内数	13,093の内数	9,450の内数	8,516の内数	3,892	4,113	4,024	4,527	4,559	4,569	4,738	4,866

を通して申し込まれることもあれば，児童・生徒が自分で来談することもある。

　SC は相談内容に応じてクライエントの悩みを聞いたり，実際にどのような行動をとることがよいのかなどの相談に乗ったりする。学校や教室に入ることが難しい，いじめられているなどの場合には，本人の希望ではなく，保護者や教員など，周りの人に勧められて来談することも多い。その場合には，本人は相談室に連れて来られたことについてどのように感じているのか（不服なのか，期待もあるのかなど）について話し，本人の感情を大切にしながら対応を考えることが肝要である。

　相談室での関わりにおいては，児童・生徒などの状況に応じた相談内容によって，対応する支援の側面における力点が変わる。たとえば，学校や教室に入りたくないといった，いわゆる不登校や登校しぶりといった状態にある児童・生徒の場合には，学校に不適応を感じる児童・生徒の支援（B）という役割が強調される。精神的な問題や家族関係の問題などさまざまな悩みについての相談の場合には，学校生活に必ずしも原因があるわけではない精神的な悩みの支援（C）という側面が中心的になるといえるだろう。ただし，いずれの場合にも，A から C の側面すべてを念頭に置きながら支援を展開することが必要である。

保健室などの別室：その他の出会いの場として，不登校あるいはさまざまな理由で教室に入ることが難しい児童・生徒が学校内で過ごしている保健室や別室などで関わることもある。その際には，主に学校に不適応を感じる児童・生徒の支援（B）を目的として，学校内で安心できる居場所を作ること，そしてしだいに適応することができるようになるのを支援することが中心的な役割になる。また，勉強のつまずきから教室に戻りづらくなる可能性を考えて，心理的な支援の一つとして勉強のサポートをする場合もあり，これは学校教育そのものにつながる支援（A）の役割にも関わっている。

教室：SC は，教室で児童・生徒と出会うこともある。授業中のクラス全体や特定の個人を観察したり，教室内で SC が授業のサポートをしたりする場合である。これは，SC が児童・生徒の様子を教室内で実際に見ることができ

る貴重な機会である。ここで得た情報を，異なる専門職の視点として教員と情報交換したり，保護者が相談に来ている場合などではコンサルテーションに活用することもできる。

　また，必要に応じて担任教員と連携を取りながら，実際に教室内で当該の児童・生徒のサポートを行うこともある。特に，発達障害を持った児童・生徒の対応などにおいては，担任の他，授業担当の教員と連携しつつ，勉強や対人関係を学ぶなど，その児童・生徒の特徴に応じた支援を行うこともあり，学校教育そのものにつながる支援（A）の役割を持っている。このように，児童・生徒の生活の場へ直接的に関わる機会を有することは，SC という心理的支援のあり方における特徴といえる。

②保護者とのカウンセリング

　SC にとって最も重要な業務の一つが，保護者とのカウンセリングである。保護者のカウンセリングにおいては，主に学校に通う児童・生徒の不登校や精神的な不調，発達の遅れやいじめといったさまざまな問題について相談されることになる。直接児童・生徒に関わらずとも，保護者とともに子どもに対する理解や関わり方を考えることによって，保護者による子どもへの対応が変わり，また，周囲の人の理解が得られるようになることによって，子どもの行動にも変化が生じることがあるという点が保護者面接の意義である。

　そうした保護者とのカウンセリングにおいて強調されるのは，主に学校に不適応を感じる児童・生徒の支援（B）や，学校生活に必ずしも原因があるわけではない精神的な悩みの支援（C）といった，クライエントに対する心理的支援を中心とした役割だといえる。また保護者面接においては，子どもについての語りのなかで，保護者自身の家族関係や精神的な悩みなどが語られることもある。直接的には学校教育と関係がないように見えたとしても，家庭が落ち着いていることが児童・生徒にとっての精神的な安定につながることを考えるならば，保護者の悩みをともに考えることも SC にとって重要な仕事だといえる。

③教師とのコンサルテーション

　SC は児童・生徒や保護者だけでなく，教員に関わることも重要な業務である。児童・生徒あるいはその保護者が相談に来ている場合に，担任あるいは教育相談担当や管理職の教員とともに学校としての対応について相談を行うことが中心である。そうした，教員など当該の児童・生徒に関わる他の専門職に，心理学の専門家として意見を述べることをコンサルテーションと呼ぶ。

　また，直接児童・生徒あるいはその保護者からの相談がなくとも，教員自身が自分の担任している児童・生徒に対する理解や対応について SC に相談をする場合もある。その場合，教員の話を聞くだけでなく，機会を見て SC 自身も教室に行ったり，児童・生徒と会う機会を作ったりすることがある。それにより専門的にアセスメントして，教員と理解を共有し，学校教育そのものにつながる支援（A）や学校に不適応を感じる児童・生徒の支援（B）という役割として，当該の児童・生徒にとって必要だと考えられる支援を行う。

　さらに学校での問題に対しては，学校全体がチームとなって取り組むことが強調されており，それを「チームとしての学校」（文部科学省，2015）と呼ぶ。校長を中心として，教育相談担当教員や担任，養護教諭などが情報を共有しながら，それぞれの専門性を活かしつつ協力して対応することが重要とされ，そのなかで SC も専門家としてチームの一員として活動することが必要となる。学校の教員は少ない人数で多くの業務を行っていることから，教員と協力しながら活動する際には，教員を労い，専門家として尊重しながら協働すること自体も当該の児童・生徒にとってよい環境を作ることにつながる。

④危機介入

　学校現場においては，さまざまな事件や事故などによって児童・生徒が被害者あるいは加害者になることがある。あるいは，学校の教職員による不祥事や災害などによって，通常の学校の運営が困難になる緊急事態が起こることもある。そうした危機的な状況に対して介入することを危機介入と呼び，危機介入の際に，心理的側面についてケアをする最前線に立つのが当該校の SC である。

　危機介入において，心理職の役割は緊急支援サポートチームの結成，初期対

応，そしてその後の継続的な支援に分けられる。緊急事態においては，当該校SCのみで対応することは困難なので，教育委員会や総合教育センターが緊急支援のためにカウンセラーを当該校に派遣することがある。そして，複数のカウンセラーがスムーズに連携を行うために，緊急支援サポートチームとして校長などの管理職の他，当該校のSC，教育相談担当教員，そして派遣されたカウンセラーなどが連携して対応を行う。緊急事態が起こった際に必要となる初期対応の中心的な役割を担うのも当該校のSCである。

(2) スクールカウンセラー以外の心理職

　学校現場においては，SC以外にも心理職が関わることがある。京都府教育委員会が行う，臨床心理学を学ぶ大学院生などによる「心の居場所サポーター」制度はその一例である。学校現場において教員は授業担当の他，学内でのさまざまな役割を担っているため，別室登校している児童・生徒へ個別に対応することが困難になる場合もある。また，SCも週に1回程度の勤務であることがほとんどであるため，別室登校をしていたり教室に不適応感を持っていたりする児童・生徒に対して，十分な支援ができない場合もある。

　そういった際，臨床心理学を学ぶ大学院生などが心の居場所サポーターとして，主に別室登校をしている児童・生徒の学習援助の他，心理的な支援を行う。主に目的Bの役割を担うこうした制度は，別室にいる児童・生徒を中心的に支援することができることから，SCや教員では不十分になってしまう部分を補う機能を有する。児童・生徒にとっても，SCよりも身近に感じられる心理職として接しやすく感じられる面もあると考えられる。

2. その他の学校など

(1) 大学（学生相談室）

　大学での学生相談室においては，対象が大学生になることから，対人関係の問題や精神的な不調，不適応などだけではなく，いかに生きていくかといった青年期に特徴的な内容が話されることも多い。学生相談室では，学生自身が自

ら相談に訪れるだけではなく，教職員や保護者などから勧められて来談することも少なくない。高校生までとは異なり，クライエントがより成長した大学生であることから，対象となるのは保護者や教員よりも学生自身が中心になるが，さまざまな理由で学生自身が相談することが難しい場合には保護者などが相談に訪れる場合もあり，その際の心理職の役割は，中学校や高校の場合と大きく変わらない。

　学生相談においては，学生が大学に適応することで教育の効果に資するAや大学への適応というBの側面があるとはいえ，小・中学校や高等学校以上に，Cに該当する学生個人が抱えている問題に心理職の役割の焦点が置かれていることが多い。

(2) 幼稚園・保育園

　幼稚園や保育園にはキンダーカウンセラーが幼稚園連盟などの主催する事業によって月1回，あるいは学期に1回などのペースで派遣されていることがある。キンダーカウンセラーは子どもの悩みを聞くということは少なく，保護者や教職員の支援が中心になる。その際，発達的な側面から意見をいうことが求められることが多い。特に，3歳児健診などで発達に課題があると指摘された場合には，発達の状態について正しくアセスメントをして，支援の方針について保護者や教職員とともに考え，必要に応じて発達検査などを受けることを勧めることが必要となる場合もある。また，対象となる子どもがまだ小さいことから，その子だけではなく両親の悩みや養育環境にも目を配った支援を行うことも必要とされる。つまり，学校生活に必ずしも原因があるわけではない精神的な悩みの支援（C），特に発達的な視点からの支援が強調される。

3. 適応指導教室・フリースクール

　適応指導教室とは，「教育委員会が，教育センター等学校以外の場所や学校の余裕教室等において，学校生活への復帰を支援するため，児童生徒の在籍校と連携をとりつつ，個別カウンセリング，集団での指導，教科指導等を組織的，

計画的に行う組織として設置したもの」（文部科学省，2000）である。さまざまな理由で不登校状態となっている児童・生徒が通うことのできる施設として，全国に設置されている。適応指導教室の施設や活動内容は教室によってさまざまであるが，学校長の判断により適応指導教室に出席することが在籍校の出席日数として認められることもあるのが特徴である。

　不登校状態にある児童・生徒が通う適応指導教室における心理職の活動は，日常生活を仲間やスタッフと過ごすことを通して，より良い対人関係スキルを獲得したり，コミュニケーション・スキルを学んだりすることも目的としている。つまり，学校に不適応を感じる児童・生徒の支援（B）という役割が中心にある。ただし，心理職は利用者である児童・生徒と個人面接を行って，それぞれの心理的な課題を理解して支援を行うことだけでなく，学習のサポートやグループ活動など，直接日常生活に関わるなかで心理的な課題に対する支援も行っている。つまり，学校教育そのものにつながる支援の役割（A），そして学校教育とは関係なく，個人の精神的な悩みについて支援する（C）という役割も重要となる。

　その他に教育の場として知られているのが，フリースクールである。ドイツのシュタイナー教育やイギリスのニールのサマー・スクール，フランスのフレネ学校などを参考にして設置されているフリースクールは，校内暴力やいじめ，不登校など学校内で起こるさまざまな問題に対して，既存の学校とは異なった教育環境として考えられたものであり，さまざまな形で心理職が関わっている。各フリースクールの理念に応じて，教員，その他の専門職の役割のあり方が大きく異なっているため，フリースクールにおける心理職の働きもまた施設の特徴に応じて変わってくる。つまり，公立学校におけるSCと同様に保護者や本人に対するカウンセリングが中心的な役割になることもあれば，適応指導教室と同様に心理学的な観点から利用者を理解しながら，日常生活にも積極的に関わることが求められることもある。

4. 総合教育センターなどの教育相談施設

　総合教育センターとは，学校教員の教育に関する専門的な研究や，教員の研究，教育実習に関する業務などを担う，自治体によって運営される教育機関である。総合教育センターの役割について，東山・近藤（2014）は奈良市の学校教育センターを例として，教育心理相談，特別支援教育，心理相談と特別支援の協働，スクールカウンセリング，支援，外部機関への紹介に区分している。

　このうち，教育心理相談とは，スクールカウンセラーと同様に心理的な悩みを抱える児童・生徒や保護者，教員に対して在籍校と連携しながら支援するという業務である。相談に来たクライエントの相談内容に応じて，不登校の場合には学校に不適応を感じる児童・生徒の支援（B），その他の精神的な悩みの場合には学校生活に必ずしも原因があるわけではない精神的な悩みの支援（C）を目的とする。また，前述の適応指導教室の運営が教育心理相談業務のなかに入っていることもある。

　特別支援教育には，発達障害などの特別支援教育を必要とする児童・生徒の支援のために，来所した保護者への支援の他，保育園・幼稚園や学校に訪問して助言を行うことが含まれる。心理相談と特別支援の協働としてあげられるのが不登校状態にある児童・生徒に対する訪問学習支援や，発達障害を持つ児童・生徒に対するソーシャルスキル・トレーニングなどである。ここには学校教育そのものにつながる支援（A）だけではなく，学校に不適応を感じる児童・生徒の支援（B），さらに学校生活に必ずしも原因があるわけではない精神的な悩みの支援（C）が絡み合っている。

　その他，スクールカウンセリングとして各学校へ SC を派遣してスーパーヴィジョンやコンサルテーションを行う業務，不登校や発達障害などをテーマとした講演会や研修を行う業務がある。さらに，外部機関への紹介として，必要に応じて病院や児童相談所などの外部機関との連携を行うことも含む。つまり，総合教育センターは SC の他，適応指導教室など，教育領域の心理的支援における中心的な働きをしているといえる。

● おわりに

　教育領域における心理的支援の特徴について，学校教育そのものにつながる支援（A），学校に不適応を感じる児童・生徒の支援（B），必ずしも学校生活に原因があるわけではないクライエントの精神的な悩みの支援（C），という3つの側面から見てきた。年齢に応じた教育のなかでは，さまざまな年齢や対象者に合わせた施設があり，それぞれのニーズに応じた心理的支援を行うことが求められる。教育領域における心理的支援の特徴的な点は，勤務する施設の特徴によってさまざまな役割を持っているという点である。そのため，教育領域において心理的支援を行う者は，心理学的なクライエント理解はもちろんのこと，幼児期から学童期，青年期といった発達に関する知識の他，それぞれの教育現場が有する特徴への理解が必要になる。

4節　産業・労働領域の心理専門職

　産業・労働領域の心理的支援の場というと，企業内にある相談室をイメージする人が多いかもしれないが，それはほんの一場面である。産業・労働領域の心理職は，働く人あるいは働こうとして職を探している人と雇用する組織の双方に関与している。したがって個人への心理的支援にとどまらず，組織へのダイナミックなアプローチも行っている。本節では産業・労働領域の特性を知り，そこでどのように臨床心理学がその専門性を発揮しているのかを学ぶ。

1. 産業・労働領域の心理職が働く職場と職務

　産業領域で心理職が活躍する職場には，大別して「事業場内」と「事業場外」がある。「事業場内」で心理職は，企業のなかに設置されている相談室や健康

管理センターなど，企業内カウンセラーとして勤務していることが多い。企業内では，社員の個別カウンセリングを行うだけでなく，メンタルヘルス不全予防のための心理教育やハラスメントについての理解を深める研修なども行っている。メンタルヘルスやハラスメントについては，正しく理解されていないことが多く，偏見もある。啓発活動によって，メンタルヘルス不調の早期発見・早期治療やハラスメント予防につなげることができれば，企業全体が健全に機能することが期待できる。

　個別カウンセリングでは，職場適応に関する相談，ワーク・ライフバランスの問題，ハラスメントに関する相談などが増えている。がんサバイバーなどの病気治療と就労の両立支援も注目されている。職場におけるカウンセリングでは「メンタルヘルス不調者だけではなく健康な人も対象となる。健常な精神状態の人がさらに高いパフォーマンスを発揮するためには，ポジティブ心理学の知見が有用である」（尾久，2018）とされ，産業・労働領域では臨床心理学だけでなく健康心理学の知識も必要である。

　「事業場外」の一つに，EAP（Employee Assistance Program）がある。EAP は「従業員支援プログラム」と呼ばれるものであり，企業と契約を結び，従業員とその家族への外部機関でのカウンセリング，社内のメンタルヘルス研修などさまざまなメンタルヘルスケア業務を請け負う（尾久，2018）。EAP では，問題のアセスメント，管理職や人事労務担当者へのコンサルテーション，組織に対するコンサルテーションも行う（毛利，2015）。

　また，公共職業安定所（ハローワーク）や産業保健総合支援センター地域窓口（通称：地域産業保健センター）がある。ハローワークには，精神障害者雇用トータルサポーターという職種があり，精神障害者に対して専門的なカウンセリングや，就業準備プログラム及び事業主への意識啓発等の支援を行っている。2018 年には，発達障害者雇用トータルサポーターも配置され，心理職が専門性を活かして支援を行っている（脊尾，2019）。他方，地域産業保健センターは，「産業医等の産業保健関係者を支援するとともに，事業主等に対し職場の健康管理への啓発を行う」（脊尾，2019）役割を担っている。メンタルヘルス対策促進員を企業等に派遣して，職場の「こころの健康づくり計画」作成

をサポートしている。

　また，「障害者の雇用の促進等に関する法律（障害者雇用促進法）」によって定められる広域障害者職業センター，地域障害者職業センター，障害者就業・生活支援センターなどにも心理職が勤務している。障害者雇用促進法は，障害者の雇用義務等に基づく雇用の促進等のための措置，職業リハビリテーションの措置等を通じて，障害者の職業の安定をはかることを目的としている。職業生活において個人の能力が発揮され，自己実現につながることはどの人にとっても大切なことである。地域障害者職業センターにおいては，職業復帰の支援（リワーク支援）が行われている。リワーク支援の詳細については後述するが，企業と連携して職場復帰を進める際に，本人へのサポートだけでなく，企業へのサポートも行う。心理職は障害者の気持ちに寄り添いながら，適切な支援のためのアセスメントなどを行う（種市，2018）。

　このように，産業・労働領域において心理職が活躍している場は幅広い。それぞれの現場に関わる法制度も多岐にわたっているので，求められる心理的専門性だけではなく，法制度についてもよく知っておく必要がある。

2. 勤労者の健康に関する現代社会における問題と心理職の専門性

(1) 勤労者のストレス

　厚生労働省による 2018（平成 30）年「労働安全衛生調査（実態調査）」によると，メンタルヘルス不調により連続 1 か月以上休業した労働者（受け入れている派遣労働者は含まれない）がいた事業所の割合は 6.7％，退職者（受け入れている派遣労働者は含まれない）がいた事業所の割合は 5.8％であった。また，メンタルヘルス対策に取り組んでいる事業所の割合は 59.2％であった。現在の自分の仕事や職業生活に関することで強い不安，悩み，ストレスとなっていると感じる事柄がある労働者の割合は 58.0％で，そのうちストレスとなっていると感じている内容（3 つ以内の複数回答）を見ると，「仕事の質・量」が 59.4％と最も多く，次いで「仕事の失敗，責任の発生等」が 34.0％，「対人関係（セクハラ・パワハラを含む）」が 31.3％であった。

　これらのストレス要因に応じた心理的支援のあり方を模索する必要があると
いえよう。

(2) 労働災害（労災）

　労働災害とは，労働者の業務上または通勤途上の負傷，疾病，障害，死亡の
ことを指す。2019 年度における「過労死等の労災補償状況」（厚生労働省）で
は，精神障害による請求件数は前年度より 240 件増え 2,060 件，支給決定件数
は 509 件で，前年度より 44 件増加した。精神障害の発病に関与したと考えら
れる事象を労災認定では出来事と呼ぶ。出来事別の支給決定件数は，「嫌がらせ，
いじめ，又は暴行を受けた」79 件，「仕事内容・仕事量の変化を生じさせる出
来事があった」68 件，「悲惨な事故や災害の体験，目撃をした」55 件の順に多
かった。

　一方，くも膜下出血や心筋梗塞など「脳・心臓疾患」での労災請求件数は
936 件で前年度より 59 件増加し，支給が決定されたのは 216 件で，前年度よ
りも 22 件減少した。支給決定者の時間外労働時間別（1 か月または 2 ～ 6 か
月における 1 か月平均）支給決定件数は，「評価期間 1 か月」では「12 時間以
上～ 140 時間未満」33 件が最も多く，「評価期間 2 ～ 6 か月における 1 か月平
均」では「80 時間以上～ 100 時間未満」73 件が最も多かった。

　これを見ると精神障害の発症には，業務に関わることや，ハラスメントある
いはトラウマ的体験が影響し，脳・心臓疾患には長時間労働が関連しているこ
とを理解できる。労災の請求は，傷病が業務上または通勤途上に発生したもの
であることが明確に示されなくてはならない。そこで裏づけとなる膨大な資料
が必要であるため，請求に至るケースは多くはないうえ，支給決定は 3 割程度
である。したがって，労災の請求には至らないものの，業務上のストレスや過
重労働により，心身の不調をきたしている人は実際には相当多いことが推察さ
れる。勤労者が長期間の休職をやむなくされたり，尊い命が失われてしまった
りすることを未然に防ぐために，心理職は勤労者の不調を早期に発見し，適切
な支援をする必要がある。

(3) 勤労世代の自殺

　厚生労働省により公表された 2020（令和 2）年度の自殺者数は，21,081 人で，前年に比べて 912 人増加した。2019 年度は 1978（昭和 53）年から始められた自殺統計で過去最少となったが，2020 年度はコロナ禍の影響もあってか増加した。わが国には，2 万人を超える大切な命が自殺によって失われている現実がある。勤労世代と考えられる 20 歳から 59 歳における自殺者は，12,124 人と，全体の 58％を占めている。「勤務問題」が主たる原因とされている人は 1,918人で，勤労世代の自殺の問題は産業・労働領域において重要な課題で，自殺予防対策はとても重要なテーマである。自殺の背景にはうつなどの精神疾患があるとされており，心理的支援への期待は大きい。

　日本における自殺対策は，「自殺対策基本法」に基づいている。2016（平成28）年に改正されたことを踏まえて，2017 年に「自殺総合対策大綱 – 誰も自殺に追い込まれることのない社会の実現を目指して」が出された。産業・労働領域に関連するのは，「勤務問題による自殺対策をさらに推進する」という項目にある「長時間労働の是正」，職場における「メンタルヘルス対策の推進」「ハラスメント防止対策」である。この大綱には「ゲートキーパー」と呼ばれる自殺の危険性を示す兆候に気づいて対応を行う人の養成研修を行い，予防に努めることも掲げられている。心理職は「ゲートキーパー」であり，その養成を行う立場でもある（松本，2019）。

(4) 過重労働

　厚生労働省では，「過重労働による健康障害防止のための総合対策」（平成18 年制定）を策定し，時間外・休日労働の削減，労働者の健康管理の徹底等を推進してきた。しかし，長時間労働に伴う健康障害が一向に減少しないため，2019（令和元）年にこの総合対策は改訂された。それにより，残業時間の上限は原則として月 45 時間，年間で 360 時間とされた。また年 5 日の年次有給休暇の取得を義務づけ，1 日の勤務終了後，翌日の出社までの間に，一定時間以上の休息時間（インターバル）を確保することを努力義務とした。

　勤労者に対する心理的支援を行う際には，過重労働にも着目し，過重労働に

なっていると判断される場合には，休養をとるように勧める必要がある。

(5) ハラスメント対策

　ハラスメント（harassment）とは，「人の尊厳を傷つけ，精神的・肉体的な苦痛を与える嫌がらせやいじめのこと」(戸塚, 2012)である。ハラスメントには，セクシュアルハラスメント，パワーハラスメント，モラルハラスメント，ジェンダーハラスメントなどがあり，その方法や理由，場面などで定義・分類される。

　セクシュアルハラスメント（略して「セクハラ」）は，「性的嫌がらせ」のことである。山田・菅谷（2008）によれば，「相手の意に反する性的な言動で，それに対する対応によって，仕事を遂行する上で，一定の不利益を与えたり，就業環境を悪化させたりすること」と定義される。すなわち，言動を行っている人にセクハラ行為をしている，という意識がなくても，される側が不快に感じたらセクハラになる。

　パワーハラスメントは「パワハラ」と略されることが多い。厚生労働省のワーキンググループは，パワハラを「職場のパワーハラスメントとは，同じ職場で働く者に対して，職務上の地位や人間関係などの職場内の優位性を背景に，業務の適正な範囲を超えて，精神的・身体的苦痛を与える又は職場環境を悪化させる行為」(2012 年「職場のパワーハラスメントの予防・解決に向けた提言」)と定義している。他方，岡田（2011）は「職務上の地位または職場内の優位性を背景にして，本来の業務の適正な範囲を超えて，継続的に相手の人格や尊厳を侵害する行動を行うことにより，就労者に身体的・精神的苦痛を与え，また就業規則を悪化させる行為」と定義している。2 つの定義から，パワハラは，①職務上の地位や人間関係などの職場内の優位性の利用，②業務の適正な範囲を超えたもの，③継続的，④相手の人格や尊厳を侵害する，⑤精神的・身体的苦痛を与える又は職場環境を悪化させること，となる。

　ハラスメント対策においては「プライバシーに配慮しながら，その事実関係について迅速かつ正確に情報を確認し，相談者の意向を尊重した適切なサポートを行うのが望ましい」(中田，2019)。ハラスメントを行っている側はハラスメントをしていることに気づいていないケースや社内風土が黙認しているケー

スも見られる。このため，相談者の気持ちが支援のなかでさらに傷つくことがないように，繊細な対応が求められる。

　2019（令和元）年6月には「改正労働施策総合推進法」が公布され，職場でのハラスメント対策の強化が企業に義務づけられることになった。これは「パワハラ防止法」と呼ばれ，パワハラの基準を法律で定めて，企業に防止措置を義務づけた。企業の「職場におけるパワハラに関する方針」を明確化し，労働者への周知，啓発を行うこと，労働者からの苦情を含む相談に応じ，適切な対策を講じるために必要な体制を整備すること，職場におけるパワハラの相談を受けた場合，事実関係の迅速かつ正確な確認と適正な対処を行うことを義務づけた。あわせて，男女雇用機会均等法及び育児・介護休業法においても，セクシュアルハラスメントや妊娠・出産・育児休業等に関するハラスメントに係る規定が一部改正され，今までの職場でのハラスメント防止対策の措置に加えて，相談したこと等を理由とする不利益取扱いの禁止や，国，事業主及び労働者の責務が明確化されるなど，防止対策の強化がはかられた（厚生労働省，2019）。心理職は，ハラスメントについて正しい知識を持って支援にあたることが求められる。

3. ストレスチェック制度

　2014（平成26）年「労働安全衛生法の一部を改正する法律」が施行され，心理的負担の程度を把握するための検査（ストレスチェック）及びその結果に基づく面接指導の実施等を内容とした「ストレスチェック制度」が創設された。このときにはまだ心理的支援に関わる国家資格がなく，心理職はストレスチェックの実施者に指定されていなかった。2018（平成30）年8月に労働安全衛生規則の一部を改正する省令が公布，同日に施行され，「ストレスチェックの実施者に，検査を行うために必要な知識についての研修であって厚生労働大臣が定めるものを修了した歯科医師及び公認心理師を追加する」との明示によって，公認心理師がストレスチェック実施者になった。

　ストレスチェックは，「メンタルヘルス不調を未然に防止する一次予防と職

場の改善・ストレスチェックを行うことによって，高ストレス者を抽出し，メンタルヘルス不調を未然に防止する一次予防を講じることでメンタル不調者の発生を防ぎ，より働き安く健康的な職場へと改善することを目指す」（山本，2018）ものである。労働者が「常時 50 名以上の全事業場（法人・個人）」において実施の義務がある。公認心理師は，ストレスチェック実施者研修を修了したうえで，ストレスチェックを実施して高ストレス者を抽出したり，結果通知後の面談に従事したりする。

4．復職支援プログラム（リワークプログラム）

　労働政策研究・研修機関による 2013 年の「職場におけるメンタルヘルス対策に関する調査」では，メンタルヘルスの不調を抱えた労働者のその後の状況は，「休職を経て復職している」が最も多く，次は「結果的に退職した」であった。また，「長期の休職，または休職・復職を繰り返している」人も多い。そこで，休職からの復職を無理なく安定したものにするための支援として，「復職支援プログラム（リワークプログラム）」が実施されている。このプログラムは医療機関，地域職業センター，精神保健福祉センターなどで実施される。

　厚生労働省は「心の健康問題により，休業した労働者の職場復帰支援の手引き」に正式な職場復帰決定の前に，労働者が安心して職場復帰できることを目的として，社内制度として試し出勤制度等を設けることを推奨している。試し出勤制度の例として，①模擬出勤：勤務時間と同様の時間帯にデイケアなどで模擬的な軽作業を行ったり図書館などで時間を過ごしたりする，②通勤訓練：自宅から勤務職場の近くまで通勤経路で移動して職場付近で一定時間過ごした後に帰宅する，③試し出勤：職場復帰の判断等を目的として，本来の職場などに試験的に一定期間継続して出勤する，という３点が示されている。心理職は主治医，産業医，職場の上司などと多職種連携を行いながら，段階的な復職を支援し，職場復帰後は疲れやストレスが溜まらないように配慮し，再発に留意しながら支援する。

● おわりに

本節を通して，勤労者をとりまく問題が複雑であることを理解いただいたと思う。産業・労働領域における心理職は，現代社会の勤労者が直面しているさまざまな問題へ目を向けるとともに，勤務する組織の特徴や現状を把握し，必要な法令にも精通して勤労者への支援にあたることが求められる。一方で，ストレスをかかえながらも日々業務に向かっている多くの人々がいることも忘れてはならない。その多くの人々が心身の大きな不調に至らないように，予防的な関わりをすることも産業領域の心理職に求められる専門的営みである。

5節　福祉領域の心理専門職

福祉領域で働く心理職は，どこでどのような仕事をしているのだろうか。また，臨床心理学的知見が福祉領域ではどのように活かされているのであろうか。さらに福祉領域とはどこからどこまでをいうのであろうか。「福祉」は人が生活するさまざまな場でいろいろな形で存在するため，本節は「福祉領域」とは何かについて考えることからはじめる。

1. 福祉領域で働く専門職とは

狭義の福祉領域とは，「制度的福祉」でカバーされる領域ということになる。この制度的福祉は，法律に基づいて国や地方自治体が制度を作り，福祉の対象者に過不足なくサービスを提供できる体制である。この視点によると，社会的弱者に対して手を差し伸べるという福祉のイメージが先行してしまう。相対的な基準ではあるが，日本の福祉制度は一定のレベルを維持していると思われる。しかし，制度の狭間や不備において必ず不満を抱える人も存在する。

　他方，ウェルフェア（welfare）という「限定的で救済的な福祉」から，ウェルビーング（well-being）という「個人の権利意識に根差した自立支援を応援する福祉」へと世の中の流れは変化している。このなかで，より臨床心理学的な知見を必要とするのが「臨床的福祉」と呼ばれるものである。制度ありきではなく，「その人の抱える個人的な困難に対して，役立つこと」や「実際的な事柄」を考えて，そこに利用可能な福祉制度を活用するという支援の方向性である。

　「制度的福祉」と「臨床的福祉」の双方があってはじめて，利用者（クライエント）に役立つ支援が見えてくる。福祉領域における心理職の仕事の実際を後に紹介するが，福祉制度利用の主体として成り立つように利用者をエンパワーすることが，福祉領域における心理的支援そのものであろう。つまり，昨今のウェルフェアから，ウェルビーングへの福祉の流れは，臨床心理学の有効性をさらに発揮できる土壌づくりになっているといえる。この時代の潮流とときを同じくして，国家資格として「公認心理師」の誕生があった。

　この資格制度の成立を制度的帰結とせず，あらためて福祉領域の心理職について考える契機としたい。ウェルビーングの観点から利用者目線で見れば，支援者が「臨床心理士」であるか「公認心理師」でるかは関係がない。ちゃんと話を聞いてくれる人であり，自分のニーズに応えてくれる人であり，総じれば「役に立つ人」が必要なのである。そして最重要なのは，福祉領域の利用者のニーズはさまざまであり，それをきちんと見つけ出すことが，心理職の仕事の成功の半分を担っていることである。しかし，福祉領域では「心の悩みを聞いてほしい」などと，的確に自分の来所目的を述べてくれる人は少ない現実がある。

　ここである児童相談所における発達相談を一例として紹介する。発達相談というのは制度側の種別であり，利用者側の区分ではない。発達相談に来所した母親の悩みは，「この子は，他の子と比べておかしいんじゃないか」という心配であり，その不安を聞いてほしいということが当面のニーズである。いきなり発達検査をしてほしいわけではない。この発達相談という行為が担う，制度側として必要だと目される子どもの「おかしさ」への着眼と，母親側の不安に対する重視は微妙な違いのように見えるかもしれない。しかし，支援の実際上

は大きな違いとなり，取り違えると誤った支援に至る場合もある。また，「子どものことは心配だけど，そのことで保育園の先生からごちゃごちゃいわれたくない」，つまり母親のニーズは「周囲から子どものことでいろいろいわれたくない」というものであり，相談者自身は子どものことをさほど心配していないという場合もある。もちろん「発達相談」なので「子どもの発達のようすを見てほしい」というストレートな受け取りをすればよい場合がほとんどかもしれないが，その場合でさえ，微妙なニーズの差異に敏感でいられるかが，この領域の心理職には常に試される課題である。

　この臨床心理学的知見及びスキルや姿勢は，心理職が独占するものではない。福祉領域で働く他職種のほとんどが利用すべきもの，かつ利用せざるを得ないものである。「社会福祉士」「精神保健福祉士」「保育士」「介護福祉士」「ケアマネージャー」など，各々が意識せずとも，活用・利用している姿勢である。なかには，心理職よりもコミュニケーション・スキルがはるか上のレベルにいる他専門職の方も見受けられる。どの福祉職にも「臨床心理学の応用」が必要であり，ゆえに心理職を資格制度として規定することが難しかったといえる。

2. 福祉領域の心理専門職のいる場所（領域，機関，組織）

　社会で「領域」を規定する場合，一般的に，法律による区分けはわかりやすい。しかし福祉領域の場合，「児童福祉法」「母子保健法」「障害者基本法」など，法律による区分けですら横断的に見なければならないという難しさがある。これはやむを得ないことで，たとえば乳児健診で早期に発達障害を指摘された幼児（母子保健領域）が，通所支援を受け「放課後等デイサービス」につながる（児童福祉領域）。さらに成長してから就労支援の福祉サービスを受ける（障害福祉領域）。こういった場合をイメージすれば，福祉「領域」の横断性と縦断性を少しは感じることができるのではないだろうか。

　福祉領域を横断的かつ縦断的に考える契機として，この20年で認知が進んだ「虐待」ケースがあるように思われる。虐待はどの領域でも起こり得るものであり，障害のある子が不適切な養育（虐待）下に置かれることがあり得るし，

障害が虐待のリスク（引きがね）になるともいわれる。乳幼児健診で虐待が発見されることは珍しいことではない。こうしたつらい現実が，虐待対応における関係機関の「連携」（横断的）と「切れ目ない支援」（縦断的）の必要性を私たちに意識させ，長く続く縦割り行政的な福祉領域が変わる道程になったようにも考える。

　以下，このように横断的かつ縦断的に絡み合う福祉領域等のどこでどのように心理職が働いているかを概観する。

(1) 児童福祉領域
①児童相談所

　児童相談所の業務は，児童福祉の総合商社にたとえることができ，概ね 18 歳までの児童のセイフティーネットとしての機能を期待され，さまざまな「相談」を扱う。主な相談種別は以下のものである。

　養護相談：家庭環境が子どもの養育に欠ける（保護者がいないなど），あるいは心配な内容に応じて相談を受ける。「虐待相談」もここに入る。
　障害相談：「障害」を抱える子ども，保護者の相談に応じる。また，子どもが所属する集団への相談援助も考える。
　非行相談：触法行為に関わるものも含めた非行少年に関する相談を受ける。
　育成相談：性格，行動，しつけ，適性，不登校等に関する相談である。

　以上 4 種の相談内容区分を示したが，児童相談所における心理職の仕事内容について，「児童相談所運営指針」には以下のように記されている。

　　児童心理司等は，心理学的諸検査や面接，観察等を通じて子どもの人格全体の評価及び家族の心理学的評価を行う。その際，子どもの能力や適性の程度，問題の心理学的意味，心理的葛藤や適応機制の具体的内容，家族の人間関係等について解明する。（心理診断）

　　　　　　　　　　　　　　　厚生労働省「児童相談所運営指針」より

　この指針での記述に児童相談所の心理職の仕事内容が端的に示されている。もう少し具体的に言い換えれば，基本はチームアプローチで，児童福祉司（ケースワーカー）を中心として，児童心理司，医師，保健師，看護師，一時保護所職員（児童指導員，保育士等）による多職種連携である。当事者だけでなく，関係する学校や警察，近隣等からの情報に基づき，アウトリーチで対応する支援が通常業務の一部であることも児童相談所の特徴である。

②社会的養護に関連する施設

　家庭で養育できない，または養育することが望ましくない子どもへの支援として「社会的養護」がある。大きく分けて「施設養護」と「家庭養護」に分かれる。「家庭養護」の代表は里親である。心理職は他方の「施設養護」領域に従事することが多い。

　施設ごとに特徴はあるが，大多数の心理職は他職種と同じく生活のなかで子どもを支援する。そこには狭義の「心理治療」（個別でのプレイセラピー）も存在するし，広義の「心理支援」（子どもとの生活のなかでの触れ合い）もある。児童相談所と同様に，児童指導員，保育士等との多職種連携が求められる。また心理支援の多様性も求められるし，「子どもの育ち」に関するより深い理解が必要とされる。具体的な施設やその施設が対象とする児童を表5-4に示す。

　それぞれの施設によって心理職の配置基準は異なるが，「虐待」を背景にした困難ケースの増大により入所児童の心理支援の必要性が高まっている。特に児童心理治療施設（旧称 情緒障害児短期治療施設）は，施設の数は少ないものの，創設期より心理職を多く配置してきた。厚生労働省は，里親をはじめとする「家庭養護」の推進を図っているが，「施設養護」を代表する児童養護施設や乳児院の措置児童数に比べればまだ少ない（表5-4）。

③市町村の児童福祉担当課・家庭児童相談室

　児童相談所と同様に，より地域に根差した子どものための相談窓口として「市町村の児童福祉担当課」や「家庭児童相談室」がある。これらでも虐待通告を受け付けるし，特に「家庭児童相談室」の心理職は子どもだけでなく家庭内の

表 5-4　社会的養護に関連する施設（厚生労働省 HP より）

保護者のない児童，被虐待児など家庭環境上養護を必要とする児童などに対し，公的な責任として，社会的に養護を行う。対象児童は，約4万5千人。

里親 家庭における養育を里親に委託		登録里親数	委託里親数	委託児童数	ファミリー ホーム 養育者の住居において家庭養護を行う（定員5～6名）	
		13,485世帯	4,609世帯	5,832人		
区分 （里親は 重複登録 有り）	養 育 里 親	11,047世帯	3,627世帯	4,456人	ホ ー ム 数	417か所
	専 門 里 親	716世帯	188世帯	215人		
	養子縁組里親	5,053世帯	351世帯	344人	委 託 児 童 数	1,660人
	親 族 里 親	618世帯	576世帯	817人		

施 設	乳 児 院	児童養護施設	児童心理治療施設	児童自立支援施設	母子生活支援施設	自 立 援 助 ホ ー ム
対 象 児 童	乳児（特に必要な場合は，幼児を含む）	保護者のない児童，虐待されている児童その他環境上養護を要する児童（特に必要な場合は，乳児を含む）	家庭環境，学校における交友関係その他の環境上の理由により社会生活への適応が困難となった児童	不良行為をなし，又はなすおそれのある児童及び家庭環境その他の環境上の理由により生活指導等を要する児童	配偶者のない女子又はこれに準ずる事情にある女子及びその監護すべき児童	義務教育を終了した児童であって，児童養護施設等を退所した児童等
施 設 数	144か所	612か所	51か所	58か所	221か所	193か所
定 員	3,906人	31,494人	1,992人	3,464人	4,592世帯	1,255人
現 員	2,760人	24,539人	1,370人	1,201人	3,367世帯 児童5,626人	662人
職 員 総 数	5,226人	19,239人	1,456人	1,799人	2,075人	885人

小規模グループケア	1,936か所
地域小規模児童養護施設	456か所

※里親数，FHホーム数，委託児童数，乳児院・児童養護施設・児童心理治療施設・母子生活支援施設の施設数・定員・現員は福祉行政報告例から家庭福祉課にて作成（令和2年3月末現在）
※児童自立支援施設・自立援助ホームの施設数・定員・現員，小規模グループケア，地域小規模児童養護施設の施設の所数は家庭福祉課調べ（令和元年10月1日現在）
※職員数（自立援助ホームを除く）は社会福祉施設等調査（令和元年10月1日現在）
※自立援助ホームの職員数は家庭福祉課調べ（令和2年3月1日現在）
※児童自立支援施設は国立2施設を含む

※数字は平成 30 年〜平成 31 年の報告。随時更新されるものであり，読者個々において最新の数字をチェックしてほしい。

さまざまな悩みごとにも対応する。このため児童福祉にとどまらず，「家庭福祉」ともいえる範疇も対象とせざるを得ない。後述する母子保健領域との連携が必須である。

④要保護児童対策地域協議会

　児童福祉関連機関を束ねるセイフティーネットとして組織化されている制度として，「要保護児童対策地域協議会」がある（図 5-3）。「虐待」通告の増加に対応する形で横断的かつ縦断的に相談対応する必要に迫られ，児童福祉法の一部改正によって地方自治体での設置が整備された。その機能が十分に発揮されているとは言いがたい現状かもしれないが，「縦割り行政」を打破しようとするアイディアで設置されたことは注目に値する。市町村における設置率も非常に高い。

　この協議会のメンバーとして，上記の「市町村（児童福祉担当課）（家庭児

要保護児童対策地域協議会の概要

果たすべき機能

支援対象児童等の早期発見や適切な保護や支援を図るためには，
・関係機関が当該児童等に関する情報や考え方を共有し，
・適切な連携の下で対応していくことが重要
であり，市町村において，要保護児童対策地域協議会を設置し，
① 関係機関相互の連携や役割分担の調整を行う機関を明確にするなどの責任体制を明確化するとともに，
② 個人情報の適切な保護と関係機関における情報共有の在り方を明確化することが必要

警察　市町村　保健機関　学校・教育委員会
医療機関　**要保護児童対策調整機関**　民生・児童委員
・支援内容が重複する場合等に優先して対応すべき支援機関を選定
・支援機関ごとに支援内容の進行等を管理　等
弁護士会　保育所・幼稚園
児童相談所　民間団体　児童館

	平成 27 年度	平成 28 年度	平成 29 年度
設置している市町村数	1,726 (99.1%)	1,727 (99.2%)	1,735 (99.7%)
登録ケース数（うち児童虐待）	191,806 (92,140)	219,004 (97,428)	260,018 (101,807)

（出典）平成 27, 28 年度：厚生労働省雇用均等・児童家庭局調べ，平成 29 年度：厚生労働省子ども家庭局家庭福祉課調べ
（注）平成 27, 28 年度：4 月 1 日時点（設置している市町村数，登録ケース数），2 月調査時点（調整機関職員数）

図 5-3　要保護児童対策地域協議会の概要（厚生労働省 HP より）

童相談室）」「児童相談所」が入る。他にも「学校・教育委員会」「保育所・幼稚園」「警察」等がメンバーであり，地域における対象児童に関する情報共有，それに続く役割分担を行える仕組みになっている。

(2) 母子保健領域

　子どもの健やかな育ちと予防的見地に資するものとして，母子保健領域がある。保健所や保健センターが該当し，厳密には福祉領域というよりも，その連携先となる領域である。この領域では，心理職は子どもの成長や発達に関する相談（1 歳半健診，3 歳児健診）に従事することが多い。必然的に「虐待」の第一発見の機会を有する。

(3) 老人施設関係領域

　老人施設関係領域では，常勤心理職の配置はまだ一般的ではない。しかし非常勤での心理職の配置は進んでおり，公認心理師の誕生を契機として，今後配

置の可能性が高まるものと考える。

3. 福祉領域の専門家の仕事の実際

　ここまで福祉領域の心理職が存在する場所が多岐にわたり，そこで働く心理職に共通する仕事として，利用者（クライエント）の相談を「きちんと聴き」「ニーズを見つけ」「エンパワー（勇気づけ）」することについて述べてきた。一概にエンパワーといっても，今までの努力の成功・失敗を労うこと，称賛すること，次の一歩について話し合うこと，制度に関する情報を与えたり制度申請を受け付けたりして利用を助けることなど多岐にわたる。さらに第4章5節でも述べたように，利用者の福祉が損なわれないようにアウトリーチが多いことが，この領域の特徴である。「担当」は決められていようとも，個人でクライエントを抱えずに，チームやスタッフが心理職の背後にいて，利用者からの相談を受けるチームアプローチが原則である。しかし以上の記述では，福祉領域の心理職の仕事の具体的な理解は難しいため，機関ごとの仕事に共通する「道具立て」について記す。

(1) 道具としての検査の活用
　ここでいう道具とは心理検査のことであり，知能検査，発達検査，人格検査，各種質問紙，神経心理学的検査などが含まれる（第3章参照）。各機関でスタンダードとなる検査があり，その組み合わせがテスト・バッテリーである。検査は非常に役に立つ道具であるが，これのみが心理職の専門性となることは問題である。この道具はアセスメントに利用することが本来的だが，利用者への説明に説得力を持たせたり，希望を持たせたりすることも可能にする。ただしあくまで道具にすぎず，心理職がこの道具を上手に使って，利用者を支援することが必要である。

　たとえば関西地区の児童相談所で活用される新版K式発達検査は，前述の「養護相談」や「障害相談」の場でも使われる。親がわが子の育てにくさを訴えた場合や，知的な遅れに伴う「療育手帳」の申請の場合にも利用する。検査マニ

ュアルとおりに行うことが基本ではあるが，マニュアルに例示（検査者が例と
してやって見せること）可とは記載されていないのに，心理職の判断で例示し
てその後の問題にどうその子が取り組むのか観察することがたまにある。こう
した応用を禁忌とせず，そのアセスメントの使い方を間違えずに支援に役立て
ることが重要なのである。マニュアルからははずれるが，その子の現状の力を
より詳細に把握するために検査を利用したわけである。これは検査の「臨床的
使用」といえる。ただし，このようにマニュアル外で得た発達指数等を「療育
手帳」の判定に即直結させることは避けるべきである。数値によって制度利用
に影響が及ぶ場合は，マニュアルどおりに行うことが基本である。これは検査
の「検査的使用」といえる。このように時々に検査器具をその目的によって使
い分ける力量を持つことで，検査に使われる心理職でなく，検査を道具として
活用できる心理職になれる。

(2)「面接」は，福祉のすべての領域，機関，組織に共通の設定事項

　福祉領域の心理職は，その職場になぞらえながら仕事をしつつ，臨床心理学
的知見と自分の臨床力とを発揮する。職場環境はさまざまでも人と接する場で
ある「面接」という器は共通しており，そこに自分が学んで身に着けた治療理
念，治療スタイル，技法等を反映させる。そのことを利用者に告げることはな
いし，利用者にとっては担当者がどんな心理療法を志向しているかは関係のな
い話である。

　精神分析，家族療法，短期療法，行動療法など，どのオリエンテーションで
もかまわないので自分が志向する治療理念やスタイルを持つべきではある。し
かしながらどのやり方でも，すべての利用者を100％満足させることはできな
いし，また何パーセントかはうまくいく。このことは数多の心理療法が消費さ
れてきた事実に示されており，今現在もそれは続いている。治療者が何を志向
するかということよりも，何が利用者に役立つのかという視点がエビデンスへ
もつながる。

　「面接」は，福祉領域（福祉を含む心理臨床全領域と言い換えてもよい）で
働く心理職にとっての生命線である。長年，福祉領域の心理職として働くなか

で，「面接」がいかに機能するかを考え，同様の考えを持つ仲間と続けてきた「対応のバリエーション」という研修方式がある（川畑，2008）。これは，心理職の治療スタイル，治療技法の研鑽の場ではなく，「面接」という器のなかで相談を受ける側と，相談する側のその折々の対応場面を，ロールプレイを用いて，参加者で体験する新しい形の「事例検討」の方法である。どうやれば「面接」がうまくいくのかという要因は，その折々の対応における利用者と心理職の関係性のなかにしか見いだせない。このことを福祉領域に限らず，すべての領域で働く心理職，もしくは働くことを志す心理学初学者に伝えたい。

● おわりに

　本節のおわりに，新しく心理職として福祉の職場に着任するような人たちに伝えたいことを付記する。当たり前すぎるのか，あえて指摘されることはあまりないが，福祉に限らず心理職は，心理的支援のみを業務にしているわけではない。所属する機関や組織において，事務に関する仕事など心理的支援と直接関係のない仕事も多い。もちろん，その比率は職場によって異なりはある。
　たとえば，療育手帳の発行の事務作業を任されている児童相談所の心理職もいるし，プレイセラピー以外の子どもの日常生活場面に指導員とともに週何日かは臨むという児童心理施設の心理職もいる。この「心理職としては非日常業務」は，その職場では当たり前のことであり，その仕事を上手に行うことが多職種との連携にも影響する。「私は心理職だからその他業務はできなくて当然」という姿勢では，専門性やその専門性の上に成り立つ多職種連携以前に，職業人として問題である。

6節　司法・犯罪領域の心理専門職

　司法・犯罪領域の心理的支援（心理臨床）については，その多くが公的な機関・施設で働く職員によって担われてきた。このため，これまで学部・大学院における臨床心理学教育のなかで，この領域はそれほど大きく取り上げられてこなかった。学部や大学院において，犯罪心理学の講義がない大学も多く，心理職を目指す訓練のなかで，十分な基礎知識を得ないまま職に就き，現場での研修と実践によって「心理臨床職」としての教育が担われてきた経緯がある。

　また，司法・犯罪領域で働く人々は，「心理職」である前に「公務員」であるという大きな職業アイデンティティを持つことが多い。あるいは，「心理学」の知識や技術を専門として就業しつつも，いわゆる心理臨床職をイメージすることの多い「心理職」としてのアイデンティティには収まらない職として認識されていた場合も多い。そこで改めて，司法・犯罪領域の心理学の専門職としてどのような職域があるのか記すことから本節をはじめる。

1. 司法・犯罪領域における職域と専門性

　司法・犯罪領域における心理学の専門職が働く職域は，大きく次のようなものがある。すなわち，①警察，②家庭裁判所，③更生保護，④矯正，⑤児童福祉，⑥精神鑑定・情状鑑定，などである。このうち，多くの職域において，特にそれが少年非行であればなおさらに，福祉領域と重なる部分が多い。また，⑥は医療領域と大きく重なる領域である。少年非行に対する予防教育や，更生や矯正のなかで行われる改善指導教育など，教育領域との重なりもある。まさに，多領域理論連携，多機関連携，他職種協働が非常に重要な領域である。司法・犯罪領域における心理職の仕事は多岐にわたり，特に公認心理師法によってその専門職の幅広さに改めて光が当たっている。ただし本節では，臨床心理学的援助の専門職として，犯罪離脱を主訴として出会う心理療法，矯正，更正

に焦点化して論じることにする。

　心理的支援の実践家は，さまざまな現場で司法・犯罪領域の問題を呈するクライエントと出会う。司法・犯罪領域の施設だけでなく，開業（私設）臨床や研究機関内の心理相談機関，教育機関，医療機関，福祉施設等で心理相談の業務に従事していれば，いずれの場でも薬物犯罪，暴力犯罪，性犯罪，虐待，窃盗等，さまざまな犯罪行為を犯した人々，あるいはその被害に遭われた方々と出会う機会は多い。したがって，前述した①から⑥のようないわゆる司法・犯罪領域の現場で働く心理職だけでなく，どのような現場で働く心理職においても，司法・犯罪領域の心理職の業務や関係行政に関する基礎知識を持ち，犯罪離脱に向けた臨床心理学的援助を行う準備をしていることが望ましい。

　「矯正」「更生」という言葉があるが，刑務所などの刑事施設内で行われる施設内処遇を「矯正」，保護観察による社会内処遇を「更生保護」と呼ぶ。犯罪離脱を援助するという意味において，それらの場で実際行われるのは，教育，心理教育，心理療法である。

　公的機関で行われる実践では，その多くのプロセスが認知行動的アプローチによって方向づけられている。ただし日本の刑事施設は，古くから収容者及び職員を含む全体組織，収容者集団，刑務作業集団，改善指導集団，居室集団など，大小さまざまな集団そのものや，そこに存在するルール，風土，人間関係を利用してきた歴史がある。つまり集団力動を利用した臨床心理学的援助の可能性も多大にある。このような集団力動への病理性の理解には，やはり，無意識－前意識－意識にまたがる個人力動に対する理解も欠かすことができない。

　さらに司法・犯罪領域における臨床心理学的援助の際，その変化プロセスの最初から最後まで大切になるのが，変化することに対する動機づけへの援助である。現在，司法・犯罪領域においては，動機づけ面接の知識と技術が欠かせない。この知識と技術は，人間性心理学的な人に対する理解と，治療者の共感的理解（empathic understanding），無条件の肯定的関心（unconditional positive regard），自己一致（congruence）という3条件に基づく実存的な変化原理に支えられて発展してきた。また，この動向は，認知行動療法の展開とも相まって，現在も発展を続けている。

　以上に記したとおり，司法・犯罪領域における臨床心理学的援助においても，他領域と同様に，さまざまな臨床心理学的アプローチに対する理解が必要である。そのうえで，それぞれのアプローチに関する基礎技術を有しつつ，それらに対する統合的な視点を持って，目の前のクライエントと自分との協働作業の道を探っていく必要がある。

2. 司法・犯罪領域における心理学的なアプローチ

（1）認知行動療法アプローチ

　日本の刑事施設や保護観察所等における矯正や更正のためのプログラムは，主に性犯罪や薬物犯罪，女性による常習性の窃盗などに対して重点的に行われている。その多くのプログラムの柱として，認知行動療法的アプローチがとられている。

　その根本には，RNR（Risk Need Responsivity）モデルがある（Andrew & Bonta, 2010)。RNR モデルとは，「リスク原則」「犯罪を誘発するニードの原則」「一般応答性と特別応答性の原則」を中心としたモデルである。簡単にいえば，犯罪を犯した個別の事例について，再犯リスクのアセスメントを行い，そのリスクに応じた支援を提供することが効果につながると考える。日本の刑事施設において，最も時間をかけている矯正プログラムは性犯罪に対するものであるが，低密度・中密度・高密度といった再犯リスクの程度ごとにプログラムが定められ，その効果も報告されている（山本・松島，2012a, b)。また近年では，グッドライフ・モデル（Ward & Brown, 2004）も注目され，取り入れられはじめている。それまで再犯リスクに対する視点が強調されてきた矯正領域において，犯罪を犯した人も，他の人々と同様に，良い人生を送れるように援助されることによって，再犯を防ぐという考えである。具体的には，他者との親密な関係への求めを満たすことなどがある。

　これらのモデルに基づき構成された再犯防止のためのプログラムの一例として，性犯罪再犯防止指導の概要（山本・松島，2012a, b）を図5-4 に示す。このプログラムでは，「自己統制」として①事件につながった要因について幅広

第1科	第2科	第3科	第4科	第5科
自己統制	認知の歪みと 変容方法	対人関係と 親密性	感情統制	共感性と 被害者理解

図 5-4　刑事施設で実施されている性犯罪再犯防止指導の概要

く検討し，特定する，②事件につながった要因が再発することを防ぐための介入計画（自己統制計画）を作成する，③効果的な介入に必要なスキルを身につける，といった課題に取り組む第1科がある。次いで「認知の歪みと変容課題」として①認知が行動に与える影響について理解する，②偏った認知を修正し，適応的な思考スタイルを身につける，③認知の再構成の過程を自己統制計画に組み込む，という第2科が設定される。その後，「対人関係と親密性」をテーマとした，①望ましい対人関係について理解する，②対人関係に関わる本人の問題性を改善し，必要なスキルを身につけることを狙う第3科，「感情統制」を目的とした，①感情が行動に与える影響について理解する，②感情統制の機制を理解し，必要なスキルを身につけることを狙う第4科がある。そして，「共感性と被害者理解」をテーマとして，①他者への共感性を高める，②共感性の出現を促す第5科までで構成されている。

　このプログラムは，8〜9名程度の収容者を1グループに編成し，そこに2〜3名の刑事施設職員や民間の心理職が関わる。実施施設の状況にもよるが，法務教官，法務技官，刑務官などの専門家が集まり，それぞれの専門性を多重に活かしたアプローチで実施されている。

(2) 力動的アプローチ

　力動的アプローチでは，他の多くの心理的問題の表れと同じように，犯罪行為や加害行為についても，「その行為がその人の心の問題の何を意味しているのか」と問うことによって見つめる姿勢が欠かせない。犯罪は，他者や自己に対して直接的かつ間接的に加害するという意味において，どのような罪となるのか，どのように裁かれるのか，どのように更生するのか，どのような再犯の

可能性があるのかといった「結果」が重視されがちである。それは確かに重大な意味を持つが，さまざまな他職種が関わるこの領域においてはなおさら「意味を問う」姿勢を失わず，それを出発点とすることに大きな意味がある。さらにいえば，その姿勢の意義をクライエントに伝えていくことに，治療的な意味がある。

　力動的アプローチの最大の特徴は，犯罪生起のメカニズムとして，いわゆる意識的な「犯罪動機」だけでなく無意識過程を想定することにある。そこで犯罪離脱のためのプロセスにおいても無意識過程を正面から扱うことになるが，「意味を問う」姿勢は，その入り口となる。ごく簡単にいうならば，無意識－前意識－意識過程にわたって，心が何らかの処理しきれないものを抱え，さまざまな防衛機制によってもそれを個人の内的世界に抱え持つことができないとき，かつ，それが攻撃的性質を伴って，外的な規範によってもコントロールができなくなったとき，その処理不能のエネルギーが犯罪とみなされる行動として爆発することがある，と考える。そして力動的な立場の心理職は，そのエネルギーの爆発に至る前のもともとの源流にある「処理しきれなかったもの」がいったい何であるのかに注目する。その源流はどのようなプロセスによって他の処理を辿らせることができるのかと問い続け，本人がその問いを持ち続けられるように援助し，その最初の道程をガイドしつつ協働作業する。

　矯正臨床の場でベテラン職員から聞いた逸話を紹介する。矯正臨床においては，対象となる犯罪者が「絶対もう犯罪は犯しません」とか「もう犯罪を犯すことなんて想像もできません。そんな気持ちは全くなくなりました」といった言葉を語ることは多い。それらの言葉は本当に嘘偽りなくその本人が心で体験していることであっても，できるだけ早く解放されて再度犯罪可能な状況に戻るために脳が無意識に操作している「幻影」体験だといわれている。それほどに，犯罪が発覚して犯罪者として収容されたり，保護観察されたりして過ごす期間に体験される意識は，犯罪をしていたときの本人から解離している場合もあり得る。「無意識レベルに至るまでの理解が矯正への道をひらく」という，この領域における心理的支援の自戒的逸話だともいえる。

　一方，英国で活躍した精神分析家フークス（Foulkes, S. H.）が研究しはじ

めた集団力動的アプローチも，司法・犯罪の分野で大きな成果を残している。集団力動的アプローチは，もともと，一対一の親密な対人関係を用いた協働作業を行いにくく，簡単に「行動化」しやすい困難患者と呼ばれる対象群に成果の高い処方として多く用いられた（小谷，2014）。スラブソン（Slavson, S. R.）の非行少年に対するグループ・アプローチなどは，この著名な例である。またサイコパシーに関する研究では，集団による治療が最も有望な結果を出すことも確認されている（Department of Health and Home Office, 1994）。しかしながら集団というものは，ビオン（Bion, W. R.）が基底的想定という概念で説明したように，普通の人々にも精神病的不安を感じさせるように働いたり，社会心理学の分野で明らかにされているように考えや行動が犯罪的方向へ極性化したり，同調が起きたりということも生じさせる大きな力を有する。したがって，集団の力動をよく観察し，理解し，検証しながら，治療的な方向，犯罪離脱の方向にリードすることが肝要である。日本の司法・犯罪領域における多くの施設においては，先にも述べたように，大小さまざまな集団を利用している。このことからも，集団力動に関して基礎知識を持ち，理解しようとする理論，技術や経験を持ち，それを治療的な方向にリードできる能動的態度を心理職が持つことは非常に重要である。

(3) 動機づけへのアプローチ

　犯罪行為は，それ自体が社会で罪となる問題を犯した行為として，最初から「事例性」が成立し得るという特徴を持つ。逆にいえば，犯罪加害者自身は，状況や保護者や公的機関によって強制的に心理処方に出会わされる場合が多い。これはすなわち，犯罪を犯した本人によって自身の問題を「問題として置く」プロセスを経るうえで，本人が見つめる間もなく他者からの視点や社会からの視点が入るという意味である。このため自分の問題を自分で抱えていくという姿勢が邪魔されることもあれば，本人に問題認識が非常に薄い場合にも他者視点・社会的視点によってその視点が促進されることもある。このため，司法・犯罪領域においては，動機づけ面接法が他の領域に先んじて発展してきた。

　ミラーやロルニック（Miller & Rollnick, 2002）によって依存症の治療から

開発された動機づけ面接法は,「個人の心のなかにある変化への動機と資質を見いだして呼び覚ます協働的な面接法」である。ここで詳細は論じないが,①共感の表現,②矛盾の拡大,③抵抗を手玉に取る,④自己効力感のサポートの4つの原理によって,変化に向かおうとする意欲や自律的な態度を援助することに重点が置かれる。ロジャーズ (Rogers, C.) に代表される実存的アプローチが重視する共感的姿勢と同時に,変化を促す「チェンジ・トーク」と呼ばれる話し合いをする目標指向的な態度を合わせ持つ手法であり,今日の司法・犯罪臨床で欠かせないものとなっている。

3. 司法・犯罪領域において必要となる臨床的態度

心理臨床家にとって,どのような臨床的態度でクライエントとの出会いに臨むかということは,初心からベテランまで常に自らに問い続け,研鑽を続ける大きな課題である。ここでは,加害者臨床において特に重視すべき態度について触れる。

(1) 変わることを強要しない態度

心理職が犯罪加害者に会うときには,第一に変わることを強要しない態度を改めて意識することが重要である。もちろん,心理臨床家が,クライエントに対して受容的で共感的であることは,どの領域においても普遍的に必然である。ここで改めてそれを強調するのは,1つ目に,加害者に対する心理的支援の領域において,問題を直面化する毅然とした態度が望ましいとされてきた長い歴史があるためである。ここにはおそらく,心理臨床家の側の道義的信念も少なからず影響しているであろう。実際に,善悪について何ら育てられていない加害者も少なからずおり,臨床場面では「これはやってはいけないことである」という線を譲ることなく示していくことが重要となる場面も多い。しかしながら心理的支援の実践においては,やはり目の前のクライエントに対して,常にあるがままの姿に関心を持ち,理解し,受容することなしに,協働作業を始めることは決してできない。そして歴史をたどれば,直面化に偏った態度は,再

犯離脱に向けた治療成果に決してよい効果を生まないことが示されている。

　2つ目に，司法・犯罪領域において対象となる加害者と向かい合うとき，心理的支援の実践者にとって，基本的な臨床的態度を維持することが難しくなりやすいというためである。多くの犯罪加害者にとって，犯罪をしない人生に変えようとすることは想像を絶するほどに大変なことである。その彼らに変わることを強要することは，眼前のクライエントを無視したり否定したりすることになりかねず，クライエントの「変わりたい」という力と同盟を結ぶうえで大きな障害となる。「変わろうとする」クライエントとともにそれを援助するべく仕事をする支援者にとって，クライエントが頑なに変わろうとする動機を見せないとき，そしてそれが再度の犯罪を予測させるようなときには，クライエントのあるがままを支持し受容するという心理職として当然のことに，より難しさを感じる場合がある。改めて，自身の臨床的態度に向き合うことが求められる。

(2) クライエントの全体性への関心

　第二に強調しておきたい臨床的態度として，クライエントの全体性への関心がある。これもまた，心理的支援の実践者の態度として最も基本的なことの一つである。特に，前述したように受容的共感的態度を志すならば，全体性への関心はそのような態度と重なる。それをここで改めて確認するのは，犯罪加害者に対して向かい合うとき，やはりこれが難しくなることがあるためである。犯罪加害者は，治療的状況のなかでは，社会的に望ましい態度を装うことに長けている場合があるし，「犯罪的な」部分が解離しており本人もアクセスできないという場合もある。逆に，過度に反社会的な態度を強調したり，口を開けば虚言ばかり発したりするクライエントもいる。

　犯罪領域の臨床現場では，クライエントの全体性と出会うことができないとき，そしてその前提として，心理職が自分自身の幅広い全体性を自由に意識できないとき，さまざまな弊害が生じる。たとえば，心理療法のなかでクライエントが過剰に協力的にセラピストの提示する作業課題に取り組んだり，グループであればメンバー同士が理想的なコメントを述べ合ったりという場面におい

て，その不自然さに気づけなくなってしまうことも簡単に生じる。反社会的行動を犯したことで始められた治療関係が，あまりに社会適応的なまま，クライエントの病理的側面にアクセスすることができずに終わってしまうことも簡単に起こり得るのである。あるいは逆に，頑なに「自分は悪人である」という仮面を終始かぶり続け，セラピストに対して反発し続け，グループであれば，メンバー同士が不信感や拒絶感を繰り返し述べ続け，その関係が変わらないように抵抗し続ける場合もある。そのような，「犯罪者として居続けること」によるクライエントの防衛的な安全操作に気づけないまま，セラピストが逆転移感情に振り回されてしまうこともある。

(3) 治療者の能動的態度

第三に重要な態度として，心理職の能動的態度をあげる。上述のとおり，司法・犯罪領域においては，特有の逆転移の生じやすさがある。さらに公的な機関で行われる多くの司法・犯罪領域の仕事は，「期間限定（time-limited）」である場合が多い。それも，かなり短期であることが多く，愛着障害やさまざまな幼少期からの深刻な人格形成上の問題を持つクライエントも多いなかで，その限定された時間構造で一定の成果を出すことを求められる。このことも，心理職が過剰な重責感や焦燥感，回避欲求などの逆転移が生じやすい要因の一つである。

だからこそ，逆転移をある程度操作するためにも能動的な臨床的態度が必要となる。一定程度，養育的で，社会的で，成熟した大人の対象性を示すこと，欲動の取り扱いのモデルとしての姿を示すことが求められる。クライエントの表現に対して，内容にも感情にも態度にもフィードバックを言語で伝えること，治療の場で起きていることが複雑になりすぎないようノイズを調整しながら明確化すること，起きているプロセスを積極的に言語化して共有すること，などがその例である。

● おわりに

　犯罪は，直接の被害者，とりまく人々，地域社会，加害者，そして犯罪領域で働く人々と，多くの人々に甚大な苦しみをもたらすものである。しかし司法・犯罪領域を含めて，心理的支援の本質は，どの領域においても大きく変わるものではない。支援を要する人々と向かい合い，対話し，協働作業を進めるなかで，彼・彼女らが，自身の根本的な自尊心を回復し，なりたい自分になるための目標に向かい，自己実現に向かい，幸せに向かって前進する道をともに歩む。その行程で，決してあきらめることをせず，歩みの勇気を尊敬し，彼・彼女らの現実に向き合い，自分の無力さに負けず，自分のするべきこと，できることを地道に続け，常に現実的に歩み続ける。このように心理的支援とは，能動性とゆるぎない信念に支えられる仕事であることはいうまでもない。

学習チェックリスト ◀◀◀◀◀◀◀◀◀◀◀◀◀◀◀◀◀◀◀◀◀◀◀◀◀◀

☐ 臨床心理士と公認心理師について，それぞれの資格に定められている業務内容及び両資格の相違を理解した。

☐ 心理専門職の法的義務と職業倫理を把握し，あるべき姿の一例として科学者ー実践家モデルについて理解した。

☐ わが国の医療システム，チーム医療を構成する他職種の役割を理解した。

☐ 医療領域において求められる心理職の専門性を理解した。

☐ 教育領域における心理的支援がどのように行われているか概説できるようになった。

☐ 教育領域における心理的支援の特徴について，学校教育そのものにつながる支援，学校に不適応を感じる児童・生徒の支援，必ずしも学校生活に原因があるわけではないクライエントの精神的な悩みの支援，という３つの側面から理解した。

☐ 現代社会の勤労者が直面するさまざまな問題を把握し，組織や国の現状を理解することの重要性を説明できるようになった。

☐ 産業領域において求められる心理職の専門性を理解した。

☐ 福祉領域で働く心理職が，どこでどのように働いているか概説できるようになった。

☐ 福祉領域における心理職の専門性の実際を理解した。

☐ 司法・犯罪領域で働く心理職に求められるさまざまなアプローチについて概説できるようになった。

☐ 司法・犯罪領域で働く心理職に求められる臨床的態度の実際について理解した。

☐ 医療，教育，産業，福祉，司法・犯罪それぞれの領域で異なる心理職のありようを理解するとともに，領域を超えて通底する心理的支援実践者の専門性や姿勢について考えた。

引用・参考文献

●● 第1章 ●●

1節

American Psychological Association（2015）．What is clinical psychology? https://web.archive.
　org/web/20150401061600/http://www.apa.org/divisions/div12/aboutcp.html

日比野英子（監修）（2018）．心理学概論　こころの理解を社会へつなげる　ナカニシヤ出版

河合隼雄（1986）．心理療法論考　新曜社

下山晴彦（2001a）．臨床心理学とは何か　下山晴彦・丹野義彦（編）　講座 臨床心理学 1　臨床
　心理学とは何か　東京大学出版会

下山晴彦（2001b）．臨床心理学研究の多様性と可能性　下山晴彦・丹野義彦（編）　講座 臨床心
　理学 2　臨床心理学研究　東京大学出版会

丹野義彦（2004）．臨床心理学の理念と課題　丹野義彦（編）臨床心理学全書 5　臨床心理学研究
　法　誠信書房

2節

Freud, S.（1923）．Das Ich und das Es, Internationaler Psychoanalytischer Verlag.（フロイト
　（著），中山 元（訳）（1996）．自我とエス　自我論集　筑摩書房）

大芦 治（2015）．学校心理学の創始者 Lightner Witmer の生涯についてのノート　千葉大学教育
　学部研究紀要, *63*, 13-21.

●● 第2章 ●●

1節

American Psychiatric Association（2000）．*Diagnostic and statistical manual of mental disorders*.
　Fourth ed., Text Revision; DSM-IV-TR. Washington, D.C: American Psychiatric
　Association.

American Psychiatric Association（2013）．D*iagnostic and statistical manual of mental disorders*.
　Fifth Edition : DSM -5. Washington, D. C : American Psychiatric Association.

加藤正明（1976）．「社会と精神病理」　弘文堂

厚生労働省　「国際生活機能分類：国際障害分類改訂版（日本語版）の厚生労働省ホームページ掲

載について」https://www.mhlw.go.jp/houdou/2002/08/h0805-1.html

社会保障審議会統計分科会資料　ICF（国際生活機能分類）「生きることの全体像」についての「共通言語」　https://www.mhlw.go.jp/stf/shingi/2r9852000002ksqi-att/2r9852000002kswh.pdf

補論

日比野英子（監修）（2018）．永野光朗・坂本敏郎（編）　心理学概論：こころの理解を社会へつなげる　ナカニシヤ出版

井出利憲　（2004）．分子生物学講義中継 part 3　羊土社

加藤忠史　（2018）．臨床脳科学　岩崎学術出版社

中村 俊　（2014）．感情の脳科学―いま，子どもの育ちを考える　東洋書店

岡市廣成・鈴木直人（監修），青山謙二郎（他編）　（2014）．心理学概論〈第 2 版〉ナカニシヤ出版

岡田 隆・廣中直行・宮森孝史　（2015）．生理心理学〈第 2 版〉サイエンス社

ピネル，J.　（2005）．バイオサイコロジー：脳―心と行動の神経心理学　佐藤 敬（他訳）　西村書店

坂本敏郎・上北朋子・田中芳幸（編）　（2020）．神経・生理心理学：基礎と臨床―わたしとあなたをつなぐ「心の脳科学」　ナカニシヤ出版

2 節

Bowlby, J. (1965). *Child care and the growth of love*. Harmomdsworth: Penguin.

Erikson, E. H. (1959). *Identity and the life cycle*. New York: International University Press.（エリクソン（著），小此木啓吾（訳）（1973）．自我同一性　誠信書房）

Freud, S. (1905). *Drei Abhandlungen zur Sexualtheorie*.（フロイト（著），懸田克窮・吉村博次（訳）（1969）．性欲論 三　フロイト著作集 5　人文書院）

Freud, S. (1931). *Uber die weiblische Sexualta*.（フロイト（著），懸田克窮・吉村博次（訳）　（1969）．女性の性欲について　フロイト著作集 5　人文書院）

数井みゆき・遠藤利彦（編著）（2005）．アタッチメント　生涯にわたる絆　ミネルヴァ書房

中西龍一　（1995）．人格と社会性の発達(1)　藤村邦博・大久保純一郎（編）　学習・発達心理学序説　小林出版

小此木啓吾　（1985）．現代精神分析の基礎理論　弘文堂

小此木啓吾（編）　（2002）．精神分析事典　岩崎学術出版社

Raphael-Leff, J. (2008). *Parent-infant psychodynamics: Wild things, Mirrors & Ghosts*. Wily & Sons.（ラファエル - レフ J.（著），木部則雄（監訳），長沼佐代子・長尾牧子・坂井直子・金沢聡子（訳）（2011）．母子臨床の精神力動：精神分析・発達心理学から子育て支援へ　岩崎学術出版社

千住 淳　（2014）．自閉症スペクトラムとは何か：ひとの「関わり」の謎に挑む　ちくま書房

Stern, D. N.（1985）．*The interpersonal world of the infant: A view from psychoanalysis and developmental psychology.* Basic Books.（D. N. スターン（著），小此木啓吾・丸田俊彦・神庭靖子・神庭重信（訳）（1989）．乳児の対人世界〈理論編〉 岩崎学術出版社

Winnicott, D. W.（1967）．Mirror role of mother and family in child development. In, D. W. Winnicott（Ed.），*Playing and Reality.* London: Tavistock.（D. W. ウィニコット（著），橋本雅雄（訳）（1979）．遊ぶことと現実：小児発達における母親と家族の鏡としての役割 岩崎学術出版社

Wright, K.（1991）．*Vision and separation: Between mother and baby.* London: Free Association Books.

3 節

藤山直樹（1998）．思春期・青年期の精神医学 小此木啓吾・深津千賀子・大野 裕（編） 心の臨床家のための必携精神医学ハンドブック 創元社

小此木啓吾（1998）．思春期モーニング 小此木啓吾・深津千賀子・大野 裕（編） 心の臨床家のための必携精神医学ハンドブック 創元社

4 節

Erikson, E. H.（1982）．*The life cycle completed: A review.* New York: Norton.

川上憲人（2016）．精神疾患の有病率等に関する大規模疫学調査研究：世界精神保健日本調査セカンド 厚生労働省科学研究費補助金総合研究報告書

厚生労働省（2021）．令和 2 年人口動態統計 厚生労働統計協会

岸 太一（2019）．嗜癖・依存 1：分類・問題点 日本健康心理学会（編） 健康心理学事典 丸善出版 pp.328-329.

松本俊彦（2016）．よくわかる SMARPP あなたにもできる薬物依存者支援 金剛出版

中山秀則・樋口 進（2011）．物質依存の概念（ICD, DSM など） 福居顕二（編） 依存症・衝動性障害の治療 専門医のための精神科臨床リュミエール 26 中山書店 pp.2-13.

内閣府（2014）．ゲートキーパー養成研修用テキスト（第 3 版） 内閣府自殺対策推進室（https://www.mhlw.go.jp/stf/seisakunitsuite/bunya/0000128774.html）

日本臨床救急医学会（2009）．自殺未遂患者への対応：救急外来（ER）・救急科・救命救急センターのスタッフのための手引き 日本臨床救急医学会

日本精神神経学会（日本語版用語監修）（2014）．高橋三郎・大野 裕（監訳）DSM-5 精神疾患の診断・統計マニュアル 医学書院

日本うつ病学会（2017）．うつ病診療ガイドライン 医学書院

OECD（2021）．Sucide rates (indicator). doi: 10.1787/a82f3459-en

高橋祥友（2006）．自殺予防　岩波書店

World Health Organization（2000）．Preventing suicide a resource for primary health care workers.（https://www.who.int/mental_health/media/en/59.pdf）

安田美弥子（2004）．現在の心の病アディクション：事例にみるその病態と回復法　太陽出版

5節

朝田 隆（2009）．軽度認知障害(MCI)　認知神経科学，*11*，252-257.

Eng, P. M., Rimm, E. B., Fitzmaurice, G., & Kawachi, I.（2002）．Social ties and change in social ties in relation to subsequent total and cause specific mortality and coronary heart disease incidence in men. *American Journal of Epidemiology, 155*, 700-709.

粟田主一（編）（2015）．認知症初期集中支援チーム実践テキストブック：DAS による認知症アセスメントと初期支援　中央法規出版　pp. 29-41.

藤野秀美（2017）．高齢者支援　岸 太一・藤野秀美（編）健康・医療心理学〈保健と健康の心理学標準テキスト 第 6 巻〉ナカニシヤ出版　pp. 210-222.

法務省（2018）．犯罪白書〈平成 30 年版〉進む高齢化と犯罪　昭和情報プロセス

金涌佳雅（2018）．孤立(孤独)死とその実態　日本医科大学医学会雑誌，*14*，100-112.

岸 太一（2015）．孤立する高齢者　内藤哲雄・玉井 寛（編）クローズアップ高齢社会：現代社会と応用心理学 6　福村出版　pp.104-113.

河野和彦（2019）．ぜんぶわかる認知症の事典　成美堂出版

内閣府（2018）．平成 30 年版高齢社会白書　日経印刷

内閣府（2021）．令和 3 年版高齢社会白書　日経印刷

日本神経学会（2017）．認知症疾患　診療ガイドライン 2017　医学書院

東京都福祉保健局（https://www.fukushihoken.metro.tokyo.lg.jp/zaishien/gyakutai/understand/taiou/index.html）

Column ④

Ainsworth, M.（1973）．The development of infant mother attachment. In B. M. Caldwell & H. N. Ricciuti（Eds.），*Review of child development research*, Vol.3. Chicago: University of Chicago Press.

Antonucci, T. C., Akiyama, H., & Takahashi, K.（2004）．Attachment and close relationships across the life span. *Attachment & Human Development*, 6, 353-370.

Bowlby, J.（1969）．*Attachment and loss*, Vol.1. *Attachment*. London: The Hogarth Press.（ボウルビィ（著），黒田実郎・大羽 蓁・岡田洋子（訳）（1976）．母子関係の理論 I：愛着行動　岩崎学術出版社）

Bowlby, J. (1973). *Attachment and loss, Vol.2. Separation: Anxiety and anger.* London: The Hogarth Press. (ボウルビィ（著），黒田実郎・岡田洋子・吉田恒子(訳) (1977). 母子関係の理論 II：分離不安 岩崎学術出版社)

Fung, H. H., Carstensen, L. L., & Lang, F. R. (2001). Age-related patterns in social networks among European Americans and African Americans: Implications for socioemotional selectivity across the life span. *International Journal of Aging and Human Development, 52*, 185-206.

厚生労働省 (2020a). 令和元年度 児童相談所での児童虐待相談対応件数

厚生労働省 (2020b). 令和元年度 福祉行政報告例の概況

Lang, F. R., & Carstensen, L. L. (1994). Close emotional relationships in late life: Further support for proactive aging in the social domain. *Psychology and Aging, 9*, 315-324.

●● 第3章 ●●

1 節

Bronfenbrenner, U. (1979). *The ecology of human development: Experiments by nature and design.* Cambridge, Massachusetts: Harvard University Press.

土居健郎 (1992). 新訂 方法としての面接：臨床家のために 医学書院

Korchin, S. J. (1976). *Modern clinical psychology: Principles of intervention in the clinic and community.* Oxford: Basic Books.

Lazarus, R. S., & Monat, A. (1979). *Personality.* New Jersey: Prentice Hall.

日本臨床心理士資格認定協会「臨床心理士の専門業務」http://fjcbcp.or.jp/rinshou/gyoumu/ (2020.12.20 閲覧)

日本心理臨床学会 (2016). 日本心理臨床学会規定集〈2016 年 6 月改定版〉

岡堂哲雄(編) (1993). 心理検査学：臨床心理査定の基本〈増補新版〉 垣内出版

岡堂哲雄(編) (1998). 心理査定プラクティス 至文堂

Prochaska, J. O., & Norcross, J. C. (2007). *Systems of psychotherapy: a transtheoretical analysis.* Thomson Brooks/Cole. (ジェームズ・O. プロチャスカ(著)，ジョン・C. ノークロス(著)，津田 彰・山崎久美子(監訳) (2010). 心理療法の諸システム：多理論統合的分析〈第 6 版〉 金子書房)

下山晴彦(編) (2009). よくわかる臨床心理学〈改訂新版〉 ミネルヴァ書房

田中芳幸 (2017). 検査 サトウタツヤ・鈴木直人(編) 心理調査の基礎 有斐閣

2 節

日本心理学会倫理委員会(編) (2011). 日本心理学会倫理規定〈第 3 版〉 金子書房

日本心理臨床学会 (2016). 日本心理臨床学会規定集〈2016 年 6 月改定版〉

日本心理研修センター (監) (2018). 公認心理師現任者講習会テキスト 金剛出版

岡堂哲雄(編) (1993). 臨床心理査定の基本 心理検査学〈増補新版〉 垣内出版

岡堂哲雄(編) (1998). 心理査定プラクティス 至文堂

田中芳幸・津田 彰 (2021). ストレスの心理学と生理学 丹野義彦(編)公認心理師の基礎と実践
⑯：健康・医療心理学 遠見書房

3 節

小島康生 (2017). サトウタツヤ・鈴木直人(編) 心理調査の基礎 有斐閣

斎藤久美子 (2000). 面接 氏原 寛・小川捷之・東山紘久・村瀬孝雄・山中康裕(編) 心理臨床
大事典 培風館

丹野義彦・石垣琢麿・毛利伊吹・佐々木淳・杉山明子 (2018). 臨床心理学 有斐閣

4 節

Korchin, S. J. (1976). *Modern clinical psychology-principle of intervention in the clinic and
community*. Basic Books. (S. J. コーチン(著), 村瀬孝雄(監訳) (1980). 現代臨床心理学：ク
リニックとコミュニティにおける介入の原理 弘文堂)

Lindzey, G. (1961). *Projective techniques and cross-cultural research*. New York: Appleton-
Century-Crofts.

5 節

Allport, G. W. (1961). *Pattern and Growth in Personality*. (G. W. オルポート(著), 今田 恵(監訳)
星野 命・入谷敏男・今田 寛(訳) (1968). 人格心理学(上) 誠信書房)

神田橋條治 (1984). 精神科診断面接のコツ 岩崎学術出版社

Korchin, S. J. (1976). *Modern clinical psychology-principle of intervention in the clinic and
community*. Basic Books. (S. J. コーチン(著), 村瀬孝雄(監訳) (1980). 現代臨床心理学：
クリニックとコミュニティにおける介入の原理 弘文堂)

黒丸正四郎・大段智亮 (1982). 患者の心理 創元医学新書

●● 第 4 章 ●●

1 節

Axline, V. M.（1947）. *Play therapy.* Boston, MA: Houghton Mifflin.（アクスライン（著），小林治夫（訳）（1972）. 遊戯療法　岩崎学術出版社）

馬場禮子（1999）. 精神分析的心理療法の実践―クライエントに出会う前に　岩崎学術出版社

Beck, A. T., Rush, A. J., Shaw, B. F., & Emery, G.（1979）. *Cognitive therapy of depression.* New York: Guilford Press.（ベック A.T.（他著），坂野雄二・神村栄一・清水里美・前田基成（訳）（2007）. 新版 うつ病の認知療法　岩崎学術出版社）

Dora, M. Kalff（1970）. *Sandspiel: Seine therapeutische Wirkung auf die Psyche.* München: Ernst Reinhardt Verlag.（ドラ・M. カルフ（著），山中康裕（監訳）（1972）. カルフ 箱庭療法　誠信書房）

Ellis, A.（1996）. *Better, deeper, and more enduring brief therapy.* London: Routledge.（エリス A.（著），本明 寛・野口京子（監訳）（2000）. ブリーフ・セラピー：理性感情行動療法のアプローチ　金子書房）

日比野英子（監修）（2018）. 心理学概論　こころの理解を社会へつなげる　ナカニシヤ出版

末武康弘（2018）. 心理学的支援法：カウンセリングと心理療法の基礎　誠信書房

Rogers, C. R.（1951）. *Client-centered therapy: Its current practice, implications, and theory.* Boston: Houghton Mifflin College Div.（ロジャーズ C. R.（著），保坂 亨，末武康弘，諸富祥彦（訳）（2005）. クライアント中心療法　岩崎学術出版社）

2 節

Guggenbuhl-Craig, A.（1978）. *Macht Als Gefahr Beim Helfer.* Basel: Karger.（グーゲンヴィル＝クレイグ，A.（著），樋口和彦・安渓真一（訳）　ユング心理学選書② 心理療法の光と影　創元社）

増井武士（1999）. 迷う心の「整理学」　講談社

成田善弘（2003）. 精神療法家の仕事　金剛出版

3 節

稲葉一人・奈良雅俊（2017）. 守秘義務と個人情報保護　赤林 朗（編）　改訂版 入門・医療倫理 I　勁草書房　pp.181-204.

金沢吉展（2018）. 守秘義務と情報共有の適切性　福島哲夫（編）　公認心理師必携テキスト　学研メディカル秀潤社　pp.25-31.

水野俊誠（2017）. 医療倫理の四原則　赤林 朗（編）　改訂版入門・医療倫理 I　勁草書房　p.57-

72.

日本臨床心理士会ホームページ　(http://fjcbcp.or.jp/)（2019 年 5 月 10 日閲覧）

大山美香子（2016）．児童虐待防止法　山崎久美子・津田 彰・島井哲志(編)保健医療・福祉領域で働く心理職のための法律と倫理　ナカニシヤ出版　pp. 144-155.

瀧本禎之（2016）．医療の質　下山晴彦・中嶋義文(編)　公認心理士必携　精神医療・臨床心理の知識と技法　医学書院

津川律子・元永拓郎(編著)（2017）．心理臨床における法と倫理　放送大学教育振興会

厚生労働省「公認心理師法」 https://www.mhlw.go.jp/file/06-Seisakujouhou-12200000-Shakaiengokyokushougaihokenfukushibu/0000121345.pdf　（2019 年 5 月 10 日検索）

個人情報の保護に関する法律　https://elaws.e-gov.go.jp/search/elawsSearch/elaws_search/lsg0500/detail?lawId=415AC0000000057（2019 年 5 月 10 日検索）

4 節

Freud, S.（1910）．'Wild' Psycho-Analysis. In J. Strachey（Ed. & Trans.），*The standard edition of the complete psychological works of Sigmund Freud*, Vol.11, pp.221-227. London: Hogarth Press.（フロイト(著)，小此木啓吾(訳)（1983）．「乱暴な」分析について　フロイト著作集 9　人文書院　pp. 55-61.）

河合隼雄（1992）．心理療法序説　岩波書店

埼玉県立精神保健福祉センター　（2012）．メンタルヘルスサポーター講座①　震災後のこころのケア：被災者と支援者がともに回復していくために

5 節

大迫秀樹（2018）．第 1 章 社会福祉の展開と心理支援　中島健一(編)　17 福祉心理学　公認心理師の基礎と実践　遠見書房

川畑 隆（2012）．Part I 面接の基本 宮井研治(編)　子ども・家庭支援に役立つ面接の技とコツ　明石書店

Column ⑧

Routledge, C., Arndt, J., & Goldenberg, L. (2004).　A time to tan: Proximal and distal effects of mortality salience on sun exposure intentions. *Personality & Social Psychology Bulletin*, *30*, 1347-1358.

Solomon, S., Greenberg, J., & Pyszczynski, T. (1991). A terror management theory of social behavior: The psychological functions of self-esteem and cultural worldviews. *Advances in Experimental Social Psychology, 24*, 93–159.

●● 第5章 ●●

1 節

American Psychological Association（2002）．APA Ethics Code.

法令用語研究会（編）（2012）．有斐閣法律用語辞典　有斐閣

厚生労働省 「公認心理師法」https://www.mhlw.go.jp/web/t_doc?dataId=80ab4905&dataType=0&pageNo=1（2021.1.25 閲覧）

厚生労働省 「令和2年度診療報酬改定の概要」https://www.mhlw.go.jp/content /12400000/000608535.pdf（2021.1.25 閲覧）

日本臨床心理士資格認定協会 「臨床心理士倫理綱領」http://fjcbcp.or.jp/wp/wp-content/uploads/2014/03/PDF01_rinrikoryopdf.pdf

日本臨床心理士資格認定協会「臨床心理士とは」http://fjcbcp.or.jp/rinshou/about-2/（2021.1.25 閲覧）

2 節

福田佑典・坂本沙織（2013）．医療（特に精神科医療）で働く様々な専門職とその役割　臨床心理学, 13（1），64-71.

袴田優子（2016）．生物－心理－社会モデル　下山晴彦・中嶋義文（編）　公認心理士必携　精神医療・臨床心理の知識と技法　医学書院　p.175.

花村温子（2016）．医療におけるメンタルヘルス　下山晴彦・中嶋義文（編）　公認心理士必携　精神医療・臨床心理の知識と技法　医学書院　pp.26-27.

花村温子（2019）．多職種協働と医療連携　三村 將・幸田るみ子・成本 迅（編）　精神疾患とその治療　医歯薬出版　pp.91-102.

厚生労働省「平成30年度診療報酬改定」https://www.mhlw.go.jp/file/06-Seisakujouhou-12400000-Hokenkyoku/0000197998.pdf（2019.5.4 閲覧）

厚生労働省「知ることからはじめようみんなのメンタルヘルス」https://www.mhlw.go.jp/kokoro/speciality/data.html（2021.1.10 閲覧）

毛利伊吹（2015）．臨床心理学の現場　丹野義彦・石垣琢磨・毛利伊吹・佐々木淳・杉山明子（編）　臨床心理学　有斐閣　pp.310-333.

日本公認心理師協会「令和2年度診療報酬改定情報：公認心理師に関連する項目（変更・新設）」https://www.jacpp.or.jp/document/pdf/2020housyukaitei-jyouhou-cpp.pdf（2021.1.10 閲覧）

日本臨床心理士会「2016年度医療保健領域に関わる会員を対象としたウェブ調査(2015年度状況)結果報告書2017」https://www.jsccp.jp/member/news/pdf/iryou_web_kekka20170526.pdf（2019.5.4 閲覧）

下山晴彦・中嶋義文(編) (2016). 公認心理士必携 精神医療・臨床心理の知識と技法 医学書院

鈴木伸一(編著) (2016). からだの病気のこころのケア：チーム医療に活かす心理職の専門性 北大路書房

津川律子(責任編集) (2012). 臨床心理士のための保健医療領域における心理臨床 日本臨床心理士会(監修) 遠見書房

3節

東山弘子・近藤真人 (2014).「学校教育センター」における臨床心理士による教育相談の実際：地域心理臨床の機能を果たすアプローチ 佛教大学教育学部論集, *25*, 75-89.

文部科学省 教育課程審議会 (2000). 生徒指導上の諸問題の現状について

文部科学省 初等中等教育局児童生徒課 (2020).「スクールカウンセラー等配置箇所数，予算額の推移」https://www.mext.go.jp/a_menu/shotou/seitoshidou/20201223-mxt_kouhou02-01.pdf

文部科学省 中央教育審議会 (2015). チームとしての学校の在り方と今後の改善方策について（答申）

4節

厚生労働省「平成 30 年 労働安全衛生調査（実態調査）」https://www.mhlw.go.jp/toukei/list/h30-46-50b.html （2021.1.25 閲覧）

厚生労働省「自殺総合対策大綱～誰も自殺に追い込まれることのない社会の実現を目指して～」https://www.mhlw.go.jp/stf/seisakunitsuite/bunya/hukushi_kaigo/seikatsuhogo/jisatsu/taikou_h290725.html （2021.1.25 閲覧）

厚生労働省「改正労働施策総合推進法」https://www.mhlw.go.jp/stf/seisakunitsuite/bunya/koyou_roudou/koyoukintou/seisaku06/index.html （2021.1.25 閲覧）

厚生労働省「改正労働安全衛生法に基づくストレスチェック制度について」https://www.mhlw.go.jp/bunya/roudoukijun/anzeneisei12/pdf/150422-1.pdf （2021.1.25 閲覧）

厚生労働省「改訂心の健康問題により，休業した労働者の職場復帰支援の手引き」https://www.mhlw.go.jp/new-info/kobetu/roudou/gyousei/anzen/dl/101004-1.pdf （2019.5.4 閲覧）

厚生労働省「過重労働による健康障害防止のための総合対策」https://www.mhlw.go.jp/bunya/roudoukijun/anzeneisei12/pdf/05b.pdf （2021.1.25 閲覧）

厚生労働省「過労死等の労災補償状況」https://www.mhlw.go.jp/stf/newpage_11975.html）（2021.1.25 閲覧）

厚生労働省「こころの耳 働く人のメンタルヘルスポータルサイト」http://kokoro.mhlw.go.jp/

health-center/（2019.5.4 閲覧）

厚生労働省「令和元年障害者雇用促進法の改正について」 https://www.mhlw.go.jp/stf/
　　seisakunitsuite/bunya/0000077386_00006.html（2021.1.20 閲覧）

厚生労働省「職場のパワーハラスメントの予防・解決に向けた提言」https://www.mhlw.go.jp/
　　stf/houdou/2r98520000025370.html（2021.1.25 閲覧）

厚生労働省「職場におけるパワーハラスメント対策が事業主の義務になりました～セクシュアル
　　ハラスメント対策や妊娠・出産・育児休業等に関するハラスメント対策とともに対応をお願
　　いします～」https://www.mhlw.go.jp/content/11900000/000611025.pdf（2021.1.20 閲覧）

松本桂樹 （2019）．第 2 章 産業・労働分野の業務　野島一彦（監修）　平木典子・松本桂樹（編著）
　　公認心理師分野別テキスト 産業・労働分野：理論と支援の展開　創元社　pp.53-54.

毛利伊吹 （2015）．臨床心理学の現場　丹野義彦・石垣琢磨・毛利伊吹・佐々木淳・杉山明子
　　臨床心理学　有斐閣　p.330

中田貴晃 （2019）．ハラスメント対応　野島一彦（監修）　平木典子・松本桂樹（編著）　公認心理
　　師分野別テキスト　産業・労働分野　理論と支援の展開　創元社　p.45.

野原蓉子 （2013）．職場のパワーハラスメント　経団連出版

尾久裕紀 （2018）．産業・組織心理学　福島哲夫・尾久裕紀・山蔦圭輔・本田周二・望月 聡（編）
　　公認心理師必携テキスト　学研メディカル秀潤社　pp.453-466.

岡田康子・稲尾和泉 （2011）．パワーハラスメント　日本経済新聞出版社

労働政策研究・研修機関「職場におけるメンタルヘルス対策に関する調査」https://www.jil.
　　go.jp/institute/research/2012/documents/0100.pdf（2021.1.25 閲覧）

脊尾大雅 （2019）．産業・労働分野の概要　その他　野島一彦（監修）　平木典子・松本桂樹（編著）
　　公認心理師分野別テキスト　産業・労働分：理論と支援の展開　創元社　pp.34-40.

種市康太郎 （2018）．産業・労働分野における具体的な業務　福島哲夫・尾久裕紀・山蔦圭輔・
　　本田周二・望月 聡（編）公認心理師必携テキスト　学研メディカル秀潤社　pp.37-38.

戸塚美砂 （2012）．セクハラ・パワハラ・メンタルヘルスの法律と対策　三修社

山田秀雄・菅谷貴子 （2008）．弁護士が教えるセクハラ対策ルールブック　日本経済新聞出版社

山本賢司 （2018）．さまざまな保健活動において必要な社会的支援　福島哲夫・尾久裕紀・山蔦
　　圭輔・本田周二・望月 聡（編）公認心理師必携テキスト　学研メディカル秀潤社　p.389.

5 節

川畑 隆 （2008）．特集・援助に役立つ対応のバリエーション　相手との関係性を把握する専門的
　　「勘」を養うために―対応のバリエーション勉強会　そだちと臨床 Vol.4

川畑 隆 （2009）．教師・保育士・保健師・相談支援員に役立つ子どもと家族の援助法：よりよい
　　展開へのヒント　明石書店

厚生労働省「児童相談所運営指針等」https://www.mhlw.go.jp/bunya/kodomo/dv11/01.html （2021.1.25 閲覧）

大迫秀樹（2018）．第 1 章　社会福祉の展開と心理支援　中島健一（編）公認心理師の基礎と実践 17 福祉心理学　遠見書房

6 節

Andrews, D. A., & Bonta, J.　(2010)．*The psychology of criminal conduct.*（5th ed）．New providence, NJ; Lexis Nexis matthew Bender.

Department of Health and Home Office　(1994)．Report of the Department of Health and Home office working Group on Psychopathic Disorder. 11, 301-321.

小谷英文（2014）．集団精神療法の進歩：引きこもりからトップリーダーまで　金剛出版

Miller, W. R., & Rollnick, S.　(2002)．*Motivational interviewing: Preparing people to change.* NY: Guilford Press.

Ward, J., & Brown, M.（2004）．The good lives model and conceptual issues in offender rehabilitation. *Psychology, Crime & Law, 10,* 243-257.

山本麻奈・松島裕子　(2012a)．性犯罪再犯防止指導の受講前後比較による効果検証について(その 1)　形政, *123*, 86-95.

山本麻奈・松島裕子　(2012b)．性犯罪再犯防止指導の受講前後比較による効果検証について(その 2)　形政, *123*, 70-79.

索　引

●● 事項索引 ●●

● 執筆者一覧（執筆順）＊監修者，＊＊編者

日比野英子＊	京都橘大学健康科学部	まえがき，第2章2節
濱 田 智 崇＊＊	京都橘大学健康科学部	第1章1節1，第1章2節（共著），第1章3節・4節，第4章1節〈第1章統括〉
中 西 龍 一	京都橘大学健康科学部	第1章1節2，第1章2節（共著）
坂 本 敏 郎	京都橘大学健康科学部	Column ①，第2章補論
永 野 光 朗	京都橘大学健康科学部	Column ②
ジェイムス朋子	京都橘大学健康科学部	第2章1節，第5章1節・6節〈第5章統括〉
松 下 幸 治	京都橘大学健康科学部	第2章3節，第4章2節
岸 　 太 一	京都橘大学健康科学部	第2章4節・5節〈第2章統括〉
柴 田 利 男	京都橘大学健康科学部	Column ③
木 村 年 晶	京都橘大学健康科学部	Column ④
田 中 芳 幸＊＊	京都橘大学健康科学部	第3章1節・2節・3節〈第3章統括〉
仲 倉 高 広	京都橘大学健康科学部	第3章4節・5節
前 田 洋 光	京都橘大学健康科学部	Column ⑤
石 山 裕 菜	京都橘大学健康科学部	Column ⑥
大 久 保 千 惠	京都橘大学健康科学部	第4章3節，第5章2節・4節〈第4章統括〉
菱 田 一 仁	京都大学環境安全保健機構	第4章4節，第5章3節
宮 井 研 治	京都橘大学健康科学部	第4章5節，第5章5節
上 北 朋 子	京都橘大学健康科学部	Column ⑦
中 川 由 理	京都橘大学健康科学部	Column ⑧

● 監修者紹介

日比野英子（ひびの・えいこ）

1953 年 京都府に生まれる
1986 年 同志社大学大学院文学研究科博士課程後期単位取得後退学
現在　京都橘大学健康科学部心理学科教授　文学修士
主著　臨床心理学を基本から学ぶ（共著）北大路書房　2004 年
　　　個と向きあう介護（共著）　誠信書房　2006 年
　　　コーレイ教授の統合的カウンセリングの技術　理論と実践［第 2 版］（共訳）　金子書房　2011 年
　　　心理学概論（監著）ナカニシヤ出版　2018 年
　　　身体は誰のものか　比較史でみる装いとケア（共著）京都橘大学女性歴史文化研究所叢書　昭和堂　2018 年

● 編者紹介

田中芳幸（たなか・よしゆき）

1978 年 長野県に生まれる
2006 年 久留米大学大学院心理学研究科後期博士課程心理学専攻単位取得後退学
現在　京都橘大学健康科学部心理学科准教授　修士（臨床心理学）
主著・論文
　　　The role of "ikiiki : psychological liveliness" in the relationship between stressors and stress responses among Japanese university students（共著）*Japanese Psychological Research, 58,* 71-84. 2016 年
　　　心理調査の基礎（共著）　有斐閣　2017 年
　　　神経・生理心理学：基礎と臨床，わたしとあなたをつなぐ「心の脳科学」（編著）　ナカニシヤ出版　2020 年
　　　公認心理師の基礎と実践⑯健康・医療心理学（共著）　遠見書房　2021 年
　　　日本・オランダ・コスタリカ 3 か国におけるさまざまな幸福感と楽観性・悲観性との関連性（共著）*Journal of Health Psychology Research, 33,* 259-270. 2021 年

濱田智崇（はまだ・ともたか）

1973 年 神奈川県に生まれる
2004 年 甲南大学大学院人文科学研究科人間科学専攻博士後期課程単位取得後退学
現在　京都橘大学健康科学部心理学科准教授　文学修士
主著・論文
　　　暴力の発生と連鎖（共著）　人文書院　2008 年
　　　子別れのための子育て（共著）　平凡社　2012 年
　　　働くママと子どもの〈ほどよい距離〉のとり方（共著）　柏植書房新社　2016 年
　　　男性は何をどう悩むのか－男性専用相談窓口から見る心理と支援（編著）ミネルヴァ書房　2018 年

臨床心理学と心理的支援を基本から学ぶ

2021年9月10日　初版第1刷印刷　　定価はカバーに表示
2021年9月20日　初版第1刷発行　　してあります。

監修者　　日 比 野 英 子
編著者　　濱 田 智 崇
　　　　　田 中 芳 幸
発行所　　㈱北 大 路 書 房
　　　　　〒603-8303　京都市北区紫野十二坊町12-8
　　　　　電　話　(075) 431-0361㈹
　　　　　F A X　(075) 431-9393
　　　　　振　替　01050-4-2083

編集・制作　本づくり工房 T.M.H.
装　　幀　　野田和浩
印刷・製本　創栄図書印刷㈱

ISBN 978-4-7628-3169-0　C3011　Printed in Japan © 2021
検印省略　落丁・乱丁本はお取替えいたします。